WERNER RINGS
Raubgold aus Deutschland

WERNER RINGS

RAUBGOLD AUS DEUTSCHLAND

DIE «GOLDDREHSCHEIBE» SCHWEIZ
IM ZWEITEN WELTKRIEG

MIT EINEM AKTUELLEN NACHWORT
VON
MARIO KÖNIG

PIPER

Die erste Auflage dieses Buches erschien 1985 unter dem gleichen Titel im Artemis Verlag, Zürich.

ISBN 3-492-03955-3
© 1996 Chronos Verlag, Zürich
© für diese Ausgabe:
R. Piper GmbH & Co. KG, München 1996
Umschlag: RME, Roland Eschlbeck, München
Satz: Chronos, Zürich
Druck und Bindung: Freiburger Graphische Betriebe
Printed in Germany

INHALT

DER RAUB DES GOLDES

4944 Kisten Gold	8
Die Goldflottile	10
Diplomatisches Vorspiel	13
Die Banken und das Völkerrecht	17
Manöver und Finessen	21
Der Raubzug	26
Wieviel Gold besitzt das Reich?	30
Die Wahrheit	34
Treibjagd	37
Totengold	39
Gold aus Holland	41

EUROPAS GOLDZENTRALE SCHWEIZ

Tarnung	47
Ein Einfall	50
Rätsel	53
Geschäfte	55
Sprechende Zahlen	58
Das Labyrinth	60
Im Tresor	63
Die Schleuse	66
Das Dreieck	68
Warnungen	71
Reaktionen	75
Die Geschichte der Geschichte	80

KONFLIKTE

Kontraste 87
Dennoch 92
Gold, Gold und wieder Gold 94
Was im dunkeln bleibt 100
Stimmungen 104
Emil Puhl 110
Nachtwandler 116
Sprachregelung 118
Der Punkt auf dem i 120

DIE MACHT DES SCHWACHEN

Die Kette 123
Deutschland tolerant 127
Kriegsmaterial 131
Kredit, eine Waffe 136
Die Rettung: Gold 142
Falscher Alarm 148
Kein Wirtschaftskrieg 155
Bis zuletzt 162

EINE BILANZ

Nützlich für wen? 167
Neutralität 170
Kritik intern 173
Fragen am Rand 180
Fazit 186

ANHANG

Tabellen 197
Abkürzungen 200
Anmerkungen 201
Quellen- und Literaturverzeichnis 225
Personenregister 235
Nachwort von *Mario König* 237

DER RAUB DES GOLDES

Die Abhängigkeit des Dritten Reiches von der «Golddreh-scheibe Schweiz» gehört zu den bestgehüteten Geheimnissen seit dem Ende des Zweiten Weltkrieges. Selbst unter den Eingeweihten gab es nur wenige, die sich darüber Rechenschaft ablegten, was der kleine Nachbar im Süden für das Dritte Reich bedeutete. Erst seit kurzem steht fest, dass die Schweiz, im Krieg der einzige für grössere Transaktionen brauchbare freie Gold- und Devisenmarkt Europas, für die deutsche Rüstungs-industrie unentbehrlich war. Kriegswichtige Rohstoffe, die so unersetzlich waren wie Wolfram oder Chrom, waren nur im Ausland erhältlich. Wer sie kaufen wollte, der brauchte, um sie zu bezahlen, freie Devisen oder Gold.

In Deutschland gab es einen Mann, der sich besser als alle anderen darin ausgekannt haben muss: Walther Funk. Während des Krieges bekleidete er zwei hohe Ämter in einer Person: er war Reichswirtschaftsminister (seit 1937) und Präsident der Deutschen Reichsbank (seit 1939).

Im Juni 1943, im vierten Kriegsjahr, erklärte er, «nicht einmal zwei Monate» könne er auf die Hilfe der Schweiz bei der Umwandlung von Gold in Devisen verzichten.[1] Dieses erstaunliche Geständnis legte er vor dem «Handelspolitischen Ausschuss» ab, einem Gremium, das der Öffentlichkeit unbekannt war.[2]

Es sollten vierzig Jahre vergehen, bis der deutsche Wirtschafts-historiker Willi A. Boelcke, Professor an der Universität Stuttgart-Hohenheim, im Zusammenhang mit seinen neuesten Studien über die deutsche Rüstungs- und Kriegsfinanzierung 1933–1945 herausfand, dass die Goldtransaktionen mit der Schweiz nicht nur für die Beschaffung strategisch wichtiger Rohstoffe unerlässlich waren, sondern ebenso «für den Aus-

landsnachrichtendienst, für den weltweiten Agenteneinsatz, für
den Ankauf von Rundfunksendungen und Pressemeldungen,
zur Finanzierung von Überseeoperationen der deutschen
Kriegsmarine und anderes mehr».[3]
Was die Schweiz betrifft, stellt Boelcke die Frage, für wen eigentlich die Goldgeschäfte von grösserem Nutzen gewesen
sind, für die Schweiz oder das Dritte Reich. War es das Gold,
das die Schweiz davor bewahrt hat, in den Krieg hineingezogen zu werden?[4]

4944 KISTEN GOLD

Unbekannt waren die längste Zeit die Menge und der wahre
Wert des Goldes, das die Deutsche Reichsbank während des
Krieges an die Schweizerische Nationalbank gehen und auf
diese Weise in den internationalen Goldhandel einfliessen liess.
Menge und Wert waren enorm. Sie übertrafen um ein Vielfaches die höchsten Schätzungen internationaler Finanzexperten.
Der Wert des Goldes wurde in streng vertraulichen Papieren
der Schweizerischen Nationalbank und zuständiger Regierungsämter zum damaligen Goldkurs, der weit, fast um das
Sechsfache, unter dem heutigen lag, übereinstimmend mit 1,6
Milliarden Schweizer Franken beziffert. Hält man sich an die
bisher unveröffentlichte Einfuhrstatistik der Eidgenössischen
Oberzolldirektion, dann ergibt sich eine leichte Korrektur nach
oben auf 1,7 Milliarden.[5]
Das ist eine Zahl, die uns heute kaum noch beeindruckt. Wir
sind es gewohnt, in der Zeitung von Schulden der Entwicklungsländer zu lesen, die in die Hunderte von Milliarden gehen. Die Grössenverhältnisse haben sich gründlich verändert.
Dass es sich damals aber um einen horrenden Wert gehandelt
hat, das zeigt jeder zeitgemässe Vergleich.
Das Gold der Reichsbank, das in den Kriegsjahren in die
Schweiz gelangte, machte wertmässig nicht etwa ein Zehntel

oder ein Viertel, sondern weit mehr als die Hälfte, sage und schreibe mehr als 63 Prozent der gesamten schweizerischen Warenimporte aus Deutschland aus. Im entscheidenden Kriegsjahr 1943 importierte die Schweiz aus Deutschland, ihrem wichtigsten Handelspartner, sogar wertmässig mehr Gold als Waren.

Im übrigen waren die Goldimporte ebenso viele Schweizer Franken wert wie die gesamten schweizerischen Warenimporte aus Frankreich, Grossbritannien, Irland, Portugal, Schweden, Spanien und der Türkei zusammen. Aus Deutschland gelangte mehr als dreimal soviel Gold in die Schweiz als aus diesen sieben Ländern insgesamt.

Man bedenke auch, dass das Gold aus Deutschland gereicht hätte, ein Viertel der militärischen und wirtschaftlichen Landesverteidigung der Schweiz für die ganze Dauer des Zweiten Weltkrieges zu bezahlen.[6]

Die Quellen dieser und aller anderen Mitteilungen sind im Anhang dieses Buches zu finden. Dennoch soll an dieser Stelle ausnahmsweise hervorgehoben werden, dass Umfang und Wert der Goldtransaktionen von einem amtlichen Schriftstück ausgewiesen werden, das bei den Akten des Departements für Auswärtige Angelegenheiten (damals noch «Eidgenössisches Politisches Departement» genannt) im Schweizerischen Bundesarchiv in Bern aufbewahrt wird.[7] Dieses Dokument wurde im Winter 1978/79 von einem Schweizer Studenten namens Peter Utz entdeckt und von ihm in einem Referat dem Historischen Seminar der Universität Bern (Prof. Walther Hofer) vorgelegt.[8] Eine unveröffentlichte Denkschrift der Schweizerischen Nationalbank aus dem Jahre 1946 und amtliche Dokumente aus den Kriegsjahren, die ich in der Nationalbank und im Schweizerischen Bundesarchiv eingesehen habe, bestätigen den Milliardenbetrag.[9]

Nicht alltäglich an diesen Geschäften war, dass – wie es sich schon während des Krieges herausstellte – das deutsche Gold nicht über jeden Zweifel erhaben war. Es handelte sich um Gold, das sich das Deutsche Reich unrechtmässig angeeignet hatte. Die Alliierten sprachen von «looted gold», von «Raubgold». Sie gaben bekannt, dass sie nach dem Kriege für die Rückerstattung dieses Goldes an die rechtmässigen Eigentümer sorgen würden.[10]

Tatsächlich stammte ein erheblicher Teil des Goldes aus Belgien. Das belgische Gold war 1940 aus Europa fortgeschafft und in die westafrikanischen Tropen gebracht worden. Es handelte sich um genau 4944 versiegelte Kisten. Und diese Kisten enthielten genau 221'730 Kilo Gold. Der Wert des Goldes war mit mehr als einer Milliarde Schweizer Franken deklariert worden.[11]

Diese Goldkisten sollten, mitten im Kriege, eine Strecke von mehr als zehntausend Kilometern zurücklegen. Eine Odyssee.

Erstens wurden sie von Europa nach Dakar, der Hauptstadt der Kolonie Französisch-Westafrika, verschifft.

Dann wurden sie zweitens mit der Bahn von der Hafenstadt Dakar ins Landesinnere verfrachtet, zunächst nach der senegalesischen Garnisonsstadt Thiès, nur etwa fünfzig Kilometer von der Küste entfernt, später um weitere 670 Kilometer landeinwärts nach Kayès.

Drittens wurden sie von Kayès durch die Steppen, Savannen und Wüsten Französisch-Westafrikas nach Nordafrika, von dort nach Marseille und von Marseille nach Berlin überführt. In Berlin wurde das Gold ausgepackt, eingeschmolzen, umgegossen und umdatiert, so dass seine Herkunft nicht mehr ohne weiteres erkennbar war.

Schliesslich gelangte es – nun als «deutsches» Gold getarnt – von Berlin nach Bern.

DIE GOLDFLOTTILLE

Der Goldtransport quer durch Afrika bis nach Berlin und dessen politische Vorgeschichte ist eine der merkwürdigsten, um nicht zu sagen eine der abenteuerlichsten Episoden der Goldaffäre. Sie verdient es, ausführlich geschildert zu werden.

Am 26. Juni 1940, vier Wochen nach der Kapitulation der belgischen Streitkräfte, unterhielt sich der belgische König Leopold III., Kriegsgefangener der deutschen Wehrmacht, mit dem Kommandanten einer von Hitler persönlich abgeordneten «Ehrenwache», der befohlen worden war, für die Sicherheit des Monarchen zu sorgen und ihm den Respekt zu bezeugen, auf den, wie es hiess, ein Staatschef unter allen Umständen ein Anrecht habe. Der König residierte mit einem ansehnlichen Gefolge auf seinem eigenen, in den gepflegten Parkanlagen der Königlichen Domäne Laeken gelegenen Schloss.

Der König hatte Hitler schon kurz nach der Gefangennahme um eine Unterredung gebeten. Daraufhin war ihm mitgeteilt worden, der «Führer» werde mit ihm zusammentreffen, sobald die militärischen Operationen an der deutschen Westfront abgeschlossen sein würden. Nun hielt der König den Augenblick für gekommen. Er bat den Kommandanten der Ehrenwache, der auch die Funktion eines Verbindungsoffiziers ausübte, dem «Führer» eine Botschaft in diesem Sinne zu übermitteln und ihn gleichzeitig wissen zu lassen, dass ein Teil des belgischen Goldschatzes vor einiger Zeit nach Frankreich geschafft und bei der Banque de France deponiert worden sei. Es wäre ihm willkommen, wenn der «Führer» dafür sorgen würde, dass das Gold möglichst bald nach Belgien zurückgebracht werde. Seines Wissens befände es sich in der Nähe von Bordeaux, in einem Versteck.[12]

Diese Information und wahrscheinlich auch solche aus geheimdienstlichen Quellen veranlassten die Reichsregierung, den Behörden der französischen Regierung in Vichy einige dort als peinlich empfundene Fragen vorzulegen: Wo befand sich das belgische Gold? Wo das französische? Wo verwahrte und versteckte die Französische Notenbank die Goldreserven, die ihr, wie man in Berlin zu wissen glaubte, auch von anderen europäischen Zentralbanken und Regierungen anvertraut worden waren?[13]

Es war in bester Ordnung, dass diese Fragen an die in Vichy residierende Regierung gerichtet wurden; denn nach dem

deutsch-französischen Waffenstillstandsabkommen vom
22. Juni 1940, das den deutschen Sieg über Frankreich besiegelt hatte, unterstand die französische Verwaltung ganz Frankreichs, auch der von der deutschen Wehrmacht besetzten Gebiete, sowie die Administration des französischen Weltreichs nach wie vor der französischen Staatsführung, die erst seit einigen Tagen in den Händen Marschall Pétains lag, als der deutsche Fragebogen überreicht wurde.

Die französische Antwort verbarg nichts. Sie zählte die bei der Banque de France deponierten Goldmengen auf: 4944 Kisten mit 221'730 Kilo Gold der Belgischen Nationalbank, ferner 1208 Kisten mit ungefähr 57'000 Kilo Gold der Polnischen Nationalbank sowie 10'000 Kilo Gold, die den Notenbanken Luxemburgs, Lettlands, Litauens, Norwegens und der Tschechoslowakei gehörten. All das Gold war der Banque de France mit dem Auftrag anvertraut worden, es notfalls in Sicherheit zu bringen.[14]

Die französische Antwortnote stellte aber auch kurz und bündig fest, dass sich das Gold nicht mehr in Frankreich befinde, vielmehr auf dem afrikanischen Kontinent.

Also waren die von König Leopold stammenden Informationen längst von den Ereignissen überholt worden.

Schon im Mai und Juni 1940, also vor der königlichen Botschaft an Hitler, hatte nämlich die französische Regierung etwa zwei Drittel der eigenen Goldreserven nach Übersee und nach Afrika verschiffen lassen. Das belgische Gold, das polnische Gold und die Golddepots der übrigen fünf Banken – insgesamt 288'730 Kilo Gold – waren sodann zusammen mit dem Rest des französischen Goldes gerade noch im letzten Augenblick an Bord einiger französischer Hilfskreuzer genommen worden, die fast gleichzeitig aus den französischen Atlantikhäfen von Brest und Lorient ausliefen. Auf einem dieser Schiffe, dem Hilfskreuzer «Victor Schölcher», befanden sich die 4944 belgischen Goldkisten.[15]

Man bedenke: Am 18. Juni 1940 hatten also diese Schiffe – eine gespenstische Goldflottille – ihre Anker lichten können. Zwanzig Stunden zuvor war die Reichsregierung von Marschall Pétain um einen Waffenstillstand ersucht worden, Frankreich hatte kapituliert.

In Berlin rechnete man nicht damit, dass die französische Regierung bereit sein würde, das eigene Gold nach Frankreich zurückzuholen, mit anderen Worten: es der deutschen Besatzungsmacht auszuliefern. Anders verhielt es sich vielleicht mit dem belgischen Goldschatz, der übrigens die Golddepots der vorhin genannten übrigen sechs Zentralbanken an Gewicht und Wert um das Dreifache übertraf. In Berlin zögerte man nicht. Man prüfte die Frage, wie es gelingen könnte, sich dieses Goldes auf eine möglichst elegante Art und Weise zu bemächtigen.

An verschiedenen Stellen konnte der Hebel angesetzt werden: bei den beiden Nationalbanken in Brüssel und Paris, bei der deutsch-französischen Waffenstillstandskommission in Wiesbaden, ferner bei der französischen Regierung in Vichy, der damals einzigen und gleichzeitig höchsten politischen Instanz, die überhaupt in Frage kam. Um die Aussichten stand es nicht schlecht, wenn es gelang, die verschiedenen Interessen gegeneinander auszuspielen.

Diplomatisches Vorspiel

Victor Schölcher hiess ein französischer Parlamentarier, der sich Mitte des vergangenen Jahrhunderts um die Abschaffung der Sklaverei verdient gemacht hat. Nach ihm war der Hilfskreuzer genannt worden, der den belgischen Goldschatz nach Afrika brachte. An Bord des gleichen Schiffes befand sich auch das polnische Gold. Ein Direktor der Polnischen Nationalbank namens Michalski fuhr mit.

Als die Goldflottille am 28. Juni 1940 in den Atlantikhafen Dakar einlief, war Afrika noch nicht der zersplitterte, in sich verfeindete Kontinent souveräner Völker und Staaten, wie wir ihn kennen. Dakar, heute die Hauptstadt der unabhängigen

Republik Senegal, war bei Ausbruch des Zweiten Weltkrieges die Hauptstadt des französischen Generalgouvernements Westafrika, eines dünn besiedelten Kolonialgebietes, das von Südalgerien und Tunesien im Norden bis zum Golf von Guinea im Süden und von der Atlantikküste Senegals bis zum Tschadsee reichte. Es umfasste ein Sechstel des afrikanischen Kontinents, es war achtmal so gross wie das französische Mutterland. Erst Jahre nach Kriegsende wurde dieses Gebiet aus der französischen Kolonialherrschaft entlassen und 1960 in acht unabhängige Staaten aufgeteilt.

Das Gold wurde hierher gebracht, weil es in den Tagen und Stunden des französischen Zusammenbruchs nicht mehr möglich gewesen war, es nach den USA zu schaffen, was man anfangs in Übereinstimmung mit der britischen Admiralität geplant hatte. Weil das englische Kriegsschiff, das das Gold hätte abholen sollen, nicht zur vereinbarten Zeit eintraf, wurde den französischen Schiffen im letzten Augenblick befohlen, Kurs auf Dakar zu nehmen.[16]

Das Schwarze Afrika bot, so konnte man annehmen, grösste Sicherheit. Zwischen dem von Hitler beherrschten europäischen Kontinent und dem Senegal, wo das Gold nun aufbewahrt und von französischen Kolonialtruppen bewacht werden sollte, lagen Tausende von Kilometern tropischer Savannen, öder Steppen und die glühendheissen Sandwüsten der Sahara. Und nicht allein Französisch-Westafrika, das ganze Kolonialreich war noch, von wenigen Ausnahmen abgesehen, fest in der Hand der französischen Kolonialarmee, die der Befehlsgewalt Marschall Pétains und seiner Regierung in Vichy unterstand.

Diese Umstände veranlassten die gut informierte Diplomatie des Dritten Reiches, mit Bedacht und Vorsicht vorzugehen. Es wurde vermieden, die Überzeugungskraft der deutschen Siege oder die praktisch uneingeschränkte Befehlsgewalt der Besatzungsmacht ins Spiel zu bringen.

Zunächst wurden die Nationalbanken Belgiens und Frankreichs in aller Form ersucht, das belgische Gold aus Westafri-

ka zurückzurufen. Die Begründung, die dafür vorgebracht
wurde, entbehrte nicht einer gewissen Logik: Im Senegal sei
das Gold nicht sicher; es müsse damit gerechnet werden, dass
«Feindmächte Deutschlands» kaum der Versuchung widerstehen könnten, das Gold durch einen militärischen Handstreich
in ihre Gewalt zu bringen. Es gebe an Ort und Stelle keine
militärische Kraft, die nach deutscher Ansicht in der Lage sein
würde, einen Überfall erfolgreich abzuwehren. Es könne niemand von der Reichsregierung erwarten, dass sie sich mit einer solchen Situation werde abfinden können.[17]
Die deutschen Befürchtungen waren nicht ganz unbegründet. Schon Ende August 1940 hatte es in Afrika zu rumoren
begonnen. Am 26. August hatte sich der schwarze Gouverneur des zum französischen Generalgouvernement Franzö-
sisch-Äquatorialafrika gehörenden Tschadgebiets überraschend
dem «Freien Frankreich» des Generals de Gaulle angeschlossen.
Einen Tag darauf war ihm das französische Mandatsgebiet
Kamerun gefolgt, und kurz darauf war auch die französische
Kongokolonie zu de Gaulle übergetreten.[18] Hier boten sich
den «Feindmächten Deutschlands» neue Stützpunkte an.
Andererseits mussten sich die Nationalbankgouverneure Belgiens und Frankreichs sagen, dass sie, was die deutschen Argumente betraf, um starke Gegenargumente nicht gerade verlegen waren. Ihre Länder waren von der deutschen Wehrmacht
überfallen und besetzt worden. Belgien war trotz den wieder-
holten feierlichen Erklärungen Hitlers, dass die Neutralität
dieses kleinen Landes auf jeden Fall respektiert werde, auf die
brutalste Art und Weise angegriffen und in ein blutiges
Schlachtfeld verwandelt worden. Der blosse Gedanke, dass
Deutschland nach allem, was in den letzten Wochen und Monaten geschehen war, Rechtsansprüche irgendwelcher Art auf
das belgische Gold erheben könne, musste ihnen völlig absurd
erscheinen. Sie wiesen das Ersuchen der Reichsregierung höf-
lich aber bestimmt zurück.
Der deutschen Diplomatie blieb zunächst eine direkte Konfrontation erspart. Ganz unerwartet sprang die französische

Regierung ein, die sich inzwischen – im Gegensatz zu den Nationalbanken – auf eine möglichst grosszügige Politik der Kollaboration mit dem Dritten Reich festgelegt hatte. Sie gab sich der illusorischen Hoffnung hin, freiwillige Opfer, die sie einer engen Zusammenarbeit mit dem nationalsozialistischen Deutschland brächte, würden Frankreich in einem von Deutschland beherrschten Europa nach dem Kriege eine gewisse Machtstellung an der Seite des deutschen Siegers einbringen. In diesem Sinne liess sie die deutschen Behörden wissen, dass sie grundsätzlich bereit sein würde, sich für die Rückführung des belgischen Goldes nach Belgien oder Frankreich einzusetzen, wenn auch für sie dabei etwas abfiele. Zum Beispiel eine Provision von einer Milliarde Francs sowie eine spürbare Aufwertung der französischen Valuta.[19] Berlin ging auf dieses kostspielige Angebot nicht ein, blieb aber dabei, dass die deutschen Wünsche unbedingt erfüllt werden müssten. Aber auch die Gouverneure der beiden Nationalbanken gaben nicht nach. Die Verhandlungen, die am Sitz der deutschfranzösischen Waffenstillstandskommission in Wiesbaden geführt wurden, zogen sich bis in den November hin. Die Positionen verhärteten sich.

Wie unerquicklich die Auseinandersetzungen werden konnten, wurde den Verhandlungspartnern schon Anfang September 1940 klar, als der Leiter der deutschen Delegation, Johannes Hemmen, der ohnehin für seine frostige und oft anmassende Haltung bekannt war, einen bis dahin ungewohnt herrischen Ton anschlug.

Seine Äusserungen sind vom damaligen Inspektor des französischen Finanzministeriums, Pierre Arnoult, festgehalten und veröffentlicht worden. Nach dem Kriege beauftragt, einen Bericht über die Finanzpolitik der Vichy-Regierung zu verfassen, wurden ihm die auf fünfzig Jahre gesperrten Staatspapiere Vichys zugänglich gemacht. Daraus zitiert er die Worte, die Hemmen am 12. September 1940 an den Gouverneur der Banque de France, Bréart de Boisanger, gerichtet hat. Worte, die für Hemmens taktische Sprünge bezeichnend waren.

«Wir Deutschen», erklärte er, «haben Belgien erobert. Jetzt befehlen wir! Alle Rechte, auch die der Belgischen Nationalbank, sind auf uns übergegangen. Das heisst: Ich bin nun als Vertreter der Belgischen Nationalbank ein Kunde der Banque de France, und hiermit beauftrage ich Sie, unser Gold, das wir Ihnen seinerzeit anvertraut haben, in Sicherheit zu bringen. Wollen Sie bitte dafür sorgen, dass es nach Belgien oder wenigstens nach Frankreich übergeführt wird.»[20]
Was Hemmen nicht hinzufügte, war seine Idee, dass das Gold natürlich an einem Ort am besten und sichersten aufgehoben wäre: In der Reichshauptstadt Berlin.

DIE BANKEN UND DAS VÖLKERRECHT

Der Gouverneur der Banque de France wusste ebensogut wie sein belgischer Kollege, den Hemmen kurz darauf in ähnlicher Weise anging, dass die deutsche Forderung völkerrechtlich unhaltbar war. In dieser Beziehung bestanden seit Jahrzehnten klare Verhältnisse. Die Haager Landkriegsordnung aus dem Jahre 1907 unterscheidet ausdrücklich zwischen Staatseigentum und Privateigentum. Die Konvention hält unmissverständlich fest, dass es einer kriegführenden Macht wohl zusteht, Eigentum eines besiegten Staates als Kriegsbeute einzuziehen, nicht aber privates Eigentum.
Die Belgische Nationalbank und die Banque de France hatten sich diesen Rechtsgrundsatz zunutze gemacht: Statt als Staatsbanken hatten sie sich schon lange vor dem Kriege als gewöhnliche Aktiengesellschaften konstituiert und so ihr Eigentum mit den vorteilhaften Eigenschaften des unantastbaren Privateigentums ausgestattet. Keine fremde Macht, auch keine Besatzungsbehörde, durfte ihnen, so also bestimmt es das Völkerrecht, irgendwelche Vorschriften machen, die letzten Endes auf eine Enteignung hinauslaufen würden. Die meisten Zentralbanken Europas waren der gleichen Meinung.
So auch die Nationalbank der Schweiz. Hier hatte man sogar

Wert darauf gelegt, die Eigentumsverhältnisse publik zu machen: Von den 100'000 Nationalbank-Aktien befanden sich bei Kriegsausbruch etwa 45'000 in den Händen von 8214 Privataktionären. Die Stimmenmehrheit in der Generalversammlung lag zwar bei den Kantonen und den Kantonalbanken, und die Bundesregierung war befugt, eine «weitgehende Aufsicht» über die Tätigkeit der Bank auszuüben, aber das änderte nichts an der geschäftlichen Selbständigkeit, die ihr als Aktiengesellschaft zustand. Nur ein Gesetz konnte daran etwas ändern. So ist es auch heute noch.[21]

Ursprünglich ähnelte die 1875 gegründete Deutsche Reichsbank in dieser Beziehung der Schweizerischen Nationalbank wie ein Ei dem anderen. Auch in Berlin lagen die Aktien der zentralen Bank in privaten Händen. Auch hier traf es zu, dass die Regierung ein gewisses Kontrollrecht in Anspruch nehmen durfte. Aber auch das deutsche Bankengesetz vom Jahre 1924 bestätigte noch einmal ausdrücklich die Unabhängigkeit der Reichsbank von der Reichsregierung.

Mit dem Machtantritt Hitlers im Jahre 1933 änderte sich das gründlich. Durch ein neues Bankengesetz wurde Hitler im Oktober 1933 bevollmächtigt, das Reichsbankdirektorium selbst zu ernennen. 1937 proklamierte er die uneingeschränkte Reichshoheit über die Reichsbank, und im Juni 1939 wurde die Reichsbank dem «Führer und Reichskanzler» direkt unterstellt. Zwar lagen die Aktien immer noch in privaten Händen, aber Eigentum und Verfügungsgewalt waren nun so radikal voneinander getrennt, dass der rein formale Charakter der völkerrechtlichen Bestimmungen klar zutage trat.[22]

Das allein hinterliess bei manchen Regierungen und Zentralbanken des Auslandes schwere Bedenken. Konnte man sich darauf verlassen, dass Hitler das internationale Recht respektieren werde? Im Jahre 1940 sprach vieles dagegen.

Die Rechtsordnung, die von ihm und seiner Partei im Dritten Reich eingeführt worden war, hatte sich längst als eine Ordnung des Unrechts erwiesen, als eine Herrschaft, die zum Beispiel willkürlich zu Staatsfeinden deklarierten Bürgern die elementarsten Bürgerrechte verweigerte. Zudem hatte er seit seinem Machtantritt und noch vor dem Beginn des Zweiten Weltkrieges mindestens siebenmal einen internationalen Vertrag gebrochen. März 1935: Mit der Wiedereinführung der allgemeinen Wehrpflicht wurde der Versailler Vertrag verletzt. März 1936: Die militärische Besetzung des Rheinlandes – ein offener Bruch des Locarnopaktes. Weitere Verstösse 1938. Im März: Die mit der Demonstration militärischer Macht herbeigeführte Eingliederung Österreichs ins Dritte Reich. Ein halbes Jahr später: Die mit Drohungen erzwungene Annexion des «Sudetengebietes». März 1939: Einmarsch der deutschen Wehrmacht in Böhmen und Mähren, ein Kriegsakt. Eine Woche darauf wird Memel besetzt und annektiert. Und mit der fieberhaft betriebenen Aufrüstung hatte sich die Reichsregierung jahrelang über ihre vertraglichen Verpflichtungen hinweggesetzt.

Es war auch in den Direktionsbüros der europäischen Notenbanken niemandem entgangen, dass die Deutsche Reichsbank nach dem «Anschluss» Österreichs die Österreichische Nationalbank mit ihren Goldreserven schlicht und einfach «übernommen» hatte und bei der Angliederung der Freien Stadt Danzig im September 1939 mit der dortigen Notenbank ebenso verfahren war. Über das Schicksal des Goldes, das den deutschen Truppen bei ihrem Einmarsch in Prag in die Hände gefallen war, gab man sich schon keinen Illusionen mehr hin. Schliesslich hatten der militärische Überfall auf Polen und die blitzartigen Feldzüge gegen Norwegen, Dänemark, Holland und Belgien die Glaubwürdigkeit der Reichsregierung vollends untergraben. Niemand konnte sich mehr fest darauf verlassen, dass die Reichsregierung die Bestimmungen des Völkerrechts respektieren werde. Klüger war es jedenfalls, nicht damit zu rechnen und möglichen Gefahren vorzubauen.

Die meisten europäischen Notenbanken (beliebig auch Zentralbanken oder Nationalbanken genannt) hatten es getan. Schon vor Kriegsausbruch und noch im ersten Jahr der Feindseligkeiten hatten sie in aller Stille den grössten Teil ihrer Goldreserven nach Übersee schaffen lassen.

Die Schweizerische Nationalbank machte da keine Ausnahme. Sie hatte sogar schon Mitte 1938, zunächst aus finanzpolitischer Vorsorge für den Kriegsfall, Feingold im Wert von fast einer Milliarde Schweizer Franken jenseits des Atlantiks in Sicherheit gebracht. Im Mai 1939 erreichten die schweizerischen Golddepots in den USA den respektablen Wert von 1,7 Milliarden Franken. Eine weitere Goldmilliarde kam im Mai 1940 hinzu, und noch Mitte Juni, in den Tagen des französischen Zusammenbruchs, startete eine kleine Swissair-Maschine in Locarno zu einem Goldflug nach Lissabon. Dieser letzte Transfer von 12'000 Kilo Gold glückte übrigens dank der kulanten Mitwirkung der Banque de France.[23]

In Brüssel war man offenbar auf besonders schwierige Zeiten gefasst: hier gab man sich mit solchen Massnahmen nicht zufrieden. Es genügte der Belgischen Nationalbank nicht, ihren Goldschatz in Sicherheit zu glauben. Am fünften Tag der deutschen Westoffensive liess sie ihre Schalter in Belgien schliessen. Das Direktorium der Bank flüchtete nach Frankreich. Auch die belgische Regierung – ohne den König, der es vorzog, im Land zu bleiben und die deutsche Kriegsgefangenschaft zu riskieren – hatte inzwischen in Frankreich Zuflucht gefunden.

Aber der Entschluss, den sich die Direktoren der Belgischen Nationalbank abgerungen hatten, war nicht endgültig. Im provisorischen Exil, im Chaos einer zusammenbrechenden Welt, mussten sie versuchen, ihre Lage zu analysieren.

Sie konnten sich fragen, ob es sich die Reichsregierung wohl werde leisten können, die Bestimmungen des Völkerrechts auf die Dauer zu missachten. Musste ihr und dem «Führer und Reichskanzler» nicht daran gelegen sein, das Völkerrecht für sich selbst in Anspruch zu nehmen: zum Beispiel zum Schutz deutscher Kapitalanlagen und anderer wirtschaftlicher Interessen im Ausland oder zu Gunsten der deutschen Kriegsgefangenen und Zivilinternierten, die sich in alliierter Hand befanden? War es nicht selbstverständlich, dass auch Berlin letzten Endes daran interessiert sein musste, aus den segensreichen Diensten des Internationalen Roten Kreuzes oder aus der vorteilhaften Einrichtung der interimistischen diplomatischen Vertretung der eigenen Interessen im feindlichen Ausland durch Diplomaten neutraler Staaten für sich selbst Nutzen zu ziehen?

Wenn man diese Fragen bejahte, dann musste man daraus den Schluss ziehen, dass Deutschland über kurz oder lang die Vorteile der völkerrechtlichen Verpflichtungen erkennen und entsprechend handeln werde.[24]

Nüchterne Erwägungen dieser Art dürften das Direktorium der Belgischen Nationalbank veranlasst haben, seine Politik zu revidieren. Der Vizegouverneur, A. Baudewyns, begab sich, von höheren Beamten der Bank begleitet, nach London, wo sich auch die belgische Exilregierung einrichtete. Hingegen kehrte Georges Janssen, der Gouverneur der Bank, mit dem vollen Einverständnis der Exilregierung sieben Wochen nach der überstürzten Flucht aus Brüssel in die belgische Hauptstadt zurück. Der normale Bankbetrieb wurde wieder aufgenommen. Man war entschlossen, der deutschen Besatzungsmacht mit allen nur möglichen Rechtsmitteln entgegenzutreten.[25]

Die Belgier schienen die Lage richtig beurteilt zu haben. In Berlin erklärte man sich ohne weiteres bereit, alle Fragen, die mit dem belgischen Goldschatz zusammenhingen, mit den Gouverneuren der Belgischen Nationalbank und der Banque de France gemeinsam zu prüfen. Bald darauf wurde eine Konferenz mit den beiden Gouverneuren angesetzt.

Manöver und Finessen

Die Fortsetzung liest sich wie ein Roman.

In Berlin war man sich darüber im klaren, dass das Recht nicht auf deutscher Seite war. Aber man wusste sich zu helfen.

Eine Konferenz, von der man sich auf deutscher Seite versprach, dass sie die angestrebte Entscheidung bringen werde, wurde für den 10. Oktober 1940 nach Wiesbaden einberufen.

Yves Bréart de Boisanger, Gouverneur der Banque de France und Chef der französischen Verhandlungsdelegation, traf pünktlich ein, nicht aber sein belgischer Kollege, Gouverneur Janssen. An seiner Stelle erschien ein Herr von Becker, der, wie sich herausstellte, als deutscher Kommissar bei der Belgischen Nationalbank eingesetzt worden war. Es hiess, Gouverneur Janssen sei plötzlich und unerwartet erkrankt.

Konnte man ohne weitere Präliminarien zur Sache kommen? So schien es. Denn der deutsche Delegationschef Hemmen überbrachte eine mündliche Botschaft des verhinderten belgischen Gouverneurs, die sich in einem kurzen Satz zusammenfassen liess: Monsieur Janssen wünsche, dass das belgische Gold aus Westafrika zurückgeholt werde.

Wenn das stimmte, dann lag endlich ein fester belgischer Auftrag an die Banque de France vor.

Es stimmte aber nicht.

In Wahrheit hatten es die deutschen Behörden verstanden, Janssen von der Konferenz fernzuhalten, ohne dass die Intrige durchschaut worden wäre. Die deutschen Besatzungsbehörden hatten ohnehin von Anfang an alle telefonischen, telegrafischen und postalischen Verbindungen zwischen Belgien und Frankreich unterbrochen. Die beiden Länder, ihre Behörden und vor allem auch ihre Banken, waren, als ob sie dies- und jenseits eines eisernen Vorhangs lägen, streng und rücksichtslos voneinander getrennt. Da gab es keine Mitteilung, die nicht, wenn sie durchgelassen wurde, von der deutschen Zensur kontrolliert wurde. Im übrigen wurden die Nationalbanken in Paris und Brüssel besonders streng beaufsichtigt. Für ihre Gouverneure und Direktoren war es ein Ding der Unmöglichkeit, sich über die Grenzen hinweg rasch und ohne unerbetene Zuhörer zu verständigen.[26]

Erst als es einem belgischen Delegierten später glückte, sich bis nach Paris durchzuschlagen und dort mit der Banque de France Kontakt aufzunehmen, erfuhr er, was geschehen war. Janssen hatte, weil er sich momentan nicht wohl fühlte, darum gebeten, die Konferenz um ein paar Tage zu verschieben. Hemmen, der deutsche Delegationsführer, nahm die Gelegenheit wahr, Janssen für krank zu erklären und zu behaupten, dass der belgische Gouverneur die Rückführung des Goldes wünschte. Kein Belgier, der die wahren Absichten Janssens kannte, war zu dieser Konferenz eingeladen worden.

Während Bréart de Boisanger sich im stillen fragte, was hier eigentlich gespielt wurde, legte Hemmen einen fertigen, ins einzelne gehenden Plan vor. Laut dem französischen Verhandlungsprotokoll erklärte er, Militär- und Verkehrsflugzeuge würden von deutscher Seite für den Goldtransport zur Verfügung gestellt, ebenso bewaffnete Mannschaften in Zivil. Die Beschaffung des Treibstoffes und die militärische Bewachung der Flugplätze werde hingegen der französischen Regierung überlassen. Er, Hemmen, rechne mit zwei bis drei Tonnen Gold pro Tag und Maschine. Ab Marseille werde das Frachtgut dann per Bahn oder auf dem Luftweg nach Berlin befördert. In zwei Monaten, so glaube er, könne die ganze Operation abgeschlossen sein.[27]

Bréart de Boisanger nahm den Vorschlag zur Kenntnis, liess sich aber zu keiner Äusserung herbei, die als Zustimmung hätte verstanden werden können.

Weiter war man nicht gekommen, weil sich beide Seiten darauf versteift hatten, aus einem dramatischen Zwischenfall, der sich etwa zwei Wochen zuvor ereignet hatte, für ihre Sache Kapital zu schlagen.

Vor der befestigten Hafenstadt Dakar war am 23. September 1940 eine britische Flotte mit zwei älteren Schlachtschiffen und einem Flugzeugträger aufgekreuzt. Ziel und Zweck der militärischen Operation, die drei Tage dauerte, war die möglichst kampflose militärische Besetzung dieses strategischen Punktes gewesen, der für die Verbindung mit Amerika von grosser Bedeutung war. Das Unternehmen war gescheitert. Verrat, dichter Nebel und eine ganze Reihe unglücklicher Umstände hatten dabei mitgewirkt.

Französische Parlamentäre, die im Verlauf dieser Operation mit zwei Touristenflugzeugen und einem Boot in der Nähe der Stadt in der Absicht gelandet waren, Dakar für das kämpfende «Freie Frankreich» de Gaulles zu gewinnen, waren beschossen worden. In Dakar selbst, das wegen der steilen Felsenküste das «afrikanische Gibraltar» genannt wurde, kam eine Landung nicht in Betracht. Ein Aufruf General de Gaulles, der sich auf einem der Kriegsschiffe befand und der ganzen Operation den Charakter eines französischen Unternehmens zu geben wünschte, war wirkungslos verhallt. Der Versuch, mit einem französischen Legionsbataillon an einer entlegenen Stelle an Land zu gehen, war ebenfalls missglückt. Schliesslich hatten die Batterien des Forts den Geschützen der Flotte ein schweres Gefecht geliefert, so dass am Ende die britische Flotte mit einem stark beschädigten Schlachtschiff und 600 Toten und Verwundeten an Bord den Kampf hatte abbrechen müssen.[28]

Triumphierend erklärte Hemmen in Wiesbaden, in Dakar habe es sich mit aller Deutlichkeit gezeigt, dass seine Befürchtungen nicht unbegründet waren. Nur wenig hätte gefehlt, und das Gold im Senegal wäre verlorengegangen.

Ebenso selbstsicher entgegneten die französischen Delegierten, gerade in Dakar habe die französische Kolonialarmee bewiesen, dass sie durchaus in der Lage sei, einen Angriff der Alliierten auf die westafrikanische Küste zurückzuschlagen. Das Gold befände sich an sicherem Ort.

Monatelang zogen sich die Verhandlungen hin, ein sich mühsam dahinschleppendes Hin und Her von Ausflüchten und Finessen. Erst im November 1940 kam ein neues Element hinzu, als sich die Vichy-Regierung kurzerhand zu einer «symbolischen Versöhnungsgeste» entschloss, mit der sie hoffte, der Reichsregierung einen vielleicht überzeugenden Beweis für ihre Kollaborationsbereitschaft zu liefern: Sie beorderte zwei französische Militärmaschinen nach dem Senegal, liess ein paar Tonnen des belgischen Goldes nach Marseille fliegen und dort den deutschen Behörden ausliefern. Sie verstand diese Geste offenbar als eine Art Anzahlung auf ein politisches Geschäft. Kurz vor Weihnachten verfügte sie dann – über die Köpfe der

Bankgouverneure hinweg – die Auslieferung des ganzen belgischen Goldschatzes.

Vichy also und nicht Berlin hatte sich als erster über die Bestimmungen des Völkerrechts hinweggesetzt.[29]

Nun überstürzten sich die Ereignisse. Die deutschen Behörden übertrugen Kommissar von Becker (widerrechtlich) die Verwaltungs- und Verfügungsgewalt über die Güter der Belgischen Nationalbank. Er, von Becker, war somit angeblich befugt, den ominösen Goldtransfer in Gang zu bringen. Von deutscher Seite wurde betont, niemand, am wenigsten die Belgische Nationalbank, werde darunter zu leiden haben. Sie sei und bleibe Eigentümerin des Goldes, auch falls es nach Berlin gebracht würde. Selbstverständlich werde das Gold dann bei der Deutschen Reichsbank als belgisches Gold verbucht und behandelt werden.

Indessen beeilte sich die Vichy-Regierung, ein Gesetz zu erlassen, das ausdrücklich nicht veröffentlicht werden durfte. Mit diesem Gesetz übernahm es der französische Staat, für alle nur möglichen Verluste aufzukommen, die der Banque de France im Umgang mit dem belgischen Gold erwachsen konnten. Das sah ganz nach einer Verschwörung gegen die eigene Notenbank aus. Doch wenn man glaubte, auf solche Weise die Gouverneure der Belgischen Nationalbank und der Banque de France doch noch in ihrer festen Haltung erschüttern zu können, dann hatte man sich wieder einmal geirrt.[30]

In aller Heimlichkeit und mit verdächtiger Eile, weil sie sich nicht offen zu diesem Schritt bekennen wollte, hatte inzwischen die Regierung Marschall Pétains einen schwerwiegenden Entschluss gefasst. Auf Betreiben ihres Premierministers Pierre Laval, der fest davon überzeugt war, dass Deutschland den Krieg gewinnen werde, hatte sie tausend Kisten mit 49'000 Kilo belgischem Feingold in Französisch-Afrika abholen lassen. Die Kisten waren kurz vor Weihnachten 1940 auf dem Flughafen von Oran, unweit des algerischen Flottenstützpunktes Mers el-Kébir eingetroffen. Dort aber wurden sie von den schweren Kämpfen aufgehalten, die zu jener Zeit in der

Cyrenaika entbrannten, wo die britischen Streitkräfte bedeutende Siege errangen, die das deutsche Afrika-Korps unter dem Kommando des Panzergenerals Erwin Rommel später rückgängig machen sollte. Vorläufig aber trat alles, selbst der weitere Goldtransport, hinter die fieberhaften Vorbereitungen einer deutschen Afrikaoffensive zurück. Mitte März 1941 trafen die Goldkisten endlich in Marseille ein.

Die «abenteuerlichste Episode der Goldaffäre» hatte mit diesem grösseren Transport erst ihren Anfang genommen. Nicht zwei Monate, wie es sich Johannes Hemmen ausgerechnet hatte, sondern ganze achtzehn Monate dauerte es, den Goldschatz von Westafrika nach Berlin zu schaffen.

Nun konnte nämlich der eigentliche Rumpf des Schatzes, es waren immer noch 170'000 Kilo im Wert von damals 828 Millionen Schweizer Franken, nur noch unter grössten Schwierigkeiten fortbewegt werden. Der Krieg breitete sich aus. Genügenden Schutz vor den alliierten Unterseebooten und Kampfflugzeugen boten nur noch die Landwege durch die Savannen und Steppen Senegals und durch die Wüste der Sahara...

DER RAUBZUG

Mindestens fünfmal mussten die Kisten umgeladen werden, nachdem sie zuvor schon von Thiès nach dem weiter landeinwärts gelegenen Kayès geschafft worden waren. Von hier ging es zunächst per Bahn über 500 Kilometer durch die Randgebiete des alten Eingeborenenstaates Bambuk und durch Orte mit märchenhaften Namen wie Bafulabé, wo durch die Vereinigung der fliessenden Gewässer des Bafing und des Bakoy der tausend Kilometer lange Senegal entsteht.

Die erste Station, an der haltgemacht wurde, hiess Bamako, eine malerisch am linken Nigerufer gelegene Kolonialstadt, die sich mit der Ansiedlung der wenigen Europäer – gelbfarbene Villen auf einem roten Sandsteinplateau – dem Gedächtnis unauslöschlich einprägte.

Der Transport erreichte die Endstation der Bahn in Kulikuru, zu Beginn unseres Jahrhunderts noch Hauptstadt der französischen Sudankolonie. Hier wurden die Kisten auf leichte Lastautos umgeladen, vorausgesetzt, dass brauchbare Fahrzeuge vorhanden waren. War das nicht der Fall, was nicht selten vorkam, oder wenn hier Treibstoff, Reifen oder Ersatzteile nicht aufzutreiben waren, dann wurden die Kisten auf Nigerboote verfrachtet, die allerdings fünf Monate im Jahr nicht verkehren, wenn nämlich die tropischen Regenfälle im weiter nördlich gelegenen Binnendelta Gebiete von der Grösse der Schweiz oder der Niederlande überfluten und unter Wasser setzen.

Es folgte also, oft nach monatelangem Warten, eine lange schwierige Autofahrt oder eine Bootsreise auf dem grossen legendären Strom, dem drittgrössten Afrikas, der nicht zu Unrecht «der französische Nil» genannt wird – diesmal über 1300 Kilometer bis zur Oasenstadt Timbuktu, einem Mittelpunkt islamischer Gelehrsamkeit, traumhaft in eine Sanddünenlandschaft mit Mimosen und Dornbüschen eingebettet. Jahrhundertelang, vom 14. bis zum 16. Jahrhundert, End- und Ausgangspunkt der Trans-Sahara-Karawanenroute, wurde Timbuktu noch zur Zeit des Zweiten Weltkriegs «Treffpunkt der Kanus und Kamele» genannt.

Die Fahrt wurde fortgesetzt bis nach Gao, der 1200 Jahre alten heiligen Stadt der Muslime Westafrikas, Hauptstadt des westsudanischen Reiches der Songhai vom Anfang des 11. bis zum Ende des 16. Jahrhunderts. Hier erreichte der Goldtransport den Niger-Terminus für den Saharaverkehr.

Umladung auch hier, entweder auf Karawanen schwerer Lastautos oder auf den Rücken der traditionellen Trag- und Reittiere der Wüste, der unentbehrlichen Kamele, die, mit dem Gold beladen, über weitere 1700 Kilometer bis nach Colomb-Béchar durch die Sahara schwankten, durch die mit Wäldern durchsetzten Dornbuschsavannen der wilden Tiere, durch menschenleere Sandwüsten, durch die Dattelpalmhaine der Oasen, durch endlose, von Nomaden durchstreifte Wüstensteppen.

In Colomb-Béchar, einer algerischen Provinzhauptstadt im Nordwesten des Sahara-Departements, wiederum umgeladen, diesmal auf Güterzüge, ging der Transport nochmals 1600 Kilometer per Bahn bis nach Algier und dann, in den Laderäumen französischer Flugzeuge verstaut, über eine Luftbrücke nach Marseille.

Für die letzten tausend Kilometer wurden deutsche Güterwagen und Flugzeuge benützt.

Bis Ende 1941 trafen in Marseille 84'000 Kilo, also etwas mehr als ein Drittel des Goldes ein. Hier wurde das Gold – trotz heftigem Einspruch von seiten der Belgischen Nationalbank «Vertretern» der Deutschen Reichsbank ausgehändigt, und zwar von Kommissaren der deutschen Besatzungsmacht, die erklärten, im Auftrag der Belgischen Nationalbank zu handeln. Der letzte Transport, einer von vielen, erreichte Berlin endlich am 26. Mai 1942.[31]

Offen blieb die Frage, wie man es anstellen konnte, das Gold, das für den Einkauf strategisch wichtiger Rohstoffe so dringend gebraucht wurde, in aller Stille einzuziehen, ohne dass man der Reichsregierung einen flagranten Verstoss gegen das Völkerrecht würde ankreiden können.

In Berlin ging man systematisch vor, Schritt für Schritt.

Anfang September 1942, kurz vor Beginn der deutschen Offensive auf Stalingrad, wurde das belgische Gold durch den Oberpräsidenten der Mark Brandenburg enteignet. Wie die Enteignung begründet wurde, ist nicht bekannt. Hingegen weiss man, dass sie auf Veranlassung und zur Verfügung von Reichsmarschall Hermann Göring, dem Oberbefehlshaber der Luftwaffe und Beauftragten des für die deutsche Rüstung massgeblichen Vierjahresplans, geschehen ist.[32]

Der nächste Schritt erfolgte am 2. Oktober 1942. Die Deutsche Reichsbank quittierte der Belgischen Nationalbank – unaufgefordert – den Empfang von 4854 versiegelten Kisten mit einem registrierten Inhalt von 198'400 Kilogramm Feingold. Gleichzeitig äusserte sie den Wunsch, das Gold zum Preis von 2784 Reichsmark (kurz: «RM» = 4816.60 sFr.) pro Kilo erwer-

-28-

ben und der Belgischen Nationalbank unverzüglich einen Betrag von 500 Millionen RM (= 865 Millionen sFr.) gutschreiben zu wollen. Das Preisangebot war nicht unfair, es lag nur wenig unter dem offiziellen Goldpreis der Schweizerischen Nationalbank. Allerdings versah die Reichsbank ihre Offerte mit der wenig verlockenden Einschränkung, dass der Erlös nur für Käufe in Deutschland verwendet werden dürfe.

Die Belgische Nationalbank ging nicht darauf ein. Sie weigerte sich von neuem, ihre völkerrechtlich garantierten Rechtsansprüche einfach aufzugeben. Aber auch in Berlin dachte man nicht im entferntesten an einen Verzicht. Ein neues Kaufangebot erfolgte Ende Juli 1943 an die Adresse der Belgier und nach deren Absage im September 1943 an die Banque de France, der das belgische Gold anvertraut worden war. Wieder holte sich Berlin ein entschiedenes Nein. Schliesslich entschloss man sich, aufs Ganze zu gehen.

Anfang Oktober 1943 wurde der ungefähre Gegenwert des Goldes in Reichsschatzanweisungen beim Gerichtsamt Berlin-Mitte zur Verfügung der Belgischen Nationalbank hinterlegt. So glaubte man, sich vor dem eigenen Gewissen oder vor dem Hohen Gericht der Weltgeschichte damit rechtfertigen zu können, dass das Deutsche Reich nichts unversucht gelassen habe, die «Übernahme» des belgischen Goldes, wie es sich gehört, zu legitimieren.[33]

Was Berlins unerschütterliche Gegenspieler betraf, darf nicht unerwähnt bleiben, dass ihnen das Urteil eines amerikanischen Gerichts sehr früh, schon Ende April 1941, als die USA noch nicht in den Krieg hineingezogen worden waren, erheblich den Rücken gestärkt hatte.

Dazu war es gekommen, nachdem die in London domizilierte belgische Exilregierung und der sich ebenfalls in London aufhaltende Vizegouverneur der Belgischen Nationalbank, A. Baudewyns, die im grossen und ganzen über die Entführung des Goldes im Bilde waren, sich an ein Gericht in New York gewandt hatten. Sie hatten sich darum bemüht, Gold der Banque de France, das in einem New Yorker Bankdepot hinterlegt worden war, beschlagnahmen zu lassen. Dieses Gold sollte so lange festgehalten werden, bis die Banque de France das belgische Gold zurückgeben würde. Das New Yorker Gericht hatte zu Gunsten der Belgischen National-bank entschieden. Es wurde so viel Gold der Banque de France blockiert, wie die Belgische Nationalbank ihr anvertraut hatte.

Durch diesen Schiedsspruch war die Goldaffäre ein erstes Mal der Öffentlichkeit bekannt geworden, bald aber wieder ver-gessen worden. Immerhin durften nun die Alliierten, die von dem Gerichtsurteil Gebrauch machten, die Hintergründe und das Ziel der abenteuerlichen Goldtransporte durch die Sahara als einen «qualifizierten Raub» bezeichnen.[34]

WIEVIEL GOLD BESITZT DAS REICH?

Man kann sich des Eindrucks nicht erwehren, dass die Füh-rung des Dritten Reiches von einem Fieber befallen worden war, das man als Goldfieber bezeichnen darf. Diplomaten, Staatsbeamte und besondere Suchkommandos unternahmen es, in den besetzten Gebieten nach Gold zu fahnden. Wie war es dazu gekommen?

Zu einem Teil liegt eine Antwort darin, dass es dem Deutschen Reich nicht gelungen war, vom Ausland unabhängig zu sein. Kein noch so blendender militärischer Sieg täuschte darüber hinweg, dass zum Beispiel der Bedarf der deutschen Rüstungs-industrie an Manganerz sogar noch im kriegsentscheidenden Jahr 1943 zu 100 Prozent durch Einfuhren aus dem neutralen Ausland gedeckt werden musste, der Chrombedarf zu 99,8 Prozent, der Bedarf an Wolfram zu 75,9 Prozent.[35]

Das sehr spröde, harte Schwermetall Mangan wurde für die Stahlhärtung gebraucht und unter anderem in der Fabrikation von Gewehrläufen und Geschützrohren verwendet. Es kam in Spanien vor, dem interessantesten Lieferanten dieses kriegs-wichtigen Rohstoffs.

Chrom, ein besonders hartes, stahlfarbenes Metall, härter als Eisen und Nickel, war unentbehrlich für die Herstellung von Mantelgeschossen für Hand- und Faustfeuerwaffen und für die Produktion von Kugellagern. Ausser in der Sowjetunion, in Albanien und Südafrika war es in brauchbarer Qualität und Menge eigentlich nur in der Türkei zu haben.

Wolfram, ein seltenes silberweisses Schwermetall, das aus unscheinbaren Mineralien gewonnen wird, gehörte für das deutsche Wehrwirtschafts- und Rüstungsamt zu den besonders begehrten und unersetzlichen Rohstoffen. Es weist den höchsten Schmelz- und Siedepunkt aller Elemente auf – 3410 bzw. 5660 Grad Celsius! – und wird aus diesem Grunde für die Herstellung von Glühfäden für Glühlampen und Elektronenröhren gebraucht. Vor allem ist es aber für die Härtung vieler Stähle und Legierungen erforderlich.

China, der Hauptproduzent, befand sich seit 1937 im Krieg mit Japan, Achsenpartner Deutschlands. Es kam als Lieferant nicht in Frage. So galt nun Portugal als der von beiden kriegführenden Parteien in gleicher Absicht intensiv und geduldig umworbene Wolfram-Produzent Europas. Allein im Jahre 1943 importierte das Deutsche Reich davon aus Portugal mehr als viertausend Tonnen.

Neutrale verschiedenster politischer Orientierung – die Türkei und Portugal als Verbündete Grossbritanniens und das Spanien des Diktators Franco als merkwürdig widerspenstiger Schützling Hitlers – waren also für die deutsche Kriegsindustrie von existentieller Bedeutung. Nimmt man noch das neutrale Schweden als Deutschlands wichtigsten Eisenerz-Lieferanten hinzu, der den deutschen Bedarf in den Kriegsjahren bis zu vierzig Prozent deckte, dann wird es vollends klar, wie hochrangig die meistens weit unterschätzten Beiträge waren, mit denen diese Länder die militärische Potenz des Dritten Reiches erhöht haben.[36]

Aber ebenso gravierend war die Kehrseite. Was verlangten die Neutralen für ihre Lieferungen? Waffen, Kohle, Treibstoffe und andere Produkte, die Deutschland selber dringend brauchte und jedenfalls nicht in genügender Menge abgeben konnte. Womit also sollten die strategisch wichtigen Rohstoffe bezahlt werden? Es gab nur eine Antwort auf diese Frage: mit Gold oder anstelle von Gold mit harten Devisen, in erster Linie mit Schweizer Franken. Auf andere Zahlungsmittel liessen sich die türkischen, spanischen und portugiesischen Lieferanten nicht ein.

Diese fatale Abhängigkeit war nicht neu. Schon vor dem Krieg, ab 1938, hatte das Gold für die deutsche Führung, wie es der Wirtschaftshistoriker Boelcke formuliert, «kriegswirtschaftliche Dimensionen» angenommen. Es war «in die Funktion eines hilfreichen Kriegsschatzes», eines «allseits verwendbaren Tauschgutes» hineingewachsen.[37] In zugespitzter Redeweise konnte man sagen, dass Krieg ohne Gold im Grunde so gut wie unmöglich geworden war. «Was wäre geschehen», fragt Boelcke folgerichtig, «wenn Verbündete und Neutrale plötzlich ihre gesamten kriegswichtigen Rohstoffexporte nach Deutschland gestoppt hätten? Wäre der Zweite Weltkrieg dann ebenso schlagartig beendet worden, wie er begonnen hatte?»[38]

Eine unzulässige, übertriebene Spekulation? Oder deckt sich Boelckes Frage nicht mit der alarmierenden Feststellung in einem kriegswirtschaftlichen Lagebericht des Oberkommandos der deutschen Wehrmacht vom Januar 1942, der die «Unerfüllbarkeit» der deutschen Rohstoffwünsche beklagt?[39]

Erschwerend kam hinzu, dass die Hoffnungen, die die deutsche Führung zu Beginn des Krieges auf die immensen Goldreserven der Westmächte gesetzt hatte, sich rasch zerschlugen. Die Tresore der Zentralbanken in den eroberten Gebieten gaben, an deren Goldreserven gemessen, nur wenig her. Jetzt zeigte es sich, dass nicht nur das belgische und das französische, sondern auch der grösste Teil des polnischen, des norwegischen und des niederländischen Goldes, kurz: dass zwei Drittel der kontinentalen Goldbestände vor dem Einmarsch der deutschen Wehrmacht fortgeschafft worden waren. Vom restlichen Drittel lag der grösste Teil in den Schatzkammern der Neutralen oder, wie die Hauptmasse, irgendwo in Afrika oder

Übersee, einiges auch bei den Verbündeten des Dritten Reiches, also ebenso unerreichbar für Berlin.

Und der Teufel wollte es nun, dass es gerade Hitlers treue Bundesgenossen und die tüchtigen Neutralen waren, die mit Ausnahme der Schweiz ihre Lieferungen an Deutschland mit Gold und freien Devisen bezahlt haben wollten. Tatsächlich sah sich die Reichsregierung aus verschiedenen Gründen gezwungen, der Reichsbank Goldlieferungen nach Bulgarien, Rumänien, Ungarn und der Slowakei sowie an Griechenland und den Irak vorzuschreiben.[40]

Damit ist die Frage nach den Ursachen des Goldfiebers erst zur Hälfte beantwortet. Eine der tiefer und schon früher angelegten Ursachen ist zu einer Streitfrage unter Experten geworden. Sie ist bis zum heutigen Tage noch immer nicht ganz zur Ruhe gekommen. Sie lautet, kurz gefasst: Wie gross oder wie klein waren die Goldreserven der Deutschen Reichsbank am 1. September 1939, am Tage des Kriegsausbruchs?

Meinungen und Behauptungen gingen schon während des Krieges weit auseinander. Die «Financial Times» glaubten im Juni 1943 zu wissen, dass die deutschen Goldbestände «sehr gering» waren.[41]

Der «Economist» hatte sie im Februar des gleichen Jahres auf ungefähr 860 Millionen Schweizer Franken geschätzt.[42]

Die schweizerische Bundesregierung errechnete einen Goldwert von ungefähr 688 Millionen Franken, obwohl ein Vertreter der Deutschen Reichsbank einem Direktor der Schweizerischen Nationalbank versichert hatte, dass Deutschland bei Kriegsausbruch über Gold im Wert von mehr als einer Milliarde verfügte.[43]

Wohl unter dem Eindruck dieser formellen deutschen Erklärung meinte der Präsident des Direktoriums der Schweizerischen Nationalbank im September 1943, man dürfe annehmen, dass die Reichsbank «gewaltige Goldbestände» besessen habe.[44] Später, nach dem Kriege, präzisierte er: Nach seiner Überzeugung habe es sich um Gold für 1,5 Milliarden gehandelt.[45] Es gab Schätzungen, die noch höher griffen.[46]

Die Widersprüche kamen allen Parteien recht gelegen. Traf es zu, dass in Berlin Ende 1939, also zu Beginn des Krieges, «gewaltige Goldbestände» vorhanden waren, dann war es kaum zulässig, der Schweiz ohne weiteres zweifelhafte Geschäfte mit deutschem «Raubgold» vorzuwerfen. Gab es aber 1939 wenig oder so gut wie gar kein Gold in Berlin, dann mussten, wie es die Alliierten behaupteten, die Goldmilliarden, die während des Krieges von Berlin nach Bern verschoben worden sind, aus deutschen Raubzügen stammen.

DIE WAHRHEIT

Mit Sicherheit steht fest, dass sich die fixe Idee, «deutsche Arbeit» könne und werde das altmodische, angeblich überflüssig gewordene Gold ersetzen, gerächt hat. Die Religion der autarken Wirtschaft scheiterte an der Wirklichkeit der modernen Weltwirtschaft: Die forcierte Rüstungspolitik der dreissiger Jahre hatte für die Einfuhr von industriellen Rohstoffen solche Unsummen verschlungen, dass die ohnehin spärlichen Gold- und Devisenreserven rasch aufgebraucht waren. Allein die Goldreserven waren von Anfang 1933 bis Ende 1938 – also neun Monate vor Kriegsausbruch – auf blosse 70,8 Millionen Reichsmark zusammengeschmolzen.[47]

Die Anhänger der Theorie von den vermutlich «gewaltigen Goldbeständen» hielten dem entgegen, der «Anschluss» Österreichs habe dadurch, dass die Österreichische Nationalbank in der Deutschen Reichsbank aufging, dem Dritten Reich eine Goldmilliarde eingebracht, die aber in den Bankausweisen nirgends erschienen sei. Folglich dürfe angenommen werden, dass dieses Gold als eine heimliche Kriegsreserve in einem deutschen Depot bei der Schweizerischen Nationalbank untergebracht wurde.[48]

Ich bin dieser Vermutung an Ort und Stelle nachgegangen und habe mich davon überzeugt, dass am Tage des Kriegsausbruchs kein deutsches Depot in Bern vorhanden war. Erst am 8. Mai

1940, zwei Tage vor dem Beginn der deutschen Westoffensive, wurde hier ein solches Depot errichtet, und zwar mit nur 144 Goldbarren im Wert von damals 8,9 Millionen Schweizer Franken. Zwei Wochen darauf kaufte die Schweizerische Nationalbank diese Barren gegen eine Gutschrift auf ein Schweizer-Franken-Konto in Zürich. Nach knapp einer Woche trafen aus Berlin weitere 149 Goldbarren ein.[49]
Ein deutsches Dokument, als «vertrauliche Reichsbanksache» deklariert, brachte, als es entdeckt wurde, endlich Licht in die Sache. Es handelt sich um eine Denkschrift, die den lapidaren Satz enthält: «Gold- und Devisenreserven sind bei der Reichsbank nicht mehr vorhanden.» Das Datum der Denkschrift: 7. Januar 1939 – knapp neun Monate vor dem Krieg.
Das war nicht irgendeine Denkschrift. Sie war persönlich an Hitler – «An den Führer und Reichskanzler» – gerichtet und stammte vom Präsidenten des Reichsbankdirektoriums, Dr. Hjalmar Schacht. Im übrigen trug dieses ungewöhnliche Dokument auch die Unterschriften der sieben Reichsbankdirektoren: Blessing, Dreyse, Ehrhardt, Hülse, Kretschmann, Puhl und Vocke.
Die Schrift, die im Jahre 1973, kaum beachtet, in den Memoiren des ehemaligen Reichsbankdirektors Wilhelm Vocke im vollen Wortlaut veröffentlicht worden ist, bezweckte gewiss nicht, irgend etwas zu vertuschen.[50] Im Gegenteil: sie konfrontierte den «Führer und Reichskanzler» mit einem unverfälschten Bild der deutschen Wirklichkeit, schilderte unumwunden den alarmierenden Zustand der Reichsfinanzen, sprach von «Kassendefiziten in Milliardenhöhe» und von den wachsenden Gefahren der «hemmungslosen Ausgabenpolitik» für die Rüstung. (Nach den Akten des Reichsfinanzministeriums beliefen sich die Wehrmachtausgaben von 1933 bis Ende August 1939 auf 61,9 Milliarden Reichsmark; die Rüstungsausgaben betrugen 51,9 Prozent der Gesamtausgaben des Dritten Reiches.)[51]
Ferner lieferte die Schrift dem «Führer» erschreckende Zahlen über den Notenumlauf, der «in den letzten zehn Monaten stärker gestiegen ist als in den ganzen vorausgegangenen fünf

Jahren».[52] Schliesslich stellte sie fest: «Die Reserven, die aus der Angliederung Österreichs und aus dem Aufruf ausländischer Wertpapiere und inländischer Goldmünzen gebildet waren, sind aufgezehrt.» Die Staatsfinanzen stünden, so heisst es, am «Rand des Zusammenbruchs».

So beunruhigend die Lage war, so grob reagierte Hitler auf diesen Lagebericht, der so gar nicht mit seinen Wünschen und Plänen in Einklang zu bringen war. Auf der Stelle entliess er den Reichsbankpräsidenten, den er noch knapp zwei Jahre zuvor mit dem Goldenen Parteiabzeichen der NSDAP ausgezeichnet hatte. Kurz darauf wurden auch fünf der sieben Reichsbankdirektoren von ihrem Amt suspendiert oder taten das ihrige, entlassen zu werden. So auch die Direktoren Wilhelm Vocke und Karl Blessing, die erst nach dem Kriege wieder in Erscheinung traten, als sie berufen wurden, die Deutsche Bundesbank zu leiten, Wilhelm Vocke bis 1957 Karl Blessing bis 1969. Von einem der beiden Direktoren, die sich Hitlers Gunst nicht verscherzt hatten und die Januarkrise in ihrem Amt überlebten – nämlich von Emil Puhl, der zum Vizepräsidenten des Direktoriums der Deutschen Reichsbank aufstieg –, wird noch ausführlich die Rede sein.

Gewaltige Goldbestände? Gewiss nicht. Jedenfalls muss es dem neuen Reichsbankpräsidenten, Walther Funk, ein schwacher Trost gewesen sein, dass er Ende 1939 seinem «Führer» melden konnte, er habe «inzwischen alle irgendwie erfassbaren Guthaben der Reichsbank und der gesamten deutschen Wirtschaft im Auslande in völlig unauffälliger Weise in Gold verwandelt».[53]

Nach allem, was man mit einiger Sicherheit feststellen kann, beliefen sich die Goldreserven der Deutschen Reichsbank bei Kriegsausbruch, das im März 1939 beim deutschen Einmarsch in Prag einkassierte tschechische Gold mitgerechnet, auf ungefähr 500 bis 600 Millionen Reichsmark, also auf einen Bruchteil des Goldes, das in den folgenden Jahren in die Schweiz verschoben und an die Schweizerische Nationalbank verkauft werden sollte.[54]

TREIBJAGD

Blickt man noch einmal auf die Vorkriegszeit zurück, dann entdeckt man bei näherem Zusehen schon recht deutliche Symptome einer Krankheit, die mit der Bezeichnung «Goldfieber» gut charakterisiert ist. Die Akten der Schweizerischen Nationalbank geben darüber Aufschluss.

Seit Ende Mai 1937 unterhielt die Narodni Banka Československá, Prag, bei der Schweizerischen Nationalbank in Bern ein Golddepot, in dem sich 921 Goldbarren im damaligen Wert von 55,2 Millionen Schweizer Franken befanden. Am 8. März 1939 – eine Woche vor dem deutschen Einmarsch in Prag – ergänzte die Tschechische Nationalbank ihr Berner Depot mit weiteren 92 Goldbarren. Am gleichen Tag – also immer noch eine Woche vor der Besetzung Prags durch die deutsche Wehrmacht – veranlasste die Prager Zentralbank die Schweizerische Nationalbank, ihr Berner Golddepot auf die Reichsbankdirektion Berlin zu überschreiben. Das geschah. Waren es tschechische Nationalsozialisten oder deutsche Agenten in Prag, die diesen Goldtransfer veranlassten?

In Berlin hatte man es jedenfalls sehr eilig. Auf den Tag genau, an dem die deutschen Truppen in die Tschechoslowakei einrückten, zog die Reichsbankhauptkasse Berlin 538 Goldbarren im Wert von 32,8 Millionen Schweizer Franken aus dem Berner Depot ab. In den darauf folgenden Tagen verliessen die restlichen 475 tschechischen Goldbarren im Wert von 28,7 Millionen Schweizer Franken ebenfalls Bern in Richtung Berlin. Damit war das tschechische Depot aufgelöst worden.[55]

Weiteres tschechisches Gold lag in Paris, London und Washington. Truppen der deutschen Wehrmacht waren noch dabei, sich in der Tschechoslowakei häuslich einzurichten, als Berlin bereits begann, sich in Frankreich, Grossbritannien und den USA auf diplomatischem Wege um die Freigabe und Überweisung der tschechischen Guthaben zu bemühen. Vergebens. Hier war man wachsam. Das tschechische Gold blieb dort, wo es sich befand.[56] Ein kleiner Teil, der der Banque de France anver-

-37-

traut worden war, wurde im Juni 1940 an Bord der famosen Goldflottille, zusammen mit dem belgischen Gold, nach Dakar verfrachtet. Es wurde nicht ausgeliefert.[57]

Mitte Juni 1940, in den turbulenten Tagen der deutschen Blitzsiege und des französischen Zusammenbruchs, breitete sich das Goldfieber epidemisch aus. In allen bis dahin besetzten Gebieten begann eine rasch organisierte Treibjagd auf Gold, auf Barren, Münzen und Goldschmuck, und ebenfalls auf Devisen. Ausser der Deutschen Reichsbank waren an diesem Unternehmen Dienststellen der Wehrmacht, die SS, das Auswärtige Amt und die Wirtschaftsressorts verschiedener anderer Ministerien beteiligt. Ausführendes Organ waren mobile Trupps sogenannter Devisenschutzkommandos.

Diese Kommandos, mit sehr weitgehenden Vollmachten ausgestattet, durchsuchten Sparkassen, Privatbanken und deren Filialen, sammelten das Gold der Juweliere, der Händler und Goldschmiede ein, durchkämmten die Schwarzmärkte, veranlassten sogar die Beschlagnahme persönlicher Guthaben in anderen besetzten Ländern und liessen, wenn sie es für nützlich hielten, die Safes privater Bankkunden aufbrechen.[58]

Genaues über diese Operation ist in Belgien bekannt geworden, wo die Nationalbank kurz nach dem Krieg einen Bericht herausgab, aus dem hervorging, dass die hohen Behörden des Deutschen Reiches und der Besatzungsmacht schon damals, im Sommer und Herbst 1940, eine Politik betrieben, die, wie später im Fall des belgischen Goldes, darauf hinauslief, den Anschein völkerrechtlich korrekten Verhaltens zu erwecken. Das Gold, das die Devisenschutzkommandos erbeuteten, wurde zum Beispiel nicht auf dem Wege einer Enteignung in deutsches Eigentum umgewandelt. Es wurde vielmehr den hilflosen Eigentümern unter genauer Beachtung der im Geschäftsverkehr üblichen Regeln abgekauft und gegen eine ordentliche Quittung bar bezahlt. Bezahlt sogar zu Preisen, die zum Beispiel in Frankreich um ungefähr 15 Prozent über den Marktpreisen lagen, wenn auch in einer Währung, für die es wenig und immer weniger zu kaufen gab. Schliesslich wurde das Gold an die Belgische Nationalbank mit der Weisung abgeführt, es an die Deutsche Reichsbank weiterzuleiten – wogegen unter diesen Umständen ein Einspruch von seiten der belgischen Bankbehörden nicht mehr möglich war. Alles spielte sich in einem Scheinklima vollkommener Legalität ab.[59]

Im November und Dezember 1940 tauchten in vertraulichen Statistiken bereits die ersten Erfolgszahlen auf. Bis zum Jahresende hatte die Treibjagd allein in Belgien Gold im damaligen Wert von 108 Millionen Schweizer Franken und für 62 Millionen freie Devisen eingebracht. Im neuen Jahr ging dann die Ausbeute allerdings rasch zurück. In vier Jahren (1941–1944) waren in Belgien nur noch für 38 Millionen Schweizer Franken Gold und freie Devisen für magere vier Millionen aufzutreiben.[60]

Wie verlockend, wie verführerisch muss da die belgische Goldmilliarde im Schwarzen Afrika gewesen sein!

TOTENGOLD

Es entwickelte sich noch eine andere Treibjagd.

Die Deutsche Reichsbank, die Notenbank des Deutschen Reiches, erfüllte die Aufgabe einer zentralen Sammelstelle von Gold und Devisen aus dem persönlichen Vermögen enteigneter Juden und ausgebürgerter oder ermordeter Regimegegner des Dritten Reiches.

Allerdings verschwand nicht alles in ihren Tresoren. Es wurde deutlich unterschieden, welche Werte an welcher Adresse abzuliefern waren.

Schmuckstücke mit geringem Goldgehalt sowie Edelsteine wurden von «Mitarbeitern» im neutralen Ausland unter der Hand gegen Dollars oder Schweizer Franken angeboten, gegen Devisen also, die für den deutschen Aussenhandel brauchbar waren. Sogenannte Judenschmuck-Spezialisten bereisten auch die Schweiz. Was die Reichsbank betraf: sie war an der finanziellen Verwertung dieses Schmucks unmittelbar beteiligt.[61]

Später, ab Sommer 1942, belieferten deutsche Vernichtungs-
und Konzentrationslager die zuständigen Reichsstellen mit
ihrer furchtbaren Beute: mit Goldzähnen, den Toten, den Er-
mordeten aus dem Kiefer gebrochen; mit Eheringen, Armbän-
dern, Uhrketten, Brillengestellen aus Gold und ähnlichem.
Nach den Aussagen eines ehemaligen «Zahnziehers» im Konzentrationslager Treblinka gingen «jede Woche zwei Koffer
mit acht bis zehn Kilo hinaus», jährlich allein aus diesem
verhältnismässig unergiebigen Lager Gold für ungefähr zwei
Millionen Franken.[62]
Mit der Zeit nahm die Jagd noch unheimlichere Züge an. Ende
Juni 1944 veranlasste «Reichsführer» Heinrich Himmler, damals noch der zweitmächtigste Mann im Dritten Reich, den
Chef seines persönlichen Stabes, SS-Standartenführer Baumert,
sich beim Kommando des Konzentrationslagers Birkenau tele-
fonisch zu erkundigen, wieviel Gold dort im Moment verfügbar
sei. Die Antwort kam mit einem ausführlichen Fernschreiben
und zählte auf: Einige Goldplättchen und kleinere Barren, ein
Uhranhänger und sechs Uhrketten sowie Armbänder und
«Einzelteile», insgesamt 4 Kilo und 399 Gramm Gold, im amtlichen Verrechnungswert von 10 Mark und 85 Pfennigen.
Himmler ordnete an – aber erst, nachdem er einen der rang-
höchsten Offiziere der SS-Hierarchie, SS-Obergruppenführer
und General der Waffen-SS Karl Wolff, in dieser Angelegenheit konsultiert hatte und indem er sich ausdrücklich auf «die
Festlegung und Abmachung» mit Wolff berief –, dass 3 Kilo
des KZ-Goldes an die Reichsbank abzuführen seien, indes der
Rest (1 Kilo und 339 Gramm) ausnahmsweise zur Verfügung
des Reichssicherheitshauptamtes «für Bestechungen und andere Nachrichtenzwecke» zurückbehalten werden durfte.[63]
Das Gold, das auf diese Weise zusammenkam, wurde über das
SS-Wirtschafts- und -Verwaltungsamt an die Deutsche Reichsbank abgeführt. Der «Gegenwert» wurde sodann einem Son-
derkonto bei der Reichshauptkasse gutgeschrieben, und zwar
zu Gunsten des Reichsfinanzministeriums in Berlin.[64]
Ein grösserer Teil des KZ-Goldes wurde 1945 von den Alliier-

ten – noch im Originalzustand – in Thüringen, in den Stollen des Salzbergwerks Merkers, entdeckt, später nach Frankfurt am Main geschafft und dort in den Kellern der Deutschen Reichsbank gesichtet und gefilmt. Offenbar hatte es die deutsche Führung nicht wagen wollen, solch verräterische Gegenstände dem Personal einer Münzstätte anzuvertrauen und schon gar nicht Gold dieses Ursprungs in den internationalen Verkehr zu bringen.[65]

GOLD AUS HOLLAND

Das holländische Gold – Barren und Münzen, mehr als eine halbe Milliarde Franken wert – hat die Deutsche Reichsbank aus einer argen Notlage befreit.[66] Es war in Berlin zum Teil um fast zwei Jahre früher verfügbar als das belgische Afrikagold, das nicht vor Anfang 1943 nach Bern geliefert werden konnte. Bis dahin reichte auch die Beute der Devisenkommandos nicht aus, um den akuten Gold- und Devisenmangel des Dritten Reiches zu beheben.

Da kam die Rettung aus den Niederlanden. Rechtzeitig. Und, wie es sich erst lange nach dem Krieg herausstellen sollte, war die verschwiegene holländische Goldquelle sogar noch etwas ergiebiger als die belgische. Zu den von Berlin nach Bern verfrachteten 1,7 Milliarden Schweizer Franken Gold steuerten die beiden «Raubgold» für mehr als eine Milliarde bei.[67]

Es überrascht, dass – und worin – sich das von der Schweizerischen Nationalbank erworbene holländische und belgische Gold unterschied.

Das belgische Gold wurde in Berlin eingeschmolzen und umgegossen, seine Herkunft – damit wird sich das folgende Kapitel befassen – raffiniert getarnt. Nicht aber das holländische Gold.

Mehr als 5000 holländische Goldbarren waren, als sie, von der Deutschen Reichsbank geliefert, in Bern eintrafen, vollkommen unverändert. Sie trugen die ursprünglichen niederländischen Schmelznummern. Form und Feinheitsgrad waren nicht angetastet worden. Die Barren waren nicht eingeschmolzen, nicht umgegossen, nicht gefälscht worden.

Zusammen mit diesen Originalbarren lieferte die Reichsbank auch Tausende von Barren, die – was ebenfalls erst nach dem Krieg in Erfahrung gebracht wurde – in Berlin aus 85 Millionen Stück eingeschmolzenen, aus Holland stammenden Goldmünzen gewonnen worden waren: aus Fünf- und Zehnguldenstücken, aber auch aus Pfund-, Dollar-, Franken- und anderen Goldmünzen niederländischer Provenienz.

Alles in allem fanden aber nur 124 Fälschungen, wie sie später mit dem belgischen Gold massenhaft praktiziert werden sollten, den Weg nach Bern und gelangten hier schliesslich über das Depot der Deutschen Reichsbank in die Tresore von vier schweizerischen Handelsbanken.[68]

Drei Fragen stellen sich.

Erstens: Warum wurden die holländischen Goldbarren nicht gefälscht?

Zweitens: Warum ist, von einer unbedeutenden Ausnahme abgesehen, auf jede Tarnung verzichtet worden?

Drittens: Wie kam es, dass diese keineswegs unbedeutenden Goldtransaktionen der Wachsamkeit der Alliierten entgangen sind?

Man muss noch einmal ins Jahr 1940 zurückkehren. Wie in den meisten von Deutschland eroberten Ländern war auch in Holland ein erheblicher Teil des Goldschatzes der Zentralbank (für ca. 1,7 Milliarden Schweizer Franken) evakuiert und schon im März in Sicherheit gebracht worden.

Indessen warteten in den Tresorräumen der Niederländischen Nationalbank in Kisten verpackte Goldbarren (für weitere 382 Millionen Schweizer Franken) bereits seit November 1939 darauf, im Notfall ebenfalls ausser Landes gebracht zu werden.

Als am ersten Tag der deutschen Offensive, am 10. Mai 1940, die königliche Familie an Bord des britischen Zerstörers HMS «Cordington» das Land verliess, wurden die Goldkisten auf ein Schiff namens «Titus en Iris» gehievt. Sie konnten gerade

noch, sozusagen fünf Minuten vor zwölf, in der Nacht zum
11. Mai 1940 nach England gebracht werden.

Im Chaos der militärischen Ereignisse waren aber mehr als
hunderttausend Kilo Feingold im Wert von ungefähr 500 Millionen Schweizer Franken in den Tresoren einer Rotterdamer
Filiale der Zentralbank zurückgeblieben. Der Versuch, einen
Teil dieses Goldes an Bord eines Lotsenbootes aufs Meer zu
schaffen, wo es von einem anderen Schiff hätte übernommen
werden sollen, scheiterte. Das Goldboot mit 937 Barren lief
auf eine magnetische Mine auf und sank.

Der grösste Teil des Goldes, 816 Barren, konnte im Juli 1940
geborgen werden.

Und auf dieses Gold, ergänzt durch die erheblich grösseren
Bestände, die in der Rotterdamer Bankfiliale zurückgeblieben
waren, sowie durch die Goldbeute der auch in Holland unermüdlich tätigen Devisenschutzkommandos (die nach den
Ermittlungen des holländischen Wirtschaftsministeriums noch
für mehr als 140 Millionen Schweizer Franken Gold aufbringen sollten), konzentrierte sich das Interesse der deutschen Behörden.

Bald war es so weit, dass sich Leonardus J. A. Trip, der Präsident der Niederländischen Zentralbank, gezwungen sah, dem
wachsenden deutschen Druck nachzugeben und einen Teil dieses Goldes in aller Form der Deutschen Reichsbank zu zedieren. Als dann aber von deutscher Seite weitere Ansprüche angemeldet wurden und gleichzeitig angekündigt wurde, dass der
«freie Devisenverkehr zwischen Deutschland und den Niederlanden» eingeführt werde – eine Massnahme, die nicht schwer
zu deuten war –, trat Präsident Trip am 10. März 1941 unter
Protest von seinem Amt zurück.[69]

Ein bekannter und gefürchteter holländischer Nationalsozialist, Rost van Tonningen, radikaler selbst als sein Rivale, Anton
A. Mussert, der eigentliche «Führer» seiner Partei, wurde als
Nachfolger Trips Präsident der Niederländischen Zentralbank.
Van Tonningen hatte sich bereits durch seine «Verdienste» um
die Gleichschaltung der holländischen Presse sowie als ein von

der deutschen Besatzungsmacht eingesetzter «Stillhaltekommissar» bei der Liquidierung der Arbeiterparteien hervorgetan. Er galt als der «älteste Vertrauensmann Himmlers». Er wollte, das war das offen erklärte Ziel seiner politischen Karriere, Holland zu einer deutschen Provinz machen. Gläubig und freudig erfüllte er jeden deutschen Auftrag.[70]

Da nun jeder Widerstand ausgeräumt war, konnten die Transaktionen, die das holländische Gold von Amsterdam nach Berlin und von dort nach Bern schafften, in scheinbar vollkommener Legalität abgewickelt werden. Es gab keine Schwierigkeiten mehr, alles erledigte sich von selbst, reibungslos, hochoffiziell, gleichzeitig unter deutschem und holländischem Schutz.

Dennoch legte man in Berlin auch in diesem Fall Wert darauf, die Illegalität der Operationen möglichst zu vertuschen.

So entschied zum Beispiel das Hamburger Prisengericht im März 1941, dass das Gold, das sich an Bord des versenkten Lotsenbootes befunden hatte und von den deutschen Besatzungsbehörden requiriert und nach Berlin geschafft worden war, in Übereinstimmung mit den völkerrechtlichen Regeln des Prisenrechts beschlagnahmt worden sei – als ob das Boot von der deutschen Marine auf hoher See aufgebracht worden wäre.

Der grösste Teil des holländischen Goldes, das nach Berlin gelangte, wurde hingegen kraft einer Verordnung der Besatzungsmacht vom März 1941 ganz einfach als «Abschlagzahlung auf Besatzungskosten» verbucht.

Es war durchaus keine einfache Sache, derartige Täuschungsmanöver zu durchschauen. Sie liessen sogar noch nach dem Krieg die Frage zu, ob man denn behaupten könne, dass es sich tatsächlich um «geraubtes Gold» gehandelt habe. Schloss denn nicht die einfache Tatsache, dass das Gold von der Holländischen Zentralbank *freiwillig* an die Deutsche Reichsbank abgetreten worden war, den Tatbestand des Raubs grundsätzlich aus?

Allerdings konnte man sich auch auf den Standpunkt stellen,

dass der von der deutschen Besatzungsmacht eingesetzte Präsident der Niederländischen Zentralbank, der Nationalsozialist Rost van Tonningen, nicht im Auftrag der legalen holländischen Regierung gehandelt hatte, sondern als Interessensvertreter einer ausländischen Macht, die sich mit Holland im Krieg befand? Diese Fragen stellten sich sehr spät, erst ab 1947, nachdem Dokumentenfunde in der russischen Besatzungszone aufgedeckt hatten, «dass von den Deutschen geraubtes holländisches Gold auch in die Schweiz gekommen war».[71]

Endlich. Und nun begann die Fahndung, die rastlose Suche nach Beweisen. Was immer man in die Hand bekam, wurde unter die Lupe genommen: das Goldbuch der Niederländischen Bank, die Aufzeichnungen und Protokolle der Staatlichen Preussischen Münzstätte, die Empfangsanzeigen der Deutschen Reichsbank, sogar die Frachtbriefe der Goldtransporte.

Erst am 20. Mai 1948 – drei Jahre nach Kriegsende – war dann das amerikanische State Department in der Lage, dem schweizerischen Gesandten in Washington eine Note zu überreichen, mit der die Schweiz, auch im Auftrag Frankreichs und Grossbritanniens, aufgefordert wurde, sich über die Transaktionen der Schweizerischen Nationalbank mit holländischem «Raubgold» zu äussern.[72]

Zu spät. Die Alliierten, darunter auch die Regierung der Niederlande, hatten inzwischen mit dem Abkommen von Washington alle Ansprüche auf einen eventuellen Schadenersatz ausdrücklich aufgegeben. Genaueres darüber im Kapitel «Sprachregelung».

So sollte ein gewichtiges Kapitel der Goldaffäre eine blosse Episode bleiben.

EUROPAS GOLDZENTRALE SCHWEIZ

TARNUNG

Die europäischen Zentralbanken hatten, wie gesagt, den grössten Teil ihrer Goldreserven beizeiten in Sicherheit gebracht. Viele Tresore standen leer oder enthielten nur ein für den laufenden Bedarf erforderliches Minimum an Goldbarren und Münzen. Welche Dimensionen damals die Goldflucht annahm, enthüllte schon der «Jahresbericht 1941» der Bank für Internationalen Zahlungsausgleich (BIZ) in Basel, die offenbar über ein hervorragend arbeitendes Nachrichtennetz verfügte.[73]

Allein im Jahre 1940 flüchtete Gold im damaligen Wert von fast 21 Milliarden Schweizer Franken nach den USA – das entsprach dem Zwanzigfachen des belgischen Goldschatzes in Afrika! Davon gehörten mehr als 13 Milliarden Gold ausländischen Zentralbanken und Regierungen.

Unwahrscheinliches wurde wahr: Gold für 9,3 Milliarden fand noch in den drei hektischen Monaten Mai bis Juli 1940 Zuflucht in Washington, also während der deutschen Siegeszüge durch Holland, Belgien, Luxemburg und Frankreich, bei denen die Reichsbankhauptkasse in Berlin so gut wie leer ausging.

Auf diesem verhältnismässig leergepumpten europäischen Kontinent, auf dem das Dritte Reich die Vorherrschaft an sich gerissen hatte, tauchten nun Zehntausende angeblich deutsche Goldbarren auf, die, was man in Kreisen der Zentralbanken wissen konnte, bei Kriegsausbruch in Berlin nicht vorhanden waren. War es denkbar, dass der Schweizerischen Nationalbank die Herkunft dieser Goldbarren verborgen blieb? Diese Frage hat eine andere zum Inhalt: War es möglich, das

Gold, das aus dem belgischen Goldschatz stammte, so gut als deutsches Gold zu tarnen und in Verkehr zu bringen, dass sich selbst Fachleute von internationalem Rang täuschen liessen? Halten wir uns an die diplomatischen Akten der schweizerischen Eidgenossenschaft im Bundesarchiv Bern und an die Archive der Schweizerischen Nationalbank.

Widersprüche!

Ernst Weber, Präsident des Direktoriums der Schweizerischen Nationalbank, schreibt im September 1943, man könne «nicht ermitteln, welchen Ursprungs das uns eingelieferte Gold ist». Und ebenso wörtlich: «Wir haben nicht die leiseste Ahnung...».[74]

Im gleichen Sinn äussert sich das Departement für Auswärtige Angelegenheiten (EPD) im Mai 1944 und, mit den gleichen Worten, noch einmal im Februar 1945: es sei schwierig, wenn nicht unmöglich, sich über die Herkunft der Goldbarren Klarheit zu verschaffen; die Barren, die angeblich eingeschmolzen und umgegossen worden seien, trügen überhaupt keine Ursprungszeichen.[75]

Dazu im Widerspruch ist im August 1944 in einem Schreiben der Nationalbank von «Prägestempeln der Goldbarren» die Rede, die dafür sprächen, dass es sich um Gold aus deutschen Vorkriegsbeständen handelte.[76]

Später, im Juni 1946, erklärt schliesslich Alfred Hirs, Generaldirektor der Nationalbank, das Gold der Reichsbank sei der Nationalbank mit gefälschten Begleitscheinen geliefert worden.[77]

Widersprüche? – Gewiss, aber die raffinierte Methode der Tarnung bestand offenbar ja gerade darin, Verwirrung zu stiften. Barren ohne und mit (gefälschtem) Prägestempel, Barren mit und ohne (gefälschten) Zertifikaten, Barren mit einer aus den Vorkriegsjahren stammenden (gefälschten) Numerierung, Barren mit oder ohne aufgeklebten alten Begleitscheinen, die wiederum falsche Daten trugen, all das kam nachweislich vor – wer mochte sich da noch auskennen?

Und dieses feinmaschige Gewebe einer in sich selbst widerspruchsvollen Tarnung lag zudem in den Händen eines Mannes, der es verstand, damit umzugehen: Emil Puhl, Vizepräsident der Deutschen Reichsbank, einer von jenen zwei Reichsbankdirektoren, die Hitler im Januar 1939 als einzige in Amt und Würden beliess. Puhl war ein häufiger und gern gesehener Gast in Zürich und Bern. Dort versäumte er keine Gelegenheit, die Direktoren der Nationalbank in ihrer schlichten, um nicht zu sagen naiven Arglosigkeit, die vielleicht allmählich doch von wohlbegründetem Zweifel angefressen sein mochte, immer von neuem zu bestärken. Er wiederholte die gleiche Rede oft und immer wieder in anderer Form.

Im August 1944 versicherte er seinen schweizerischen Kollegen, dass das Gold der Reichsbank selbstverständlich ausschliesslich aus alten deutschen Beständen stamme.[78] Im September des gleichen Jahres betonte er, dass die Reichsbank kein gestohlenes Gold besitze und dass sie der Nationalbank niemals solches Gold abgetreten habe.[79] Im Dezember gab er Generaldirektor Alfred Hirs «vertraulich» zu verstehen, «dass das seinerzeit von Belgien bzw. Frankreich übernommene Gold separat verwendet» und der Gegenwert der Belgischen Nationalbank zur Verfügung gestellt worden sei.[80] Das belgische Gold befinde sich noch immer intakt in Berlin, beteuerte er bei einer anderen Gelegenheit dem Präsidenten der Nationalbank, Ernst Weber.[81]

Es scheint Puhl gelungen zu sein, das volle Vertrauen seiner Schweizer Kollegen zu gewinnen und daraus für die deutschen Interessen Nutzen zu ziehen. Noch nach dem Krieg beriefen sich Weber und Hirs gern auf ihre jahrelange gute Bekanntschaft mit ihm. Er sei ihnen, erklärten sie, stets als ein gediegener und vertrauenswürdiger Herr erschienen, den man einer Lüge nicht für fähig hält. Offenbar haben sich die Herren in all den Jahren recht gut verstanden. So gut, dass Präsident Weber, wie Vizepräsident Rossy einmal gehört haben will, Herrn Puhl im Scherz fragte: «Sie schicken uns doch kein gestohlenes Gold?!»[82]

Wie kam es, dass so angesehene, prominente und hochqualifi-

zierte Männer wie die Direktoren der Schweizerischen Nationalbank sich von Emil Puhl so einfach hinters Licht führen liessen? Erlagen sie seinem persönlichen Charme oder der Überzeugungskraft seiner seriösen Erscheinung? Oder waren da politische Motive im Spiel?
Darüber später mehr.

Ein Einfall

Immerhin gab es in Bern Männer, die die Dinge ziemlich deutlich und richtig sahen. Sie hielten sich nicht im Gebäude der Nationalbank, sondern in den Departementen der Regierung auf. Dafür zeugt zum Beispiel ein Schreiben des Eidgenössischen Volkswirtschaftsdepartements an den damaligen Bundespräsidenten Marcel Pilet-Golaz, das im Mai 1940 die Empfehlung enthielt, die Gewährung eines Kredites an Deutschland, falls ein Kredit (über den gerade verhandelt wurde) nicht mehr vermieden werden könne, an für Deutschland unerfüllbare Bedingungen zu knüpfen, zum Beispiel, wie es wörtlich hiess, «an ein Golddepot».[83] Ein solcher Gedanke setzte voraus, dass die damaligen Goldreserven der Deutschen Reichsbank richtig eingeschätzt wurden.
Die Nationalbank hatte davon wohl keine Kenntnis. Sie war es gewohnt, selbständig zu handeln und von der ihr zugestandenen Autonomie Gebrauch zu machen. Wie erwartet besorgte sie ihre Geschäfte routiniert und mit gewohnter Genauigkeit, ohne dass sie auf politische Zusammenhänge Rücksicht nahm, mit denen sich die Direktion, wie sie glaubte, nicht zu befassen hatte. Später musste sie sich aus diesem Grund von seiten der Bundesregierung den Vorwurf gefallen lassen, sie habe es jahrelang unterlassen, die politischen Behörden über die Goldgeschäfte mit Deutschland angemessen zu unterrichten.
Für die Schweiz, ihre Regierung und die Nationalbank, änderte sich die Lage, als man sich in den Zentralbanken des Auslandes zu fragen begann, ob es denn zweckmässig und zu ver-

antworten sei, von der Deutschen Reichsbank Gold entgegenzunehmen, dessen Herkunft zumindest fragwürdig war.

War es nicht gewagt, angeblich deutsches Gold zu kaufen, das man unter Umständen nach dem Krieg den rechtmässigen Eigentümern würde zurückgeben müssen? Zahlte sich ein solches Risiko aus? War eine Goldpolitik, die unter Umständen mit schweren Verlusten rechnen musste, auf die Dauer überhaupt vertretbar?

Solche Bedenken wurden mit der Zeit ernst und ernster genommen und führten schliesslich dazu, dass «deutsches» Gold nicht mehr gefragt war. Je mehr zum Beispiel für Spanien und Portugal auf dem Spiel stand, desto weniger war man bereit, deutsches Gold in Zahlung zu nehmen: Das von allen Kriegführenden gleichermassen begehrte Wolfram erfuhr allein in fünfzehn Monaten einen schwindelerregenden Preisauftrieb von 1700 Prozent, und mit derart horrenden Preisen stieg nicht nur die Gewinnchance, sondern es erhöhte sich ebenso das Geschäftsrisiko.

Daraus ergab es sich, dass allmählich, weder organisiert noch befohlen, der Goldhandel mit Deutschland blockiert wurde. Es bauten sich unsichtbare Hindernisse auf, die wie die Mauer einer Talsperre sich dem deutschen Goldstrom in den Weg stellten, den Goldhandel eindämmten und ihn schliesslich zu unterbinden drohten. Dies ist später auch von deutscher Seite bestätigt worden, wo man diese Entwicklung ernsthaft zu spüren bekam. Walther Funk, Reichsbankpräsident und Wirtschaftsminister, verwendete einmal den starken Ausdruck «Gold-Embargo», als er feststellte, dass die meisten Länder, die für Deutschland als Rohstofflieferanten in Frage kamen, in den Jahren 1942/43 deutsches Gold nicht mehr akzeptieren wollten. Die Schweiz, so erklärte er, sei das einzige Land gewesen, wo noch «grössere Geschäfte durch Umwandlung von Gold in Devisen» möglich waren.[84]

Dieses Wunder, das sich ausgerechnet in einem alpinen Kleinstaat ereignete, für den man im Dritten Reich eher Verachtung als Sympathien aufbrachte, hatte geschehen können, weil sich die Schweizerische Nationalbank in einer für Deutschland kritischen Lage zur rechten Zeit eingeschaltet hatte.

Ende Oktober 1942 kehrte Vizepräsident Paul Rossy von einer vierzehntägigen Geschäftsreise nach Madrid und Lissabon in die Schweiz zurück. In den darauf folgenden Tagen verfasste er für seine zwei Direktionskollegen einen dreiseitigen vertraulichen Bericht über seine Verhandlungen und Gespräche mit dem Generalsekretär des Banco de Portugal, Albin Cabral Pessoa, sowie mit dem Vizedirektor des Instituto espanol de moneda extranjera, Vila Carriz. Unter Punkt 5 hielt er fest, dass Portugal von der Deutschen Reichsbank kein Gold mehr in Zahlung nehme – «teils aus politischen Gründen und zweifellos teils aus Gründen juristischer Vorsicht», wie er wörtlich schrieb. Und er fügte hinzu: «Solche Einwände fallen weg, wenn das Gold durch unsere Hände geht. Darüber sollten wir nachdenken.»[85]

In diesem Gedanken Rossys steckte für seine Bank vielleicht ein interessantes Geschäft, für die Herren der Deutschen Reichsbank aber auf jeden Fall eine unerwartete und elegante Lösung ihres Goldproblems. Sie kamen auf billigste Art und Weise aus ihren Sorgen heraus, wenn sich das im Ausland unerwünschte deutsche Gold in Bern, sozusagen auf der Durchreise, in allgemein begehrtes Schweizer Gold oder in überall umtauschbare krisenfeste Schweizer Franken verwandeln liess.

Solchen Geschäften stand nichts im Wege. Sie konnten unter Umständen sogar ohne besondere Abmachungen stillschweigend in Gang gebracht werden. Und so geschah es. In Berlin durfte mit Befriedigung festgestellt werden, dass zum Beispiel die deutschen Einfuhren von portugiesischem Wolfram bis auf weiteres so gut wie gesichert waren. Tatsächlich war das Deutsche Reich bis 1944 in der Lage, bis zu 63 Prozent seines Wolframverbrauchs auf der Iberischen Halbinsel einzukaufen – und zwar zum grössten Teil dank den Goldtransaktionen mit der Schweiz.[86]

Auch für die Schweiz war dies ein Ereignis von grösster Bedeutung. Unauffällig und geräuschlos war sie endgültig in eine monopolartige Stellung im strategisch wichtigen europäischen Goldhandel aufgerückt.

Und damit ergab sich gleichzeitig, dass ein wichtiger Faktor in den schwierigen Beziehungen zwischen der Schweiz und dem Dritten Reich – das machtpolitische Ungleichgewicht – zu Gunsten des Kleinstaates merkbar verändert wurde.

RÄTSEL

Bemerkenswert im Umfeld dieser Entdeckung ist die Verschwiegenheit der Akten. Wie haben die Direktionskollegen den Reisebericht Rossys aufgenommen?

Kein Wort darüber in den Protokollen der Direktionsberatungen.

Welche Argumente sind für oder gegen Rossys Einfall vorgebracht worden?

Auch die Protokolle des Bankrates und des Bankausschusses schweigen sich darüber aus.

Welche Entscheidungen sind schliesslich getroffen worden und wie kamen sie zustande?

Wiederum kein Hinweis, keine einzige Notiz, keine Silbe. Was ist da vorgefallen? Welche Antworten bieten sich an?

Rossys Idee gibt einige Rätsel auf.

Möglich ist, dass sie zwar Anklang gefunden hat, aber von Anfang an und für immer aus den Rapporten und den Bankakten herausgehalten wurde.

So ungewöhnlich wäre das nicht gewesen. Es war die Regel, dass man sich mit Schriftlichem bis auf ein äusserstes Minimum zurückhielt. So würde es sich erklären, dass heute nichts vorhanden ist, an was man sich halten könnte, um sich ein Bild zu machen vom Prozess der Meinungsbildung im engsten Kreis der drei Männer – des Präsidenten und seiner zwei Direktionskollegen –, die in merkwürdiger Einsamkeit ihre Entschlüsse fassten.

Es lag ja in ihrer Hand, den Protokollen ihrer wöchentlichen

Sitzungen anzuvertrauen oder vorzuenthalten, was sie bekennen oder aber ungenannt lassen wollten. Was nicht zu Papier gebracht wurde, das kam auch nicht vor den zehnköpfigen Bankausschuss oder vor den vierzigköpfigen Bankrat, geschweige denn vor die Generalversammlung der Aktionäre oder an eine breitere Öffentlichkeit. Wahrscheinlich hat sich seitdem nur wenig daran geändert.

Eine andere Beobachtung erklärt vielleicht auf andere Weise die Verschwiegenheit der Bankarchive.

In seinem Exposé widmete Rossy seiner Idee – es war die Idee eines Zauberkünstlers: die Verwandlung deutschen Goldes in schweizerisches – nicht einmal sechs von insgesamt hundert Schreibmaschinenzeilen. Und dieser einzige kurze Absatz von politischem Gewicht verliert sich in einer Fülle von banktechnischen Informationen, denen jede politische Bedeutung abgeht. Was Rossy seinen Kollegen in höchst unverbindlicher Weise vorschlug, das konnte ihnen als ein ganz gewöhnliches Geschäft erscheinen, als «business as usual», als ein mehr oder weniger alltägliches Geschäft, das wie irgendein anderes gemacht wird, ohne dass es diskutiert werden musste. Wozu Zeit verlieren und niederschreiben, was sich von selbst versteht? Business as usual. Dieser knappe Ausdruck bezeichnet zutreffend und besser als irgendein anderer die Tätigkeit der Schweizerischen Nationalbank während der längsten Zeit des Krieges. Und so ist es gewiss kein blosser Zufall, dass auch die politischen Behörden jahrelang anderes nicht vermuten oder von ihr erwarten, solange sich im Ausland, auf alliierter Seite, keine kritische Stimme erhebt.

So vergehen drei Jahre, in denen Hitler die unumschränkte Herrschaft über den grössten Teil des europäischen Kontinents an sich reisst und selbst in Afrika Fuss fasst, indes, was die Golddrehscheibe Schweiz betrifft, sich bis zum Sommer 1942 nichts und niemand rührt, und auch dann sind es nur unverbindliche Worte englischer Radiosender, die schon zu wissen glauben, dass ein lebhafter Handel «mit widerrechtlich angeeignetem Gold» im Gange sei.[87] Währenddessen kommt der für Deutschland so ergiebige internationale Goldhandel über die schweizerische Zentrale erst recht in Schwung.

Als sich die Alliierten Anfang 1943 endlich zu einer gemeinsamen Erklärung entschliessen, die zunächst nur eine juristisch verklausulierte, aber allgemein gehaltene Warnung enthält, in der das Wort Gold nicht einmal vorkommt, ist bereits «deutsches» Gold im Wert von 756 Millionen Schweizer Franken in die Schweiz gelangt, darunter auch das «Raubgold» holländischer Herkunft im Wert von 411 Millionen Schweizer Franken.[88]

In Bern wird die politische Problematik dieser bedeutenden Transaktionen lange nicht erkannt. Wenn in den überlieferten Papieren der Nationalbank von einer schweizerischen Goldpolitik die Rede ist, dann geht es fast ausschliesslich um Fragen der Währung und der Konjunktur. Aussenpolitische Konsequenzen werden selten erwogen. Kein Wunder also, dass die Aktenkartons im Schweizerischen Bundesarchiv und die Archive der Nationalbank noch bis Anfang 1943 keinen nennenswerten Schriftwechsel enthalten, der von der Problematik, die sich wie der ferne Donner eines nahenden Gewitters ankündigt, überhaupt Notiz genommen hätte.

Das sollte sich ändern.

GESCHÄFTE

Das epidemische Goldfieber, das sich über alle Grenzen des europäischen Kontinents ausbreitete, brachte, wo immer es auftrat, unweigerlich die Schweiz ins Spiel. Ein vertrauliches Schreiben des schweizerischen Gesandten in Bukarest an das Departement für Auswärtige Angelegenheiten vom 12. Oktober 1942 veranschaulicht am besten, was damit gemeint ist. Die Schweizer Banken waren um jene Zeit durch ein Rundschreiben aufgefordert worden, Verkäufe von Gold an Ausländer möglichst einzuschränken und kein schweizerisches Gold mehr zu exportieren. In Bern hoffte man, auf diese Weise spekula-

-55-

tive Goldgeschäfte in Grenzen zu halten. Darauf bezog sich der Gesandte in Bukarest.

Der Diplomat berichtete, dass die Goldbewegungen von der Schweiz nach Rumänien nicht nachlassen, sondern, im Gegenteil, in der letzten Zeit «noch grössere Proportionen» angenommen haben. Er brachte zum Ausdruck, dass es sich dabei weniger um private Geschäfte als vielmehr in erster Linie um stille Transaktionen ausländischer diplomatischer Dienste handelte. «Es sind vor allem die schwedische, die türkische, die spanische und die italienische Gesandtschaft in Bukarest», heisst es da, «die fast allmonatlich einen ihrer Herren mit diplomatischem Rang in die Schweiz schicken, um von dort jedesmal bis zu 100'000 Franken und mehr in Gold anzukaufen und sie hierher bringen zu lassen. Gegenwärtig weilt zum Beispiel der italienische Gesandte in Rumänien, Herr Renato Bova Scoppa, sowie der türkische Militärattaché zu diesem Zwecke in der Schweiz.»

Das in der Schweiz auf durchaus legalem Wege eingekaufte Gold, so fährt der Bericht fort, werde angeblich später durch italienische, deutsche und finnische Kuriere auf dem Luftwege, in der Regel als diplomatisches Gepäck deklariert, an den endgültigen Bestimmungsort befördert. Es gehe dabei um Millionen.[89]

Vermutlich wurde ein kleiner Teil des Goldes, das ursprünglich von der Reichsbank an die Schweiz verkauft worden war, auf diese Weise in ruheloser Kleinarbeit abgeschöpft und dunklen Zwecken zugeführt. Drehscheibe auch dieser Operationen war die Schweiz.

Daneben florierten andere unkontrollierbare Goldgeschäfte, die erhebliche Gewinne einbrachten. Bekannt wurde zum Beispiel ein organisierter Goldmünzenschmuggel nach Italien, wo die in der Schweiz erworbenen Münzen zu teuren Schwarzmarktpreisen in Lirenoten umgewandelt und das italienische Geld sodann wiederum auf Schmuggelwegen in die Schweiz gebracht wurde, wo es schliesslich – für weitere Einkäufe von Goldmünzen – in Schweizer Franken umgewechselt wurde.

Zu einem Teil wurden die nach Italien geschmuggelten Goldmünzen auch für die Bezahlung von in der Schweiz beliebten Schmuggelwaren verwendet, so für italienische Seide oder Reis.[90]

Angeblich nicht weniger ertragreich sollen Geschäfte gewesen sein, die sich auf dem Schweizer Devisenmarkt anboten, Geschäfte, die vom unersättlichen deutschen Bedarf an portugiesischer Währung (für die Bezahlung der Wolframimporte) profitierten. In der Schweiz waren Dollarwechsel mit einem Diskont von 40 Prozent erhältlich, in Portugal aber mit einem Diskont von nur 32 Prozent verkäuflich. Dass dann für diese Dollarwechsel Escudos zu haben waren, für die von deutscher Seite hohe Preise geboten wurden, das verlieh diesen Geschäften einen besonderen Reiz.[91]

Es kam so weit, dass die schweizerischen Behörden gegen diese chaotischen Zustände etwas unternehmen mussten. Sie taten es, sie schritten ein. In erster Linie kam es darauf an, die Goldgeschäfte der vierhundert schweizerischen und ausländischen Banken und Finanzgesellschaften unter eine gewisse Kontrolle zu bringen. Diese Banken und Gesellschaften, die im Schutz des streng gehandhabten Bankgeheimnisses agierten, verfügten bei Kriegsausbruch über ein Gesamtkapital von mehr als zwei Milliarden Franken und wiesen eine Bilanzsumme von ungefähr 20 Milliarden aus.[92] Wieviel Gold lag in ihren Panzerschränken, wieviel kauften und verkauften sie?

Es war und ist auch heute noch nicht möglich, auf diese Frage eine brauchbare Antwort zu bekommen. Und daran änderte sich auch nichts, als die schweizerische Bundesregierung Anfang Dezember 1942 eine Kontrolle einführte, die allein aus währungspolitischen Gründen durchaus willkommen war. Jede Goldbewegung über die schweizerische Grenze hinweg bedurfte fortan einer ausdrücklichen Bewilligung durch die Schweizerische Nationalbank.

Immerhin wurde dadurch wenigstens in einer Beziehung eine neue Lage geschaffen. Denn von nun an hinterliessen die internationalen Goldtransaktionen, die über die Schweiz liefen, in den Büchern der Nationalbank gewisse Spuren. Spuren, die uns heute interessieren.[93]

SPRECHENDE ZAHLEN

Der Regierungsbeschluss, der die Kontrolle der gesamten schweizerischen Ein- und Ausfuhren von Gold in der Hand der Nationalbank konzentrierte und auf diese Weise den Goldhandel, der auf der Drehscheibe Schweiz abgewickelt wurde, sozusagen an der Wurzel anzupacken suchte, war gewiss nützlich, aber er vermochte es nicht, auf den Mechanismus der Transaktionen Einfluss zu gewinnen.

Etwas war allerdings möglich geworden: Man konnte nun, wenn man es wollte, mit ziemlicher Genauigkeit feststellen, wieviel Gold der Deutschen Reichsbank in die Schweiz gelangte. Zu diesem Zweck konnte sich zum Beispiel die aussenpolitische Führung an zwei verschiedene, einander ergänzende Informationsquellen halten: an die von der Oberzolldirektion angefertigten Jahresstatistiken, die für die Dauer des Krieges nicht publiziert werden durften, sowie an die Aufzeichnungen der Nationalbank über die täglichen Goldbewegungen – trockene und gleichzeitig faszinierende Notizen, die damals entstanden sind und von denen auch diese Studie profitiert.

Allerdings muss sofort hinzugefügt werden, dass es auch heute noch umständlicher Untersuchungen bedarf, um die an verschiedenen Stellen auffindbaren Angaben aufeinander abzustimmen und ein gültiges Gesamtbild zu entwerfen. Dazu gehören auch – was insbesondere das «Raubgold» niederländischer Provenienz betrifft – gewisse Entdeckungen aus der Nachkriegszeit.

Zur Sache: Der Wert des aus Deutschland in den Kriegsjahren eingeführten Goldes wird in den erwähnten politischen Papieren mit genau 1'640'404'000 Schweizer Franken, in der vertraulichen Einfuhrstatistik der Oberzolldirektion mit 1716,1 Millionen angegeben.[94]

Im ersten Kriegsjahr kommt das Gold in spärlicher Menge.
Dann aber wächst der Goldstrom rasch und mächtig an. Von
1940 auf 1941 verhundertfachen sich die Importe, steigen im
Jahr 1942 auf 474,6 Millionen Schweizer Franken und erreichen 1943, im Wendejahr des Krieges, einen absoluten Höhepunkt mit 589,1 Millionen Schweizer Franken. Im Jahr der alliierten Invasion der «Festung Europa», 1944, fallen sie wieder
erheblich zurück und versiegen schliesslich mit 36,3 Millionen im Jahre 1945. Eine Tabelle im Anhang dieses Buches gibt
diese Entwicklung im einzelnen wieder.[95]
Was sagen die Akten über die Herkunft dieses Goldes?
Nicht genug. Doch wenn sie mit den Auskünften ergänzt werden, die aus deutschen, belgischen und französischen Quellen
gewonnen werden können, dann entsteht ein ziemlich deutli-
ches Bild.
Das belgische Afrikagold war in Berlin nicht vor Ende 1942
verfügbar. Enteignung, Tarnung und die Arbeit des Fälschens
brauchten eine gewisse Zeit. Die ersten Lieferungen dieses
Goldes an die Schweizerische Nationalbank erfolgten erst
Anfang 1943, erreichten dann aber verhältnismässig rasch, nämlich in den zwei Jahren 1943 und 1944, den Wert von mehr als
einer halben Milliarde Schweizer Franken.[96]
In den ersten, für Deutschland noch mageren Jahren ist man
in Berlin auf andere Goldquellen angewiesen. Hier springen
die Devisenschutzkommandos mit ihrer Beute ein. Ferner ergibt es sich, dass mit den Barren und Münzen aus Holland die
Goldlücke geschlossen werden kann.
Nüchterne Zahlen, gewiss, aber sie sprechen Bände. Sie verra-
ten, dass zwei Drittel des Goldes, das während des Krieges an
die Schweiz verkauft wurde, unrechtmässig erworben worden
waren: je ein Drittel zum Schaden der Zentralbanken Belgiens
und der Niederlande, zusammen Gold für eine Milliarde.[97]
Was geschah mit diesem Gold?

DAS LABYRINTH

Die Nationalbank funktionierte als «Drehscheibe» auf zweierlei Art und Weise.

Aktiv, indem sie – die «Bank der Banken» – Gold zu einem auf Jahre hinaus festen Preis kaufte und verkaufte, und zwar mit dem Auftrag und der Absicht, die von ihr übernommenen währungs- und preispolitischen Aufgaben zu erfüllen.[98]

Zweitens *passiv:* als Sammeladresse und blosser Verwalter von Golddepots, die von ausländischen Zentralbanken und von einer internationalen Bank bei ihr angelegt worden waren.

Die Depots der ausländischen Banken befanden sich in einem der unterirdischen Tresorräume im Zentrum der Bundeshauptstadt Bern, tief unter dem Gebäude der Nationalbank am Bundeshausplatz, unzugänglich, unerreichbar für Unbefugte. Bei Ausbruch des Krieges unterhielten hier die Zentralbanken von vier Nationen eigene Golddepots: Italien seit dem Jahre 1936, Rumänien, Jugoslawien und Ungarn seit 1938, einem Jahr der Unsicherheit und der Krisenstimmung, die im Zusammenhang mit dem abrupten «Anschluss» Österreichs aufgekommen war. Alle anderen Depots – insgesamt vierzehn – wurden erst während des Krieges eröffnet.

Am 8. Mai 1940 liess auch die Deutsche Reichsbank, wie erwähnt, in Bern ein Depot auf ihren Namen einrichten. Im Verlaufe des Jahres 1941 – die Ausweitung des Krieges auf die Sowjetunion und die stetige Überlegenheit der deutschen Waffen hatten in einigen Hauptstädten Europas neue Hoffnungen und Befürchtungen geweckt – kamen fünf weitere Länder hinzu: im Januar Holland und Schweden, im Juni Vichy-Frankreich, die Slowakei und Portugal. Im März 1942 und im Mai 1944 errichteten schliesslich auch Spanien und Kroatien ein Golddepot. Ein älteres Depot gehörte der Bank für Internationalen Zahlungsausgleich (BIZ), die ihren Hauptsitz unverändert in Basel hatte.[99]

Der Tresorraum, in dem das deponierte Gold aufbewahrt wurde, war – man kann das ohne Übertreibung sagen – das Zen-

-60-

trum des bedeutendsten Goldhandels des Zweiten Weltkrieges. Hier, im verschwiegenen Untergrund, konnten sehr rasch bedeutende Goldoperationen vorgenommen werden, ohne dass die Goldbarren oder die Münzen den Raum verliessen. Das Gold wurde von einem Depot in ein anderes verschoben, und das genügte, um in den Fällen, in denen es so beabsichtigt war, Rohstofflieferungen ferner Länder an ein anderes fernes Land zu bezahlen oder in Gang zu setzen. Allein über drei der vierzehn Depots (Deutschland, Portugal und Schweden) wurden im Krieg nach meinen Berechnungen – zu damaligen Preisen – für 1,9 Milliarden Schweizer Franken Gold bewegt.[100]
Man stelle sich die Räumlichkeit vor: ein längliches Rechteck, nur etwa 120 Quadratmeter gross, nach damaligen Begriffen ziemlich hell erleuchtet. In der Mitte, auf der Längsachse, und an den Wänden entlang Reihen von Stahlschränken, deren Türen aus Stahldrahtgittern bestanden und die Schränke wie Käfige erscheinen liessen. Die eingelagerten Goldbarren waren durch die Gitter hindurch deutlich zu sehen.
94 Schränke, laufend numeriert. Schränke? Am ehesten ähnelten sie Bücherschränken mit vergitterten, zwischen Stahlwänden eingebauten Regalen, nur 20 bis 25 cm tief, die Breite eines Buches. Schränke, die bis hoch an die Decke reichten.
Welche Goldmengen und Werte in diesem verhältnismässig kleinen Raum untergebracht werden konnten, übersteigt die kühnste Phantasie: 5 Gestellbretter pro Schrank, 84 Goldbarren auf jedem Brett, nebeneinander zu einem Stapel aufgeschichtet, das bedeutete alles in allem: Platz für mehr als 39'000 Goldbarren von je zwölfeinhalb Kilo Gewicht oder 487'000 Kilo Gold im ganzen, ein Wert von nahezu 2,4 Milliarden Schweizer Franken. Und trotzdem blieb in diesen Schränken immer noch genügend Platz, um auch noch die recht unansehnlichen kleineren Säcke unterzubringen, in die gewöhnlich jeweils tausend Goldstücke eingezählt worden waren.
Die Schranktüren waren mit Vorhängeschlössern versehen und plombiert. In die Plomben eingestanzt das Wort «Revision». An jeder Tür ein Schildchen mit nützlichen Aufschriften: eine

abgekürzte Bezeichnung der Zentralbank, der das Depot gehörte, ferner die Nationalität der Bank sowie die Anzahl der Goldbarren, die in dem Schrank untergebracht worden waren. Schliesslich die Nummern der sogenannten Barrenlisten, die in einem anderen Raum aufbewahrt werden mussten. Die Listen enthielten die Prägenummern sämtlicher Barren.

Diese Anlage eröffnete ungeahnte Möglichkeiten für eine zusätzliche Tarnung, die in Berlin nur begrüsst werden konnte. Das Verfahren, das sich hier anbot, war denkbar einfach.

Von den 1,7 Milliarden Gold, die aus Deutschland in die Schweiz gelangten, wurde nur ein verschwindend kleiner Teil direkt von der Schweizerischen Nationalbank erworben. Die Hauptmasse nahm den Umweg über das Depot der Deutschen Reichsbank in jenem Berner Tresorraum, der soeben beschrieben wurde.[101]

Hier trafen die allermeisten Berliner Goldsendungen ein, und hier wurden sie im Auftrag Berlins in andere Depotschränke gegeben oder, was natürlich auch vorkam, zur direkten Bezahlung deutscher Importe verwendet.

Und hier wurden schliesslich auch die erheblichen Goldmengen in Empfang genommen, die die Schweizerische Nationalbank von der Deutschen Reichsbank erwarb und bloss in die eigenen Stahlschränke nebenan zu verlegen brauchte.

Diese Methode, die sich aus den Umständen von selbst ergab, hatte für Berlin den doppelten Vorteil, dass bedeutende Transaktionen mit von Deutschland geliefertem Gold in aller Stille in Bern abgewickelt werden konnten und dass zweitens die Goldbewegungen im Tresorraum nach aussen so gut wie gar nicht in Erscheinung traten.

Dagegen musste die Schweiz einen Nachteil in Kauf nehmen, der ihr sogar noch nach dem Kriege einigen Ärger bereiten sollte. Unweigerlich musste sie bei den Alliierten in den Verdacht geraten, dass sie mit dem Dritten Reich wesentlich grössere Goldgeschäfte machte, als sie es in Wahrheit tat. Anders konnte man sich in London und in Washington die Goldtransporte nicht erklären, die jahrelang regelmässig und in auffällig kurzen Abständen von Berlin nach Bern rollten und natürlich nicht geheimgehalten werden konnten.

All das war aber nur möglich, weil das bernische Golddepot der Deutschen Reichsbank, das gewichtigste von allen, während des Krieges Tausende von Goldbarren aufnahm und weitergab, um genau zu sein: 24'460 Stück.

Aus diesem Depot wurde für mehr als 400 Millionen Schweizer Franken Gold in die Schränke Portugals, Schwedens und Rumäniens verschoben.

Die Schweizerische Nationalbank, der beste Kunde der Deutschen Reichsbank, bezog und kaufte daraus für eigene Rechnung Gold für 1,2 Milliarden Schweizer Franken.[102]

Im Tresor

Man muss sich vor Augen halten, was sich seit dem Kriegsende verändert hat. Wer heute in das bernische Hauptgebäude der Schweizerischen Nationalbank eingelassen wird und die dem Publikum nicht ohne weiteres zugänglichen Räume aufsucht, wundert sich nicht über die längst üblichen Sicherheitsmassnahmen: Videoüberwachung, elektronische Sicherung der Zugänge und gewisser Durchgänge. Um eine Tür zu öffnen, genügt nicht der passende Sicherheitsschlüssel: Ein elektronisches Gerät prüft die mit einer Fotografie versehene Kennkarte des zuständigen Beamten sowie den aus Ziffern und Buchstaben bestehenden geheimen Code, den er eingeben muss, bevor sich das Türschloss mit dem Schlüssel öffnen lässt. Massive Drehtüren, elektronisch gelenkt, lassen dem Besucher und dann auch seinem Begleiter nur so viel Bewegungsraum, dass er, um vorwärts zu kommen, gerade noch mit Mühe fähig ist, einen Fuss vor den andern zu setzen. Fernsehkameras beobachten ihn. Hier wieder herauszukommen muss ungebetenen Besuchern noch schwerer fallen als hineinzukommen.

Das hat es damals nicht gegeben. Der Transistor war noch unbekannt, die Wunder der Mikroelektronik ein utopisch anmutender Zukunftstraum. Man trat möglichen Gefahren, wie eh und je, mit handfester Bewachung entgegen: Mit dem Beginn der deutschen Westoffensive am 10. Mai 1940, als das schweizerische Armeekommando mit der Möglichkeit rechnen musste, dass die Schweiz in die Kampfhandlungen hineingezogen werden konnte, übernahm die Armee, bis zum Kriegsende, den Schutz der Nationalbankgebäude.

Die Nationalbank hatte ihre eigenen Goldreserven, soweit sie sich noch in der Schweiz befanden, auf Tresorräume in Bern, Zürich und Luzern und an einen im alpinen Festungsgebiet liegenden Ort verteilt. Die Golddepots der vierzehn ausländischen Zentralbanken waren und blieben hingegen in Bern konzentriert. Für sie war der besondere Tresorraum mit den 94 käfigartigen Schränken reserviert.

Die vierzehn Depots unterschieden sich, was den Umfang der Goldgeschäfte betraf, beträchtlich voneinander. Es gab tote, lahme und träge Depots, aber auch solche, die aktiv waren oder sogar von hektischer Tätigkeit bewegt wurden.

Zwei Depots tragen in den Aufzeichnungen, die sie betreffen, den Vermerk: «Gesperrt». Sie gehörten den Zentralbanken der Niederlande und Kroatiens. Sie waren «tot», an ihnen änderte sich nichts.

Zwei «lahme» Depots, ein griechisches und ein jugoslawisches, enthielten verhältnismässig unbedeutende Goldbestände. Sie erfuhren nur geringe Veränderungen.

Von den vier «trägen» Depots, die von den Zentralbanken Italiens, der Slowakei, Spaniens und Ungarns eingerichtet worden waren, wurde im Vergleich mit den aktiveren Depots relativ sparsam Gebrauch gemacht. Bewegter war das Golddepot Vichy-Frankreichs.

Fünf «aktive» Depots standen unbestritten im Vordergrund. Vier gehörten den Nationalbanken Portugals, Rumäniens, Schwedens und der Bank für Internationalen Zahlungsausgleich (BIZ), und das fünfte, «hektisch tätige», der Deutschen Reichsbank.[103]

Diese Rangliste sagt schon einiges aus, sie bedarf aber, wenn man sich ein genaueres Bild davon machen will, das im Tresorraum der fremden Depots vorging, einer wesentlichen Ergänzung. Für die Bedeutung eines jeden dieser Depots war nämlich nicht allein die Gold*menge* massgeblich, die es enthielt, sondern vor allem auch das Ausmass der Gold*bewegungen,* oder mit anderen Worten: wieviel Gold hereinkam, hier dann von einem Depot in ein anderes getan wurde oder aus dem Tresorraum wieder hinausgeschafft wurde.

Es war zum Beispiel das portugiesische Depot, das von 1941 bis Mitte 1943 bei weitem das meiste Gold enthielt. Anschliessend und bis zum Kriegsende errang und hielt dann Schweden diesen Rekord. Das Depot der Deutschen Reichsbank figurierte hingegen in dieser Beziehung meistens an dritter oder vierter Stelle.

Und dennoch war das deutsche Golddepot zweifellos zu allen Zeiten des Krieges weitaus das gewichtigste. Das Gold, das hier eintraf, blieb niemals längere Zeit liegen. Der grösste Teil wurde nach kurzer Zeit herausgenommen, in ein anderes Depot gelegt oder einer anderen Zentralbank direkt zediert. Der Gold*verkehr,* der über das Depot der Deutschen Reichsbank ging, war enorm.[104]

Übertroffen wurde er natürlich von der Summe aller Goldtransaktionen, die in diesem einen Raum vorgenommen wurden. Im wesentlichen das gleiche Bild: Niemals übertraf die gesamte Goldmenge, die gleichzeitig in den 94 Schränken lag, den Höhepunkt, den sie Ende Juni 1943 erreichte: Gold für 730,5 Millionen Schweizer Franken.

Aber die Gold*bewegungen* waren von einer ganz anderen Grössenordnung. Sie können für die Kriegsjahre mit insgesamt mehr als 3,5 Milliarden Schweizer Franken beziffert werden – mit mehr als 20 Milliarden, wenn man den durchschnittlichen Goldpreis des Jahres 1984 zugrunde legt.[105]

-65-

DIE SCHLEUSE

Die unterirdischen Golddepots in Bern waren mit Schleusen vergleichbar, die in Abständen geöffnet und wieder geschlossen wurden und das hereinfliessende Gold festhielten oder durchliessen.

110mal wurde die deutsche Schleuse geöffnet, um 24'460 Goldbarren aufzunehmen, und 225mal wurde sie geöffnet, um fast ebenso viele Goldbarren herauszulassen. Allein diese eine Schleuse wurde also, seitdem sie im Mai 1940 in Betrieb gesetzt worden war, in 59 Kriegsmonaten mindestens 335mal geöffnet und wieder geschlossen.

Man kann sich kaum vorstellen, wie sich das abspielte.

Hier drei Beispiele aus der Praxis.

Dezember 1941. Am 4. treffen drei Goldsendungen aus Berlin ein. Es sind 793 Goldbarren. Sie werden gezählt, registriert und geprüft, bevor die Plombe von der Stahlgittertür des deutschen Depotschrankes entfernt, das Schloss geöffnet und die Barren, 9560 Kilo schwer, Stück für Stück eingelagert werden. Kontrolleure nehmen Stichproben vor: Zufällig herausgegriffene Goldbarren werden gewogen und mit dem Gewicht verglichen, das sie nach den Angaben auf den Begleitzertifikaten haben sollten.

Anderen Barren werden Goldproben entnommen. Die Proben werden auf ihren Feingehalt hin überprüft. Das durch die Entnahme veränderte Barrengewicht wird festgestellt und registriert.

Sodann werden die 793 Barrennummern in Listen eingetragen. Die Schranketiketten werden neu beschriftet. Die Gittertür des Goldschranks wird wieder abgeschlossen und plombiert. Schliesslich liefern die Kontrolleure die neuen Nummernlisten und die Tresorschlüssel an den Hauptkassier ab.

Zwei Tage darauf, am 6. Dezember, wird der Depotschrank der Deutschen Reichsbank wieder geöffnet. Es werden ihm 254 Barren entnommen, die von der Nationalbank gekauft worden sind. Sie werden aus dem internationalen Tresorraum

weggeschafft und nebenan in einem anderen Raum unterge-
bracht, wo ein Teil der eigenen Goldreserven gelagert wird.
Vier Tage darauf, am 10. Dezember, treffen – wiederum aus
Berlin – 460 Barren ein, 5606 Kilo Gold, das wie üblich ge-
zählt, gewogen, geprüft, registriert und eingelagert wird.
Am 16. und am 30. wird das Depot noch zweimal geöffnet.
Einmal werden ihm 251 Barren, dann noch einmal 162 Barren
entnommen – zusammen 413 Barren, die in den Tresor der
Nationalbank wandern.
Siebenmal selbst im Monat der Fest- und Ruhetage wird also
die deutsche Schleuse geöffnet, um 1920 Goldbarren – 23'166
Kilo – durchzulassen. Und so geht es weiter, Woche für Wo-
che, Monat für Monat.
Ein zweites Beispiel, drei Monate darauf, März 1942.
Am 4. März treffen aus Berlin, so ist es der Statistik der Natio-
nalbank zu entnehmen, 672 Barren ein, am gleichen Tag erwirbt und entnimmt die Nationalbank dem deutschen Depot
245 Barren.
Am 20. gehen 20 Barren an eine Adresse in Zürich ab, am darauffolgenden Tag entnimmt die Nationalbank dem deutschen
Depot weitere 255 Barren.
Am 25. kommen 654 Barren aus Berlin hinzu, und am 31. übernimmt die Nationalbank noch einmal 246 Barren.
Sechs Operationen, 2092 Barren im Verlaufe eines Monats, wie
üblich geprüft und registriert. Jeder Barren, von Hand bewegt,
wiegt im Durchschnitt 12,5 Kilo.
Dann kommen die Zeiten, da der Goldstrom zur gleichen Zeit
von verschiedenen Schleusen aufgenommen und kanalisiert
wird.
Juli 1943. Elf Transaktionen.
Am 1. werden 248 Barren auf Rechnung der Nationalbank
weggeschafft, am 2. und 5. Juli 147 Barren dem deutschen Depot entnommen und ins portugiesische eingeliefert. Am 7.
kommen wieder 486 Barren aus Berlin hinzu, am 10. gehen 81
Barren aus dem deutschen ins portugiesische Depot...
Manchmal stockt die Arbeit. Der Korridor zwischen den

Schrankreihen ist sehr eng. Die Handwagen, mit denen die Goldbarren und Münzsäcke herangeschafft oder weggefahren wurden, kommen nicht durch, wenn eine der 94 Schranktüren offensteht oder wenn ein Beamter, der die Goldbarren auf einem oberen Gestellbrett einordnet, auf einer Leiter den Weg versperrt.

14. Juli 1943. Die deutsche Schleuse wird an diesem Tag gleich dreimal betätigt: 42 Barren wechseln ins schwedische Depot hinüber, 83 ins portugiesische, 240 Barren übernimmt die Nationalbank.

Am 23. treffen aus Berlin 685 Barren ein, davon kommen 41 Barren wiederum ins portugiesische Depot.

Schliesslich werden am 28. – immer noch im gleichen Monat Juli – 40 «deutsche» Barren ins Depot der Schwedischen Reichsbank gegeben.

Die Geschäftigkeit im internationalen Tresorraum nimmt mit der Zeit noch zu. Im Laufe des Jahres werden auch die Golddepots Rumäniens und Ungarns aktiv.[106]

DAS DREIECK

Die 12,5 Kilo schweren Goldbarren im internationalen Tresorraum wurden, wie gesagt, Stück für Stück in die Hand genommen, im ganzen vielleicht 100'000mal. Damit hatte man alle Hände voll zu tun. Niemand wäre da auf den Gedanken gekommen, sich nach noch mehr Arbeit umzusehen.

Befanden sich unter den Goldbarren auch solche, die vielleicht einmal eingeschmolzen und umgegossen worden waren? Eine nichtige Frage, solange sie nicht ausdrücklich gestellt wurde. Und da musste noch einiges geschehen, bis es so weit war.

Es kam hinzu, dass niemand, der nicht eingeweiht war, auch nur ahnen konnte, wie es hier gemacht wurde, dass sich deutsches Gold innerhalb von Minuten in Schweizer Gold verwandelte.

Die Schweizerische Nationalbank nahm aus dem Depot der

Deutschen Reichsbank, wie gesagt, Gold für 1,2 Milliarden Schweizer Franken entgegen. Nicht das ganze Gold, das sie auf diese Weise erwarb, wurde aus dem internationalen Tresorraum herausgenommen. Zwei Drittel dieses Goldes wurden vielmehr in andere Depots geschoben: für mehr als eine halbe Milliarde ins Depot der Portugiesischen Zentralbank, der Rest in die Schränke Spaniens, Rumäniens und Schwedens.

In den Büchern der Nationalbank wurde der Vorgang, auf den es hier ankam, wie folgt festgehalten: Die Nationalbank verkauft soundsoviel Gold an die genannten Banken.[107] Vergangenheit und Herkunft des Goldes waren wie ausgelöscht. Die fremden Zentralbanken hatten, das konnten sie nun jederzeit nachweisen, Schweizer Gold erworben. Sie waren nicht verpflichtet, zu wissen, was sie in Wahrheit gewusst haben konnten: dass ihnen die Deutsche Reichsbank, so steht es jedenfalls in den bernischen Papieren, bereits die Hälfte dieses Goldes zediert hatte, bevor daraus tadelloses Schweizer Gold gezaubert wurde. Das Risiko, das man mit «deutschem» Gold einging, waren sie jedenfalls los.[108]

Wie stellten sich diese Geschäfte den führenden Männern in Bern dar? Wie wurden sie von ihnen gesehen, gerechtfertigt? Amtliche Schriftstücke aus jener Zeit beantworten diese Frage mit bemerkenswerter Genauigkeit.

In einem Telegramm des Departements für Auswärtige Angelegenheiten in Bern an die schweizerische Gesandtschaft in Washington heisst es im April 1942 kurz und bündig: «Wenn Deutschland Gold in der Schweiz verkauft, so geschieht es, weil es Schweizer Franken für Zahlungen an Drittländer benötigt.»

Im gleichen Telegramm wird erläuternd hinzugefügt: «Wir kaufen deutsches Gold und verkaufen es an Länder, die von Deutschland Schweizer Franken erhalten haben.»[109]

Ausführlicher und sehr genau wird die Rolle der Golddepots in einem interministeriellen Schreiben im Februar 1945 definiert: «Die meisten ausländischen Zentralbanken», heisst es da, «unterhalten bei der Nationalbank zu Zeiten bedeutende Golddepots. Das trifft zum Beispiel auf Spanien, Portugal, Schweden, die Türkei und andere zu. Diese Länder, die der Beständigkeit unserer Einrichtungen vertrauen, lassen sich ihre Lieferungen an Deutschland mit Gold bezahlen, das ihnen in der Schweiz übergeben wird.»[110]

Über diese Art von Dreieckgeschäften äussert sich kurz nach dem Kriege ebenso deutlich der schweizerische Diplomat Robert Kohli, der sich von Amts wegen mit den Goldgeschäften zu befassen hatte. Er zitiert wörtlich den Vizepräsidenten der Nationalbank, Rossy. «Anfänglich wurden [von den Alliierten] die Goldtransaktionen der privaten Banken beanstandet», schrieb er. «Über sie verschaffte sich Deutschland Escudo-disponibilitäten, die ihm der Banco de Portugal aus politischen Gründen und wohl auch aus juristischer Vorsicht nicht direkt einräumen wollte. Sobald eine schweizerische Bank dazwischen geschaltet wurde, bestanden anscheinend solche Bedenken nicht mehr, obwohl die Portugiesische Nationalbank natürlich genau wusste, für wen die Escudos bestimmt waren. Ein ähnliches Spiel spielten zum Teil auch die Spanische und die Schwedische Nationalbank.»[111]

Welche Interessen gelegentlich verfolgt wurden, erwähnt ein Schreiben der Nationalbank an den Chef der schweizerischen Aussenpolitik im August 1944: «Ein Teil des von Deutschland gelieferten Goldes bleibt bisweilen nur kurze Zeit bei der Schweizerischen Nationalbank liegen, da die Notenbanken der südwest- und südosteuropäischen Staaten ihre Frankenguthaben nach Bedarf wieder in Gold umwandeln und diese Goldbestände meistens heimschaffen.»[112] Und damit waren nicht nur Goldbarren gemeint, die ohnehin von Bern direkt nach Madrid und Lissabon geschickt worden waren.[113]

Mit verblüffender Offenheit spricht schliesslich ein Schreiben des Departements für Auswärtige Angelegenheiten Ende Mai 1944 von der offenbar selbstverständlichen, stillschweigenden Übereinstimmung der europäischen Zentralbanken.

Das Schreiben beginnt mit der Feststellung, dass im allgemeinen die deutschen Zahlungen an Schweden mit Gold in Bern erfolgen, «wo die Goldbarren die schwedische Kennziffer erhalten». Ebenso werde mit Portugal verfahren.

Dann heisst es: «Diese Dinge sind der Öffentlichkeit unbekannt. Daher wird Schweden auch in Zeitungsartikeln... nicht als Käufer von ‚gestohlenem Gold‘ genannt. Im ganzen genommen ist die Schweiz für Schweden eine Art spanische Wand. Sie liefert ihm ein Alibi.»[114]

WARNUNGEN

Goldtransaktionen von einem solchen Ausmass konnten den Alliierten nicht verborgen bleiben. Sie waren mit ihren diplomatischen Missionen, mit ihren Handelsdelegationen und einem bewährten, in den Kriegsjahren noch weiter ausgebauten und verfeinerten Nachrichtendienst in Madrid und Lissabon gut vertreten.

Besonders in Portugal waren sie den Achsenmächten um mehr als einen Schritt voraus. Das Land war, wie die Türkei, mit Grossbritannien verbündet. Im Gegensatz zur Schweiz, dem geographischen Mittelpunkt des Kontinents, unterhielt das am Rande gelegene Portugal während des ganzen Krieges direkte Flugverbindungen mit den beiden Mächtegruppen, sowohl mit Deutschland und Italien als auch mit England und Amerika. Natürlich hielten die Alliierten im Auge, was auf diesem idealen Umschlagplatz für strategische Güter ausgeheckt und an oft gewagten Unternehmen geplant und in Angriff genommen wurde.

In erster Linie waren sie selbstverständlich daran interessiert, dem Deutschen Reich die Versorgung mit Wolfram zu erschweren und gleichzeitig sich selbst einen möglichst grossen Anteil an den portugiesischen Wolframexporten zu verschaffen.

Dabei stiessen sie nicht nur auf hartgesottene, geschäftstüchtige Repräsentanten deutscher Interessen, sondern, so paradox es auch scheinen mochte, auf die intensiven Bemühungen des portugiesischen Verbündeten, die Neutralität des Landes so scharf und so unnachsichtig wie irgend möglich zu handhaben. Wenn die Bevölkerung gelegentlich ihre Sympathien für die Alliierten allzu demonstrativ zur Schau trug, dann konnte es geschehen, dass die Regierung dagegen einschritt.

Da nun gerade an diesem neuralgischen Punkt die Wolframgeschäfte untrennbar mit den Goldtransaktionen verknüpft wurden, geriet hier die Schweiz in eine kritische Lage. Unweigerlich wurde sie in die Auseinandersetzungen der Kriegführenden hineingezogen. Stichwörter wie Wolfram und Gold forderten das Thema des deutschen «Raubgoldes» geradezu heraus. Was lag da näher als eine Kampagne alliierter Warnungen an die Adresse der Schweiz?

Zum erstenmal kamen die Goldgeschäfte während der schweizerischen Handelsverhandlungen mit Grossbritannien im Jahre 1942 zur Sprache. Den Schweizern wurde vorgehalten, dass Bern dem Deutschen Reich damit einen grossen Dienst erweise, indem es ihm die Beschaffung von Devisen erleichtere, die es für die Bezahlung kriegswichtiger Importe benötige.[115]

Im Sommer des gleichen Jahres warnten englische Radiosender die neutralen Staaten, der Deutschen Reichsbank «widerrechtlich angeeignetes» Gold abzunehmen. Belgisches Gold war bis dahin in Bern noch nicht aufgetaucht. Die Schweiz wurde nicht ausdrücklich genannt.

Anfang Januar 1943 folgte eine von dreizehn alliierten Regierungen und dem französischen Nationalkomitee unterzeichnete Erklärung, die in einem Memorandum festgehalten und allen Neutralen, auch der schweizerischen Bundesregierung, zugestellt wurde. Darin hiess es, dass sich die Signatarmächte das Recht vorbehielten, alle Transaktionen für null und nichtig zu erklären, die sich auf «Güter, Rechte oder Interessen» in feindlich kontrollierten Gebieten bezögen. So auch Transaktionen, die legal zu sein schienen oder scheinbar freiwillig durchgeführt würden. Der Sinn war klar, auch wenn dieses Mal von Gold nicht ausdrücklich die Rede war.[116]

Das wurde dem Chef der schweizerischen Aussenpolitik, Marcel Pilet-Golaz, noch im gleichen Monat deutlich vor Augen

-72-

geführt, als sich die meisten der in Bern akkreditierten alliierten Diplomaten ins Bundeshaus begaben, um dem Bundesrat zu versichern, dass sie sich mit der Erklärung der dreizehn Regierungen ohne Vorbehalt solidarisierten. Die Bundesregierung hatte es unterlassen, den Signatarstaaten den Empfang des Memorandums zu bestätigen; sie hatte sich vielmehr damit begnügt, dem britischen Gesandten in Bern, und nur ihm allein, auf eine sehr persönliche, fast private Art für die Zusendung des Schriftstücks zu danken.[117] Die ersten deutschen Goldsendungen, die getarntes belgisches Gold enthalten konnten, kamen gerade erst in Gang.

Im Laufe des Jahres 1943 erreichten die deutschen Goldsendungen an das bernische Golddepot der Deutschen Reichsbank ihren Höhepunkt, und damit wohl auch der Anteil des belgischen Goldes. Was immer die Alliierten darüber in Erfahrung gebracht haben mögen – ihre Kenntnisse waren, wie sich später herausstellte, in wichtigen Dingen unzureichend. Vielleicht gerade darum liessen sie das Goldthema nicht ruhen. Je deutlicher sich die Kriegswende nach der Schlacht von Stalingrad abzeichnete, desto energischer stiessen die Alliierten nach. Ihre Presse nahm kein Blatt vor den Mund, und die Regierungssprecher sowie die diplomatischen Noten der Westmächte sprachen nun immer offener, manchmal auch mit drohendem Unterton, aus, was sie zu sagen hatten.

Der «Lombard-Street-Korrespondent» der «Financial News» bezeichnet das deutsche Gold im Juli 1943 rundweg als «gestohlenes Gold». Er übernimmt die offizielle Forderung an die Notenbanken, die solches Gold erworben haben, dass sie sich verpflichten müssten, es ohne jede Kompensation den «Bestohlenen» zurückzugeben.[118]

Bald darauf muss sich ein Delegierter der Nationalbank, Direktor Pfenninger, von massgebenden Persönlichkeiten des amerikanischen Schatzamtes und der New Yorker Bundesreservebank nachdrücklich sagen lassen, dass sich die Schweiz beim Kauf von deutschem Gold nicht einfach auf den guten Glauben werde berufen können.

Dann wird im Februar 1944 eine Erklärung des amerikanischen Schatzsekretärs publik gemacht, die an Deutlichkeit nichts zu wünschen übrig lässt. Diesmal wird sie der schweizerischen Bundesregierung auf diplomatischem Wege mit einer Note zur Kenntnis gebracht. Ein Tag darauf schliesst sich der britische Schatzmeister dieser Erklärung an, und ein paar Wochen darauf wird sie auch von der norwegischen Regierung übernommen und ebenfalls veröffentlicht.

Die Warnungen sind ernst gemeint. In London geht man jetzt sogar so weit, den schweizerischen Unterhändlern ohne Umschweife zu erklären, die Schweiz habe davon Abstand zu nehmen, Gold von Achsenstaaten zu kaufen oder ihnen Schweizer Franken gegen Gold zu zedieren.[119]

Anfangs war man in Bern geneigt, die alliierten Pressestimmen und die Regierungserklärungen für Kriegspropaganda oder für durchsichtige Manöver eines im Grunde gegen das Dritte Reich gerichteten Nervenkriegs zu halten. Vor allem das Direktorium der Nationalbank griff bereitwillig Meinungen auf, die die alliierten Warnungen bagatellisierten.

Sorglosigkeit oder Berechnung?

Es fällt schwer, die Frage schlüssig zu beantworten; selbst wenn man eine Episode zu Rate zieht, die sich im August 1943 ereignete. Bis dahin hatte die Deutsche Reichsbank bereits für nahezu eine Milliarde Franken Gold auf ihr Berner Depot transferiert, darunter – wie erwähnt, was aber damals noch nicht bekannt war – für etwa eine halbe Milliarde «deutsches» Gold nicht nur belgischer, sondern auch holländischer Provenienz. So lagen die Dinge, als der Präsident der Schweizerischen Nationalbank, Ernst Weber, den Besuch des Gouverneurs der Banque de France, Bréart de Boisanger, empfing. Von ihm erfuhr er, dass, wie es de Boisanger formulierte, belgisches Gold in deutsche Hände gefallen und nach Berlin gebracht worden sei. Bei dieser Gelegenheit machte ihn de Boisanger in allem Ernst darauf aufmerksam, dass er als Gouverneur der Banque de France sich für den Fall, dass die Schweiz dieses Gold erwerben sollte, alle Rechte vorbehalten müsse.

Als später einmal dieser Besuch zur Sprache kam, wunderte sich Weber darüber, dass de Boisanger ihn angeblich völlig darüber im unklaren gelassen habe, wann und auf welche Weise das Gold nach Berlin gekommen war. Vor drei Bundesrichtern, die ihn nach dem Krieg darüber befragen, erklärte er, damals den Eindruck gewonnen zu haben, dass de Boisanger mit seinem Besuch im Grunde nichts anderes bezweckt habe, als sein Gewissen etwas zu erleichtern. Damit spielte er darauf an, dass de Boisanger, einer der Machthaber in Vichy, damals im üblen Ruf stand, für untragbare Konzessionen an das Dritte Reich verantwortlich gewesen zu sein.

Auch Vizepräsident Rossy traf in jenen Tagen, im August 1943, mit Bréart de Boisanger zusammen. Später beklagte sich Rossy, der französische Gouverneur habe seine rechtlichen Vorbehalte in einer derart allgemeinen und unverbindlichen Art und Weise vorgebracht, dass er, Rossy, es habe ablehnen müssen, sie überhaupt zur Kenntnis zu nehmen. Gouverneur de Boisanger habe sich zum Beispiel auch geweigert, ihm irgendwelche Einzelheiten mitzuteilen oder ihm in Aussicht zu stellen, dass er ihm die Nummern der belgischen Goldbarren mitteilen werde.[120]

REAKTIONEN

Diese Reaktionen kennzeichnen die Haltung des Nationalbankdirektoriums, die sich auch auf die Einstellung der politischen Bundesbehörden auswirkt. Als das Departement für Auswärtige Angelegenheiten und das Eidgenössische Finanz- und Zolldepartement sich bei der Nationalbank zu erkundigen beginnen, was es mit den Protesten der Alliierten gegen angeblich fragwürdige Goldgeschäfte mit der Deutschen Reichsbank auf sich habe, erhalten sie beruhigende Antworten. Die Gedanken, die man sich darüber macht, finden in der sich nun belebenden amtlichen Korrespondenz ihren Niederschlag.

Zum Beispiel wird wiederholt darauf hingewiesen, dass es dem

Direktorium der Bank nie offiziell notifiziert worden sei, dass die Deutschen Gold «gestohlen» hätten. Im übrigen könne man einem Goldbarren ohnehin nicht ansehen, wo er eigentlich herkomme.[121]

Ferner ist von der höheren Gewalt des grossen Krieges die Rede, von der die Schweiz in die Rolle des ersten Finanzplatzes Europas ohne ihr Zutun hineingezwungen worden sei, indes nun die anderen genötigt würden, diesen einzigen freien Gold- und Devisenmarkt Europas zu benutzen. Auch das Deutsche Reich habe sich schliesslich daran gewöhnt, hier für Gold Schweizer Franken einzukaufen.[122]

Und Gold, so wird weiter argumentiert, Gold brauche die Schweiz auf jeden Fall für ihre eigene Versorgung mit ausländischen Rohstoffen und für die Bezahlung anderer lebenswichtiger Importe. Es müsse bedacht werden, dass die eigenen, noch in der Schweiz befindlichen Goldbestände im Juni 1940 auf weniger als 600 Millionen Schweizer Franken zusammengeschmolzen waren, und seither habe die ein Jahr darauf erfolgte Blockierung ihrer Gold- und Devisenreserven in den USA auch noch diese Mittel stillgelegt und für sie praktisch so gut wie unbrauchbar gemacht.[123]

Von der amerikanischen Blockierung der Gold- und Devisenbestände, die in den USA Zuflucht gefunden hatten, war die Schweiz übrigens nicht allein betroffen. Nach und nach, mit jedem deutschen Blitzsieg, war die Sperre zunächst über die besetzten Gebiete verhängt worden: über die polnischen Guthaben in den USA Ende 1939, dann über die dänischen Guthaben zwei Tage nach dem deutschen Einmarsch. So auch über Norwegen, Holland, Belgien und Luxemburg nach der alliierten Niederlage im Norden und Westen im Frühling und im Frühsommer 1940, ebenso über die drei baltischen Staaten Estland, Lettland und Litauen, als sie Mitte Juni 1940 von den sowjetrussischen Truppen besetzt wurden, und ferner über die Balkanstaaten, als die deutsche Wehrmacht sie überrannte. Am 14. Juni 1941 wurden auch die Guthaben der neutralen Staaten Europas gesperrt, zu einer Zeit also, als der internationale

Goldhandel zwar sein Zentrum in Bern schon gefunden, aber noch keine alarmierenden Dimensionen angenommen hatte.

Kommt nun die Rede auf jene «Wagenladungen Gold für die Nationalbank», die unablässig aus Deutschland heranrollen, und wird von alliierter Seite gefragt, wozu die Schweizerische Nationalbank eigentlich derartige Goldmengen benötige, dann wird die Schweizerische Gesandtschaft in Washington von der Nationalbank belehrt, dass «ein Teil dieses Goldes nicht zum Verkauf, sondern lediglich zur Speisung des Golddepots der Reichsbank bei der Nationalbank bestimmt ist».[124]

Im letzten Kriegsjahr kann man sich mit Recht darauf berufen, dass alles getan werde, um die deutschen Goldlieferungen abzubauen – und zwar mit Erfolg. Allerdings ist es nicht ganz einfach, mit Sicherheit auszumachen, wieweit die sich rasch verändernde Kriegslage zu diesem Erfolg beiträgt. Denn Deutschland braucht zweifellos weniger Gold und Devisen, seitdem die kriegerischen Ereignisse – die Landung starker alliierter Streitkräfte in der Bretagne im Juni 1944 und deren Vormarsch ins Innere Frankreichs sowie die türkische Kriegserklärung an Deutschland im Februar 1945 – den deutschen Warenverkehr mit der Türkei und der Iberischen Halbinsel ohnehin unterbunden haben. Wolfram kann seit dem Frühsommer 1944 nur noch in kleinen Mengen auf dem Luftweg nach Deutschland gebracht werden.[125]

All diese Argumente treffen zu. Sie lügen nicht, sie verschleiern wenig. Aber ihre Überzeugungskraft ist unter den Umständen eines auf Leben und Tod geführten Weltkrieges gering, zumal auch eine gewisse Verlegenheit der Neutralen, die da unmittelbar betroffen sind, fühlbar wird. Neutralität als Politik der Selbsterhaltung, eine durchaus legitime Politik, die aber den dafür unerlässlichen Interessensausgleich mit beiden Lagern der verfeindeten Nationen einschliesst, ist für die Kriegführenden vielleicht begreiflich, schwerlich aber akzeptabel, solange entsetzliche Blutopfer gebracht werden.

Was haben die schweizerischen Behörden und die Direktion der Nationalbank getan, um aus diesem politischen Dilemma herauszukommen? Was konnte unternommen werden, ohne eine gefährliche deutsche Reaktion heraufzubeschwören?

«Ja, was konnten wir tun?» – Diese deprimierende Frage stellt ein Mitglied der schweizerischen Verhandlungsdelegation im Februar 1945, als eine alliierte Kommission unter der Leitung des amerikanischen Sondergesandten Laughlin Currie, eines persönlichen Mitarbeiters des Präsidenten Roosevelt, nach Bern gekommen war und unter anderem auch über die Goldgeschäfte mit Deutschland informiert werden wollte.[126]

«Was konnten wir tun? Nicht gerade viel», beantwortet der schweizerische Delegierte seine eigene Frage und erklärt, dass die Nationalbank die Reichsbank gelegentlich gebeten habe, Gold in Zukunft nur noch für Zahlungen im Rahmen des Handelsverkehrs zu verwenden, nicht aber für Zahlungen an Drittstaaten. Die Bitte lief also darauf hinaus, dass die Schweiz nicht mehr als blosse Golddrehscheibe benutzt werden wollte. Man habe das in Bern auch wirklich so gemeint. Zum Beispiel sei ein deutscher Auftrag, deutsches Gold für eine deutsche Zahlung an Rumänien in Empfang zu nehmen und in Schweizer Franken umzuwandeln, ohne weiteres zurückgewiesen worden.[127]

Das ist tatsächlich geschehen. Mit der Zeit werden auch schweizerische Vorbehalte immer deutlicher ausgesprochen, stets jedoch mit der diplomatischen Behutsamkeit, die angesichts der gespannten Beziehungen zu Deutschland und der sich immer schwieriger gestaltenden Wirtschaftsbeziehungen durchaus angezeigt war.

Veränderungen im Tonfall sind jedenfalls unverkennbar: Im Herbst 1943 wird die Direktion der Deutschen Reichsbank gebeten, die Goldsendungen an die Schweiz möglichst nicht weiter auszudehnen. Wiederholt wird auch der Wunsch geäussert, dass deutsche Zahlungen an das Ausland, wenn immer möglich, nicht mehr über den Schweizer Franken abgewickelt, sondern durch direkte Goldsendungen an das betreffende Land erfolgen sollten.[128] Ein halbes Jahr später, im Juni 1944, teilt die Nationalbank der Reichsbank mit, dass die andauernden Goldtransaktionen «nicht besonders erwünscht» seien, und vier Monate darauf, Mitte Oktober, heisst es, nun ziemlich schroff, sie seien «unerwünscht».[129]

Die Diplomatie der Selbsterhaltung lässt allerdings eine derart entschiedene Ausdrucksweise nur selten zu. Im allgemeinen sucht und schlägt sie einen goldenen Mittelweg ein.

Als die Reichsbank 1944 den längst üblichen schweizerischen Umweg benutzt, für das Gold, das sie der Nationalbank verkauft, den Gegenwert in Schweizer Franken bei schweizerischen Grossbanken gutschreiben zu lassen, dies aber zu Gunsten der rumänischen Nationalbank, da legt ihr die Direktion der Schweizerischen Nationalbank nahe, solche Transaktionen doch lieber in die Intimität ihres unterirdischen Tresorraums zu verlegen und sich des Goldes zu bedienen, das sie dort in ihrem Depot liegen hat. Damit wäre, so versteht man ohne weiteres, beiden Seiten gedient.[130]

Inzwischen wird aber in Bern erkannt, dass es so nicht weitergehen kann. Es ist auf die Dauer nicht möglich, von Fall zu Fall zu improvisieren, anstatt die Lage einmal gründlich zu analysieren und eine brauchbare Verhandlungstaktik zu entwerfen. Mit Gelegenheitsdiplomatie, mit Einfällen des Augenblicks und selbst mit genialen Geistesblitzen kommt man nicht weit.

Endlich, im Frühsommer 1944, beauftragt die Nationalbank einen international angesehenen Experten des Völkerrechts, den Zürcher Professor Dietrich Schindler, die verworrene Lage zu untersuchen und die Möglichkeiten, ihr zu begegnen, sachverständig zu begutachten.

Die Expertise, eine gründliche, 28 Seiten umfassende Studie, die Ende Juli 1944 sowohl der Nationalbank als auch dem Departement für Auswärtige Angelegenheiten vorliegt, kommt, was die Schweiz betrifft, zu dem Schluss, dass «der gute Glaube beim Erwerb des Goldes» von entscheidender Bedeutung sei, und sie gibt zu bedenken, dass die Möglichkeit bestehe, sich gegen den Vorwurf des bösgläubigen Erwerbs zu schützen.

«Sie läge darin», schreibt Schindler, «dass bei der Übernahme

-79-

von seiten der Achsenmächte eine ausdrückliche Erklärung verlangt würde des Inhalts, dass das Gold nicht im Widerspruch zu völkerrechtlichen Grundsätzen... erworben wurde.»[131]
Die Direktion der Nationalbank erfasst nun doch, anscheinend zum erstenmal, welch eminent politische Bedeutung ihren Goldtransaktionen beigemessen wird. Immer noch recht zurückhaltend und beinahe ungläubig kommentiert sie das Gutachten Professor Schindlers mit den Worten, es scheine zum mindesten wohl einer eingehenden Prüfung wert zu sein.
An den Chef der schweizerischen Aussenpolitik richtet sie indessen die erstaunte Frage, ob es sich denn politisch verantworten liesse, «an die Reichsbank das Ansinnen zu stellen, uns bei ihren Goldzessionen derartige Erklärungen abzugeben».[132]

DIE GESCHICHTE DER GESCHICHTE

Ein öffentlicher Skandal würde unvermeidlich gewesen sein, wenn das, was hier beschrieben wird, schon damals bekannt geworden wäre. Der Vorwurf der Kollaboration wurde sehr ernst genommen. Die überwiegende Mehrheit der Schweizer empfand das nationalsozialistische Deutschland als den wahren Feind der urdemokratischen Eidgenossenschaft. Sie würde in aufrichtiger moralischer Entrüstung gefordert haben, dass den Verantwortlichen für eine ebenso unverständliche wie gefährliche Politik der Prozess gemacht werde. Eine nüchterne Beurteilung der Fakten und der an hoher Stelle entscheidenden Persönlichkeiten wäre kaum möglich gewesen.
Es ist daher verständlich, dass man sich nicht beeilte, die Dinge an die Öffentlichkeit zu ziehen. Um so rätselhafter aber ist, warum eine öffentliche Diskussion um das Gold, die ein Jahr nach Kriegsende, im Frühsommer 1946, in der Schweiz aufflammte, so rasch verlöschte und vergessen wurde.
Es war im Zusammenhang mit einem Finanzabkommen, das die Schweiz Ende Mai 1946 nach ausserordentlich schwierigen Verhandlungen mit den Regierungen der Westmächte

abschliessen sollte, dass eine eidgenössische Parlamentsdebatte entbrannte. Was bei dieser Gelegenheit über die undurchsichtigen Goldtransaktionen bekannt wurde – beunruhigende Enthüllungen, die für einen Augenblick auch bange Fragen entzündeten –, rüttelte die Öffentlichkeit zwar wach, aber die kurzatmige Debatte blieb an der Oberfläche, als würden tausend Bäume den Blick auf den Wald verwehren.

Um die Hintergründe und die verborgenen Zusammenhänge der Goldaffäre erkennen und überblicken zu können, fehlte es damals im allgemeinen an der notwendigen Sachkenntnis und vor allem an zeitlicher Distanz. Schliesslich half man sich mit einer gewissen Sprachregelung über die ganze Problematik hinweg. Auch diese Episode wird uns noch beschäftigen.

Jahrzehnte mussten also vergehen, bis das Goldthema wieder aufgegriffen wurde. An dieser Verzögerung hat wohl, vor allem in den ersten Nachkriegs-Jahrzehnten, auch systematische Verheimlichung mitgewirkt, ebenso das begreifliche Bedürfnis, Vergangenes ruhen zu lassen oder mit dem Mantel der christlichen Nächstenliebe zuzudecken. Es gab aber auch eine kleine Ursache von grosser Wirkung, die gesehen werden muss: Das Schneckentempo der zeitgeschichtlichen Forschung, die übrigens, wie man weiss, nur ganz selten aus dem Sperrgebiet der Fachhistoriker ausbricht und die Öffentlichkeit unmittelbar anspricht.

Viel kam da zusammen: In Deutschland die unabsehbare Fülle der bei Kriegsende vorgefundenen Zeitdokumente, die zunächst von Historikern der Siegerstaaten gesichtet und massenhaft reproduziert wurden, die dann später aber Jahre und Jahrzehnte mühsamer Kleinarbeit deutscher und anderer Forscher verlangten, um auch nur einigermassen bewältigt zu werden. In fast allen anderen Ländern, die vom Krieg erschüttert oder von ihm auch nur berührt worden waren, standen die Forscher, was die originale Dokumentation betraf, vor einer alle Hoffnungen zerstörenden Leere. Die Archive und Staatspapiere blieben hier bis auf fünfzig Jahre, in einigen Fällen auf fünfunddreissig Jahre gesperrt.

Man kann es sich heute kaum noch vorstellen, wie sich die Verschwiegenheit der Archive und der merkwürdige Hang zur Verdunklung der Vergangenheit noch vor nicht allzu langer Zeit auswirkte. Während der Vorarbeiten für eine zeitgeschichtliche Fernsehreihe und ein Buch über die Schweiz im Zweiten Weltkrieg war ich wegen der Dürftigkeit der Quellen noch in den Jahren 1966 bis 1973 darauf angewiesen, die notwendige Dokumentation in zahllosen Gesprächen mit massgebenden Persönlichkeiten systematisch zusammenzukratzen. Und wenn dabei gelegentlich von dem einen oder anderen angedeutet wurde, die Schweiz habe ja in den Kriegsjahren auch eine gewisse «finanzpolitische Trumpfkarte» ausspielen können, dann verstummten die Gesprächspartner diskret bei jeder weiteren Frage. Ein gewisses Wort fiel nicht ein einziges Mal: Gold.

Der einzige, der schon seit 1962 Zugang zu den Staatspapieren hatte, war der Doyen der schweizerischen Historiker, Edgar Bonjour, Professor an der Universität Basel, Autor zahlreicher fundamentaler Studien. Die Bundesregierung hatte ihn beauftragt, einen Bericht über die schweizerische Neutralitätspolitik während des Zweiten Weltkrieges zu verfassen – in einem Mansardenzimmer des Schweizerischen Bundesarchivs in Bern. Dort wurde ihm, aber nur ihm allein, «das ganze Bundesarchiv geöffnet». Er durfte, da niemand sonst befugt war, Einblick in «Geheimakten» zu nehmen, weder einen Assistenten noch eine Sekretärin beschäftigen. Viel kostbare Zeit wurde damit vertan, dass der Professor, der nicht einmal über ein Kopiergerät verfügte, alles von Hand abschreiben und exzerpieren musste. Noch war fast jedes Stück Papier «geheim» oder «streng vertraulich», obwohl solche Anweisungen auf den alten Dokumenten ihren Sinn längst verloren hatten.[133]

In den Jahren 1970 bis 1976 erschien dann Bonjours Monumentalwerk – nahezu 2600 Buchseiten, zur einen Hälfte Bericht, zur anderen Auszüge aus ausgewählten Dokumenten: ein einzigartiges zeitgeschichtliches Gemälde, das die schweizerische Öffentlichkeit derart beschäftigte, dass die Aktualisierung der Vergangenheit fast zu einer täglichen Übung wurde.

Aber auch hier, von zwei oder drei Randbemerkungen abgesehen, wird die schweizerische Goldpolitik und die Rolle der Schweiz als europäische «Golddrehscheibe» übergangen. Die Gründe, die Bonjour selbst dafür angibt, sind überzeugend. Erstens figurierte das Goldthema noch nicht auf dem Forschungsprogramm der Zeitgeschichte. Zweitens lieferten ihm die Akten keinen zwingenden Hinweis auf das aussenpolitische Gewicht der schweizerischen Goldpolitik. Drittens hatten Bonjours Auftraggeber ihm empfohlen, «alles wegzulassen, was nicht zentral zum Thema Aussenpolitik gehöre, damit ich mit meinem Bericht rasch fertig werde».[134] Das war alles andere als eine Weisung, das Goldthema in den «Bonjour-Bericht» aufzunehmen.

Die Geschichte der Goldgeschichte, eine Ultra-Kurzgeschichte, ist also rasch erzählt.

Bis zum Ende der fünfziger Jahre war aus französischer und belgischer Sicht schon einiges darüber bekannt geworden, unter welchen Umständen der belgische Goldschatz nach Westafrika und von dort nach Berlin gebracht worden war, aber die Schweiz als «Golddrehscheibe» – eine Rolle, die sie ja erst im Anschluss daran hatte übernehmen können – blieb völlig im dunkeln.

Das Jahr 1970 brachte dann eine Kuriosität: Ein Buch, das die schweizerische Goldpolitik vorsichtig streifte, erschien in Bern – jedoch nicht, wie es eigentlich zu erwarten gewesen wäre, auf deutsch, französisch, italienisch oder romanisch, also in einer der vier schweizerischen Landessprachen. Es war ein deutschschweizerischer Verlag, der es drucken liess und herausbrachte – auf Englisch.[135]

1974, fast dreissig Jahre nach Kriegsende, endlich ein erstes Wetterleuchten am Horizont: Ein jüngerer schweizerischer Historiker, Daniel Bourgeois, damals Assistent am Genfer Universitätsinstitut für Höhere Studien der Internationalen Beziehungen, seit 1975 Wissenschaftlicher Adjunkt des Schweizerischen Bundesarchivs in Bern, berichtete als erster über eigene aufsehenerregende Funde *deutscher* Dokumente, die

Aufschluss über die deutsch-schweizerischen Goldtransaktionen gaben. Dass er auch der erste war, der die Bedeutung dieser Entdeckung erkannt hat, bezeugt der knappe, aber alles Wesentliche zusammenfassende und, wie man heute sagen kann, zutreffend interpretierende Text, den er – vorsichtig, wie man es von einem Historiker erwartet – im kleingedruckten Anhang zu seinem hervorragenden Werk über das Dritte Reich und die Schweiz unterbrachte.[136]
Bald darauf, im Jahre 1977, meldete sich der deutsche Historiker Willi A. Boelcke zu Wort. Er konnte von Glück sagen, dass er in der Lage war, eine empfindliche Lücke in den sonst überbordenden deutschen Materialien zur Zeitgeschichte füllen zu können. Referent beim Zentralen Staatsarchiv der DDR in Potsdam bis zu seiner Übersiedlung in die Bundesrepublik im Jahre 1959, wo er, wie schon erwähnt, seit 1970 den Lehrstuhl für Wirtschafts- und Sozialgeschichte an der Universität Stuttgart-Hohenheim innehat, konnte er sich auf seine Kenntnisse unveröffentlichter Dokumente berufen, die sich in Ostdeutschland fest in der Hand einer politischen Partei befinden, darunter auch die Akten der Handelspolitischen Abteilung des Auswärtigen Amtes. Auf diesen Quellen beruhte zur Hauptsache seine Studie «Zur internationalen Goldpolitik des NS-Staates», die hier des öfteren zitiert wird. In Deutschland war Boelcke meines Wissens der erste, der das Goldthema in die Forschungsarbeit einbezog.
Dann wollte es der Zufall, dieser blinde, aber erschreckend fähige Assistent der Weltgeschichte, dass der Student Peter Utz, wie hier schon auf den ersten Seiten mitgeteilt wurde, im Winter 1978/79 in einem Aktenkarton des Schweizerischen Bundesarchivs ein Dokument fand, das endlich den wahren Umfang der Goldtransaktionen, der bis dahin immer noch unbekannt geblieben war, aufdeckte. In einem Zeitungsartikel, der im April 1980 in Zürich erschien, informierte Utz die Öffentlichkeit über seinen Fund.
Schliesslich wurde das Goldthema im September 1983 im Rahmen eines internationalen Kolloquiums in Bern und Neuen-

burg zur Diskussion gestellt. Philippe Marguerat, Professor der Geschichte an der Universität Neuenburg, gewann dem Thema mit einem bislang erst in Italien veröffentlichten Referat wiederum neue Aspekte ab, die es wert sind, auch in diesem Buch noch behandelt zu werden.[137]

Die «Kurzgeschichte der Geschichte» zeigt übrigens, was sich in den allerletzten Jahren grundsätzlich geändert hat.

Wie stets nach grossen Kriegen oder säkularen Katastrophen diente auch die Geschichtsschreibung der Nachkriegsjahre in allen betroffenen Ländern zunächst einmal der Selbstbestätigung der Überlebenden. Geschrieben und gern gelesen wurde vor allem, was, im Guten wie im Bösen, als eine nationale Geschichte der Bewährung bezeichnet werden könnte. Überall, am wenigsten vielleicht im Land der Besiegten, neigte die Geschichtsschreibung zu überwiegend nationalistischer, ja narzisstischer Selbstbetrachtung. Da hätte «Raubgold aus Deutschland» schlecht hineingepasst.

Es brauchte seine Zeit, bis man von der Vergangenheitsbewältigung sagen konnte, dass sie selbst bald der Vergangenheit angehören werde. Nun scheint es so weit zu sein. Jüngere Generationen sind an die Stelle jener Kriegsgeneration getreten, der jahrzehntelang ein gewisses Anrecht auf Schonung und Rücksichtnahme, sei es auch nur auf ihre Familien und Nachkommen, zugebilligt wurde.

Diese bedeutsame Wende ist auch an der Grosszügigkeit zu ermessen, mit der die Geheimdossiers und die Archive, vor allem auch die Papiere der Schweizerischen Nationalbank, für die Auswertung in diesem Buch zur Verfügung gestellt wurden.

KONFLIKTE

KONTRASTE

Ausser dem Gold- und Devisenzentrum Schweiz gab es ein anderes, von dem bedeutende, allerdings negative Impulse und Wirkungen auf den Goldhandel in der ganzen Welt ausgingen: vom Börsenplatz New York. Die beiden Finanzzentren, die in gewissem Sinne einander entgegenarbeiteten, unterschieden sich voneinander in mehr als einer Beziehung.

Bern, im Zentrum des europäischen Kontinents gelegen, galt als der ideale Umschlagplatz für unbehindert freie Goldbewegungen innerhalb Europas, New York dagegen, ab Juni 1941, als ein internationales Gold- und Devisengefängnis. Hier, hinter Schloss und Riegel, lagen die beträchtlichen europäischen Gold- und Devisenguthaben, die in den USA Zuflucht gefunden hatten und, wenn überhaupt, nur schwierig und umständlich bewegt werden konnten. Auf sie traf der schon damals geläufige Ausdruck zu: Sie waren «eingefroren».

Die Schweiz war davon besonders hart getroffen. Die in den USA eingefrorenen schweizerischen Guthaben – diejenigen der Nationalbank, der Regierung und der Wirtschaft – wurden damals von amerikanischer Seite auf 6,3 Milliarden Schweizer Franken geschätzt.[138] Sie übertrafen um mehr als die Hälfte das damalige jährliche Netto-Sozialprodukt der Schweiz: Eine unerhörte finanzielle Belastung. Selbst die in den USA gesperrten erheblichen schwedischen Guthaben machten dagegen nur etwa ein Drittel der schweizerischen aus.

So musste damit gerechnet werden, dass dieser grundsätzlich unbefriedigende Zustand, der bis über das Kriegsende hinaus andauern sollte, die Beziehungen zwischen dem Klein-

staat Schweiz und der Weltmacht USA einigen Belastungs-
proben aussetzen werde.

Im übrigen machte sich der Umstand geltend, dass sich die
beiden Finanzzentren Bern und New York in Tempo und
Handlichkeit der Transaktionen deutlich unterschieden. Wie
rasch und reibungslos spielte sich im internationalen Tresorraum unter dem Hauptgebäude der Schweizerischen Nationalbank in Bern der internationale Goldverkehr ab, mit welcher Eleganz, mit welcher Häufigkeit! Es gab keine Handels-
sperre, so gut wie kein Embargo, keine Transferprobleme.
Gerade das war in New York völlig anders. Die Schwierigkeiten, mit denen sich die Schweiz und die anderen europäischen
Neutralen drüben herumschlagen mussten, wirkten sich, ganz
im Gegensatz zu den Erwartungen Washingtons, ungemein
anregend auf die Geschäfte mit dem «Gold aus Deutschland»
aus.

Die Zweiteilung der Weltwirtschaft in ökonomische Kriegs-
zonen der Alliierten einerseits und der Achsenmächte ander-
seits hatte ferner zur Folge, dass New York und Bern schon
durch ihre geographische Lage dazu prädestiniert waren,
Finanzzentren der verfeindeten Mächtegruppen zu sein. So-
sehr man sich in Bern auch dagegen sträuben mochte, es war
allein schon aus Gründen der vollkommenen wirtschaftlichen
Abhängigkeit der Schweiz von ihrem mächtigen nördlichen
Nachbarn undenkbar, dass man Deutschland davon hätte ab-
bringen können, von der «Golddrehscheibe Schweiz» so reich-
lich zu profitieren, wie es tatsächlich der Fall war. New York
war hingegen radikal auf die freie Welt ausgerichtet. Hier war
man stets darauf bedacht, nichts zu tun oder zu unterlassen,
was das Wirtschaftspotential der Achsenmächte irgendwie stär-
ken konnte – wenn es sein musste auch auf Kosten neutraler
Gesinnungsfreunde, zu denen die Schweiz zweifellos gerechnet wurde.

Die USA hatten diese entschlossene Haltung längst vor ihrem
Eintritt in den Krieg eingenommen. Es konnte nicht der min-
deste Zweifel aufkommen, dass zum Beispiel die Blockierung

der europäischen Guthaben im Juni 1941 eine eminent politische Entscheidung war, und zwar diejenige einer Grossmacht, die ihre Neutralität in aller Form aufgegeben hatte und sich – bis zur Kriegserklärung Deutschlands und Italiens an die USA am 11. Dezember 1941 – zu einer Politik der «Nichtkriegführung» bekannte.

Schon im März 1941, drei Monate vor der amerikanischen Gold- und Devisenblockade, war bereits das amerikanische Leih- und Pachtgesetz in Kraft getreten, das Lieferungen von Kriegsmaterial an solche Staaten erlaubte, die, wie es offiziell hiess, für die amerikanische Verteidigung lebenswichtig waren. Solche Lieferungen konnten auch ohne Bezahlung erfolgen. Der Präsident der USA, Franklin D. Roosevelt, hatte auch offen ausgesprochen, was die Vereinigten Staaten damit bezweckten: Sie wollten das «Arsenal der Demokratien» sein. Bereits 1937 hatte er übrigens, schon damals von der Notwendigkeit eines amerikanischen Engagements überzeugt, politisch eindeutig Stellung bezogen, indem er erklärte, dass es angesichts dessen, was er als eine «Epidemie der Rechtlosigkeit» bezeichnete, nicht länger möglich sei, neutral zu bleiben.

Diese feierliche Erklärung, die im Laufe des Krieges des öfteren wiederholt werden sollte, konnte als eine schlechte moralische Zensur verstanden werden, die der grosse amerikanische Verwandte der kleinen Schweiz erteilte (und damit natürlich auch den anderen Neutralen). Und so war es auch gemeint. Natürlich konnte sich die Schweiz darauf berufen, dass ihre «ewige» Neutralität auf ganz anderen historischen und geopolitischen Voraussetzungen beruhte als die amerikanische und auch diejenige der anderen «Neutralen». Aber in Kriegszeiten finden akademische Auseinandersetzungen wenig Gehör.

Wichtiger, ja von grösster Bedeutung war, dass der gesamte Zahlungsverkehr der Schweiz mit Süd- und Mittelamerika ab 1942 über das Finanzzentrum New York lief.[139] Und es war mindestens ebenso folgenschwer, dass die USA auch den schweizerischen Handelsverkehr mit den 24 sogenannten «Dollarländern» kontrollierten, zu denen nicht nur die Länder des amerikanischen Kontinents, sondern auch solche des Nahen Ostens zählten. Allein die Exporte nach diesen Gebieten, aus denen die Schweiz ihrerseits lebenswichtige Waren zu beziehen wünschte, repräsentierten für die Jahre 1941 bis 1944 einen Wert von weit mehr als einer halben Milliarde Franken.[140] Unwiderruflich war, dass sämtliche Zahlungen auch dieser Länder, auf die die Schweiz natürlich angewiesen war, in dem für alle aussereuropäischen Handelspartner obligatorischen Finanzzentrum New York in das dortige Gold- und Devisengefängnis eingeliefert und – «bis auf weiteres» – festgehalten wurden.[141]

Nein, die Probleme und Sorgen, die sich für die Schweizerische Nationalbank aus dem amerikanisch kontrollierten Handelsverkehr mit Übersee ergaben, beruhten keineswegs auf einer feindseligen Einstellung der USA. Es waren vielmehr die vom Krieg verursachten Umstände, die selbstverständlich auch auf amerikanischer Seite gewisse harte Massnahmen notwendig machten. Dafür spricht, dass die USA der Schweiz von Anfang an im Rahmen des Möglichen entgegenkamen.

Bereits sechs Tage nach dem Erlass der Guthabensperre, nämlich am 20. Juni 1941, wurden die schweizerische Bundesregierung und die Nationalbank ermächtigt, gewisse Operationen durchzuführen, die aufgrund der Sperrverfügung nicht vorgesehen waren. Die gesperrten Devisen und das eingefrorene Gold konnten zum Beispiel für den Zahlungsausgleich im schweizerisch-amerikanischen Warenverkehr verwendet werden. Ferner durfte die Nationalbank, um ein anderes Beispiel zu nennen, auch private Dollarguthaben schweizerischer Staatsbürger übernehmen.[142]

Unmöglich war und blieb es jedoch, die eingefrorenen Guthaben der Schweiz für Zahlungen an Zentralbanken solcher Länder zu verwenden, die ebenfalls unter die Sperre fielen. Auf diese Weise wurden zum Beispiel Gold- und Devisentransaktionen mit Spanien und Portugal auf dem Umweg über New York verhindert. Und schon Ende Juli 1941, also einen Monat nach der Sperre, kam die Schweiz in den Genuss einer besonderen Lizenz, die auch die schweizerischen Handelsbanken wieder in den Zahlungsverkehr einbezog.[143]

Probleme traten erst auf, als man daran ging, von diesen Lizenzen Gebrauch zu machen. Es stellte sich zum Beispiel heraus, dass es nicht so einfach war, wie man es gehofft hatte, die Dollars in New York in Schweizer Franken umzuwandeln, die für Zahlungen in der Schweiz erforderlich waren.

Die amerikanischen Banken und die Regierung in Washington besassen nämlich keine Schweizer Franken.

Jedesmal, wenn ein Dollarbetrag von den USA nach der Schweiz transferiert werden sollte, musste jemand gefunden werden, der bereit war, Schweizer Franken gegen Dollars einzutauschen. Die Suche nach diesem unbekannten Jemand war selten erfolgreich. Wer Schweizer Franken besass, wollte sie nicht hergeben.[144]

Im darauffolgenden Jahr, 1942, kam erschwerend hinzu, dass die Länder Südamerikas und des Mittleren Ostens an die Schweiz übertriebene Forderungen stellten. Zunächst wünschten sie, ihre Wareneinfuhren aus der Schweiz mit gesperrten Dollars zu bezahlen, die auf ihren eigenen Sperrkonten in New York eingefroren waren. Auch sie machten, ebenso wie die Schweiz, von amerikanischen Lizenzen Gebrauch, die ihnen eine solche Verwendung ihrer Sperrkonten ermöglichte. Für die Schweiz aber blieben die Dollars in New York gesperrt. Und gerade von ihr wurde nun aber verlangt, dass sie ihre eigenen Einkäufe nicht etwa mit gesperrten Dollars bezahle, sondern mit guten, überall und stets konvertierbaren «freien» Schweizer Franken... [145]

Wie immer man sich einigte, die Schweiz fand sich auf der Seite der Verlierer. Auf ihren blockierten Konten sammelten sich immer grössere Mengen höchst unerwünschter Sperrdollars an.

DENNOCH

Die verworrene Situation sollte noch bedenklicher werden, als es sich herausstellte, dass sich der schweizerische Warenhandel mit Südamerika und dem Nahen Osten trotz allem überraschend günstig entwickelte. Denn gerade das erwies sich nun als ein seltsames Handikap.

Es ergab sich nämlich, dass die schweizerischen Importe in dem Mass zurückgingen, in dem Frachtraum rar und rarer und die Versicherungsprämien für Warentransporte über die vom Krieg verunsicherten Weltmeere hinweg immer teurer wurden, indes die Exporte – vor allem von allgemein benötigten und schwer erhältlichen Schweizer Präzisionsuhren – gleichzeitig beachtlich zunahmen.

Die schweizerische Exportindustrie hätte damit zufrieden sein müssen. Sie war in der Lage, ihre Arbeitskräfte voll zu beschäftigen. An Aufträgen fehlte es ihr nicht. Was aber nutzten Geschäfte, wenn der Gewinn, ja nicht einmal die Herstellungskosten kassiert werden konnten, weil sie jenseits des Atlantiks «bis auf weiteres» eingefroren wurden? Was war mit blockierten, ja selbst mit freien Dollars in New York anzufangen? Wenig oder nichts. Damit konnten nicht einmal die Arbeitslöhne in der Schweiz bezahlt werden.

Es lag daher im eigenen Interesse der schweizerischen Exporteure, die Dollars, ob gesperrt oder nicht, so rasch wie irgend möglich loszuwerden.[146]

Dollarangebote der schweizerischen Exporteure oder ihrer Agenten in den USA überfluteten bald den sogenannten Parallelmarkt in New York, zum nicht gelinden Unbehagen der amerikanischen Regierung und der Federal Reserve Bank, die zusehen mussten, wie die amerikanische Währung allmählich zerbröckelte und zerfiel.

Die Kursverluste waren in der Tat alarmierend. Der Dollar, der in der Schweiz noch Fr. 4.20 kostete, war schliesslich in New York und auf den ausländischen Devisenmärkten für Fr. 2.40 zu haben.[147]

Die Kehrseite dieser radikalen Dollarentwertung war eine ebenso krasse Überbewertung des Schweizer Frankens, die wiederum zur Folge hatte, dass die schweizerischen Exportprodukte für die Käufer drüben entsprechend teurer wurden. Die Preise der Schweizer Waren stiegen im Gleichschritt mit dem Absinken des Dollarpreises auf den Devisenmärkten. Nun schien der aussereuropäische Aussenhandel der Schweiz, der in den Jahren 1941–1944 immerhin ein Fünftel bis ein Viertel ihrer gesamten Ein- und Ausfuhren ausmachte, auf einmal von dieser Seite her unerwarteten Risiken ausgesetzt zu sein.

Nicht nur in Bern, auch in Washington beobachtete man die sich unaufhörlich zuspitzende Entwicklung, unter der ja die amerikanische Währung am stärksten zu leiden hatte, mit ernster Besorgnis. Es dauerte nicht lange, bis die schweizerische Regierung und die Nationalbank ersucht wurden, zur Stützung des Dollarkurses zu intervenieren. Das geschah.

Allerdings war die Direktion der Schweizerischen Nationalbank indessen nicht untätig geblieben. Offenbar hatte sie die Entwicklung, die die Dinge nahmen, rechtzeitig vorausgesehen. Jedenfalls war sie sehr früh schon dazu übergegangen, ihre blockierten Dollars in New York in blockiertes Gold umzuwandeln – ein Vorgang, der sich sozusagen im Innern des New Yorker Blockadegefängnisses abspielte und keinen einzigen Dollar oder Goldbarren auftaute und somit auch den amerikanischen Behörden keinen Vorwand lieferte, einzuschreiten. Übrigens hatte die Nationalbank diese Politik mit einer solchen Zielstrebigkeit und Beharrlichkeit verfolgt, dass nicht nur die Dollars, die sie zurückbehalten hatte, sondern die gesamten ausländischen Devisen, die sie noch besass, in den letzten drei Kriegsjahren nicht einmal zwei Prozent ihrer Goldbestände ausmachten.[148] Auf diese Weise war es ihr wenigstens gelungen, das gefürchtete Währungsrisiko auszuschalten.

Man halte sich die Unterschiede vor Augen: Die Kontraste zwischen den Finanzzentren New York und Bern und die Gegensätze, die auch den Gold- und Devisentransaktionen, die hier und dort abgewickelt wurden, ihren Stempel aufdrückten. Sie konnten schärfer nicht sein.

Wie beeinflussten sie die Haltung des Triumvirats, das die Politik der Schweizerischen Nationalbank zu bestimmen hatte? Die Archive schweigen sich in dieser Frage aus.

Der psychologische Effekt liegt jedenfalls klar auf der Hand, wenn man den Kontrast auf eine kurze Formel bringen will: Peinliche, freudlose Erfahrungen, lästige Komplikationen, unangenehme Verwicklungen und ärgerliche Behinderungen in New York. Dagegen waren die Geschäfte mit dem «Gold aus Deutschland» denkbar einfach. Ob man es wahrhaben wollte oder nicht: Sie waren verlockend, in mancher Beziehung höchst willkommen.

GOLD, GOLD UND WIEDER GOLD

Es gab noch andere triftige Gründe dafür, dass die schweizerischen Transaktionen mit «deutschem» Gold in rosigem Licht erschienen.

Auch die Alliierten benötigten Schweizer Franken, und zwar mehr und mehr, je knapper sie wurden – für die verschiedensten Zwecke. Anfänglich begnügten sie sich mit relativ bescheidenen Summen, die sie sich, ohne die Nationalbank zu bemühen, teils über private Handelsbanken in der Schweiz, teils auf den Devisenmärkten in anderen neutralen Ländern zu beschaffen wussten.

Im Jahre 1942 kaufte dann das amerikanische Schatzamt von der Schweizerischen Nationalbank knapp 40 Millionen Franken, die nicht in den Handel gebracht werden durften. Die Franken wurden mit Gold bezahlt. Sie waren für bestimmte Zahlungen bestimmt, die zum Teil, im Auftrage Washingtons, von der Nationalbank selbst vorgenommen wurden.

Für das folgende Jahr, 1943, weisen die für den internen Gebrauch bestimmten Statistiken einen geringeren Betrag für die gleichen Zwecke aus. Dann aber verändert sich das Bild.

Jetzt geht es darum, dass die Schweizerische Nationalbank dem amerikanischen Schatzamt und der Bank von England nicht nur ab und zu, sondern fortan regelmässig Schweizer Franken verkaufen wird, und zwar teils gegen Dollars, teils gegen blokkiertes und teils gegen freies, für diesen Zweck aufgetautes Gold.

Man einigt sich auf ein Maximum an Schweizer Franken, das die beiden Westmächte von der Nationalbank jeweils erwarten dürfen, und vereinbart Termine sowie das Verfahren, das im Grunde noch einfacher als dasjenige ist, das bei den Goldtransaktionen mit Berlin zur Anwendung kommt: Die Federal Reserve Bank telegrafiert der Nationalbank, wieviel sie ihr in den USA gutschreibt, und ersucht sie gleichzeitig, ihr den Gegenwert in Schweizer Franken zur Verfügung zu stellen. Die Nationalbank überweist sodann unverzüglich die mit den Amerikanern vereinbarten Teilbeträge an die Adressen, die ihr zuvor mitgeteilt worden sind.[149]

Auf diese Weise «überlässt», so heisst es im Sprachgebrauch der schweizerischen Ämter, die Nationalbank den beiden Zentralbanken im ersten Halbjahr 1944 etwa das Sechsfache der bis dahin üblichen Beträge. In der zweiten Jahreshälfte 1944 kommen dann noch «ausserordentliche» Frankenverkäufe hinzu, und in ziemlich kurzer Zeit geht es bei diesen recht einseitigen Geschäften um Hunderte von Millionen. Die Nationalbank kann es nicht verhindern, dass der Notenumlauf auf diese Weise allein in diesem einen Jahr um eine halbe Milliarde zunimmt. Die schweizerischen Pressen, die Banknoten drucken, stehen nur selten still. Es droht eine galoppierende Inflation.[150]

Wie aus den Akten des Departements für Auswärtige Angelegenheiten in Bern hervorgeht, verwenden die Vereinigten Staaten mehr als die Hälfte der Schweizer Franken für Zahlungen an amerikanische Staatsangehörige in Europa, die das Geld, wie es heisst, für ihren Lebensunterhalt benötigen. Gut ein Drittel geht an die Gesandtschaft der USA in Bern, die mit diesen Geldern zum Beispiel auch die diplomatische Vertretung amerikanischer Interessen in Deutschland, Italien, Japan und neun anderen Ländern finanziert – eine Aufgabe, die übrigens von der Schweiz übernommen worden ist.[151] Der Rest kommt schliesslich dem Internationalen Roten Kreuz und anderen Hilfsorganisationen zugute, die in der Schweiz beheimatet sind.[152]

Die inflationäre Entwicklung wird nun aber, von diesen Frankenverkäufen abgesehen, durch weitere beträchtliche Mengen an schweizerischer Valuta gefördert, mit denen die Nationalbank nolens volens jenen Exporteuren zu Hilfe kommen muss, die auf ihren in den USA blockierten Dollars sitzen geblieben sind, weil es ihnen nicht gelungen ist, sie auf einem der Parallelmärkte an den Mann zu bringen. Allein auf dieses Konto gehen nicht weniger als für 222 Millionen Franken frisch gedruckte Banknoten in zwei Jahren, mit denen im Interesse der Binnenwirtschaft die in naher oder ferner Zukunft einmal freiwerdenden, in New York, London oder Ottawa blockierten Guthaben der Schweizer Exporteure bevorschusst werden müssen.[153]

Mehr und mehr klaffen nun die Interessen auseinander: In London und Washington drängt man auf weitere Frankenzessionen, in Bern ist man jedoch auf das Gegenteil bedacht: Man tut alles Erdenkliche, um die Geldentwertung aufzuhalten. So werden zum Beispiel die inflationär wirkenden Exporte nach Übersee mit Hilfe von strengen Vorschriften drastisch herabgesetzt. Oder es werden, um Gelder aus dem Verkehr zu ziehen, für mehr als eine halbe Milliarde Goldmünzen, die übrigens zu einem Teil von der Deutschen Reichsbank geliefert worden sind, auf den Markt geworfen und an das Publikum, das auf diese Weise zum Sparen angeregt werden soll, zu einem recht günstigen Preis abgegeben.[154]

Damit wird aber in der Schweiz selbst ein ernsthafter Interessenskonflikt ausgelöst, der daran erkennbar ist, dass die politischen Behörden auf der einen Seite und die Nationalbank auf der anderen keineswegs mehr der gleichen Meinung sind. Die Regierung lässt sich von neutralitätspolitischen Erwägun-

gen lenken. Ihr liegt daran, dass den Alliierten nicht verweigert werde, was dem Dritten Reich gewährt worden ist. Indessen erblickt die Nationalbank in jeder weiteren Übernahme alliierten Goldes sowie in jedem zusätzlichen Verkauf von Schweizer Franken an die Westmächte eine ernsthafte Gefährdung der eigenen Währung. Sie weiss, dass es ein Ding der Unmöglichkeit ist, die Inflation zu bekämpfen, indem man sie fördert. Im übrigen ist sie sich darüber im klaren, dass sie ihre eigentliche Aufgabe, «eine dem Gesamtinteresse des Landes dienende Währungspolitik zu führen», verleugnen müsste, wenn sie die Wünsche der Regierung erfüllen wollte.
Die Spannungen, die sich daraus ergeben, drohen eine Zeitlang die Aussenpolitik des Landes zu lähmen. Sie haben zur Folge, dass man im Departement für Auswärtige Angelegenheiten eines Tages beinahe bereit ist, der Nationalbank nachzugeben, falls sie, wie es heisst, auf ihrer kategorischen Weigerung beharren sollte. Einer muss einlenken. Schliesslich ist es das Direktorium der Nationalbank, das sich im März 1944 der politischen Führung beugt.[155]
Gold, Gold und wieder Gold: Die Bestände der Nationalbank wachsen indessen unaufhörlich. Mit der Zeit nehmen sie erschreckende Dimensionen an. In fünf Kriegsjahren erhöhen sie sich mehr und rascher als im Zeitraum von fünfzehn Jahren vor- und nachher.[156]
Nach dem Krieg verlangen das Parlament und die schweizerische Öffentlichkeit eine offizielle Antwort auf die Frage, wie diese Goldschwemme zustande kam. Man erinnert sich der alliierten Warnungen und der Verdächtigungen, die in den letzten Kriegsjahren durch die westliche Presse gingen. Es wird vermutet: Die Goldfluten kamen aus Deutschland.
Mit Erleichterung, mit moralischer Genugtuung darf man nun, im Februar 1947, zur Kenntnis nehmen, dass die Schweiz einen grossen Teil des Goldes dort entgegennahm, wo es sich, solange die Gold- und Devisenblockade nicht aufgehoben ist, immer noch befindet: in New York, London und Ottawa.
Was das Gold aus Deutschland betrifft, es wird bei dieser Ge-

legenheit nicht einmal erwähnt. Übrigens liegt es bis auf einen kleinen Rest nicht mehr in den Händen der Nationalbank. Es ist, wir wissen es, längst in die Tresorschränke der ausländischen Golddepots gewandert oder hat die Schweiz bereits verlassen. Es ist wahr: Auf keinen Fall kann die Goldschwemme auf die Transaktionen mit Berlin zurückgeführt werden, die man folglich auch mit reinem Gewissen einfach übergehen kann. Auch das Gold aus Deutschland, das die Nationalbank auf eigene Rechnung erwarb, ist zum allergrössten Teil nicht mehr vorhanden. Einiges floss in den Aussenhandel, anderes in die Inflationsbekämpfung, wieder anderes in die Dreieckgeschäfte mit Berlin und Lissabon ein.

Von diesem Gold aus Deutschland war schon acht Monate zuvor, im Juni 1946, in einer Regierungsbotschaft an das Parlament die Rede gewesen, jedoch im Zusammenhang mit der überraschenden, um nicht zu sagen sensationellen Eröffnung, die Schweiz habe während des Krieges mehr Gold von den Alliierten als von der Deutschen Reichsbank entgegengenommen, genau: für 3,7 Milliarden von London, Ottawa und New York, für nur 1,2 Milliarden von Berlin. Kaum zu glauben, aber hier steht es schwarz auf weiss, dass das Gold aus Deutschland weniger als ein Drittel des alliierten Goldes ausmachte.[157]

3,7 Milliarden, eine imposante Zahl! In Bern, Zürich und Genf atmet man auf. Jahrzehnte vergehen, und noch immer greifen Historiker und Publizisten auf diese Zahl zurück, die einen einzigen kleinen Schönheitsfehler aufweist: unklar ist, wie sie sich zusammensetzt.[158]

Die Botschaft der Regierung schweigt sich darüber aus. Sie begnügt sich damit, ihre Quelle anzugeben: Die Schweizerische Nationalbank.

Aber gerade die jahrzehntelang wohlbehüteten vertraulichen Papiere der Nationalbank, und ebenso die der eidgenössischen Departemente, vermitteln heute ein anderes Bild. Zudem stimmen sie, was die Zahlen betrifft, von geringfügigen Abweichungen abgesehen, überein.

Man konsultiere in allererster Linie den hier schon erwähnten unveröffentlichten «Bericht der Direktion der Schweizerischen Nationalbank» vom 16. Mai 1946, der die Tätigkeit der Bank während der Kriegsjahre endgültig zusammenfasst. Auf Seite 14 enthält er eine Tabelle, die über sämtliche Käufe und Verkäufe von Gold, nach Ländern geordnet, Auskunft gibt. Die Tabelle führt die Überschrift: «Goldverkehr mit den ausländischen Zentralbanken 1. 9. 1939 bis 30. 6. 1945». Sie ist im Anhang zu diesem Buch abgedruckt.[159]

Danach erwarb die Schweiz von den Alliierten (alles in allem, ohne jeden Abzug) Gold im Gesamtwert von 2,98 Milliarden Schweizer Franken und nicht von 3,7 Milliarden. Von den 2,98 Milliarden abzuziehen sind die kommerziellen Goldabgaben der Nationalbank an die gleichen Zentralbanken, von denen sie Gold in Empfang nahm – die Zessionen also, die in der gleichen Zeit dazu dienten, schweizerische Aussenhandelskonten auszugleichen. Das Resultat? Nach dieser definitiven Statistik erwarb die Schweizerische Nationalbank alliiertes Gold im Wert von 1,82 Milliarden.[160]

In diesen Beträgen sind, was nicht übersehen werden darf, die blockierten schweizerischen Exporterlöse enthalten, ferner das Gold und die in Gold konvertierten Dollars, mit denen die Alliierten die ihnen überlassenen Schweizer Franken bezahlten, und somit auch der Gegenwert der Frankenzessionen zu Gunsten zahlreicher alliierter Regierungen und internationaler Hilfsorganisationen.[161] So weit der Rechenschaftsbericht der Nationalbank. Was sagen dazu die Akten der verschiedenen Regierungsstellen und die Schriftstücke der Nationalbank, die im Schweizerischen Bundesarchiv aufbewahrt werden? Sie bestätigen das Ergebnis.

Fügt man die detaillierten statistischen Angaben zusammen, die von ihnen vermittelt werden, dann repräsentiert das Gold, das die Nationalbank von den alliierten Zentralbanken auf eigene Rechnung übernahm, einen Wert von 1,86 Milliarden Schweizer Franken.[162] Von der imposanten Zahl von 3,7 Milliarden ist man weit entfernt.

Ich werde nicht versäumen, darauf zurückzukommen.

Was im Dunkeln bleibt

Es ist gut, darüber im klaren zu sein, dass nur ein Bruchteil dessen, was damals geschehen ist, ans Licht gebracht wird. Vieles wird im dunkeln bleiben. Vielleicht wird es niemals vollends geklärt werden können.

Was ist zum Beispiel mit den Schweizer Franken geschehen, die die Nationalbank den Alliierten abgetreten hat, und mit jenen Franken, die zur Bezahlung des «deutschen Goldes» verwendet worden sind?

Bei den Akten des Departements für Auswärtige Angelegenheiten in Bern liegt eine «Übersicht hängiger Finanzfragen» vom Juli 1944. Ein Absatz bezieht sich auf die Verwendung von Schweizer Franken durch das amerikanische Schatzamt. Darin wird darauf aufmerksam gemacht, was bestimmte Feststellungen vermuten lassen: dass ein Teil der Zahlungen, die die Nationalbank an die ihr von Washington angegebenen Adressen in der Schweiz gemacht hat, für die Finanzierung der europäischen Résistance verwendet worden seien. Nach den Namen der Empfänger, die in diesem Zusammenhang genannt werden, handelte es sich bei einem dieser «Einzelfälle» um Beträge in der Höhe von ungefähr einer halben Million Franken. Es wird ausdrücklich hinzugefügt, dass zu diesem Zweck keine Zahlungen «verfügbar gewesen» und vorgenommen worden wären, wenn für die Schweiz ein Mitspracherecht bestanden hätte.[163]

Schweizer Franken für die alliierte Spionage? Für die nationalen Organisationen des bewaffneten Widerstandes? Für gewisse geheime Aktionen im Rücken der feindlichen Front? Für den Ankauf von Militärbaracken für die amerikanische Armee in Frankreich nach der geglückten Truppenlandung in der Normandie?[164]

Diese Fragen, die sich nicht ohne weiteres beantworten lassen, weil sie die längste Zeit im dunkeln liegen, müssen noch einmal aufgegriffen werden. Sie werden für eine abschliessende Beurteilung der deutschen Goldoperationen mit der Schweiz von Bedeutung sein.

-100-

Jedenfalls bestand und besteht nicht der geringste Zweifel, dass für all diese Zwecke Schweizer Franken benötigt und verwendet wurden, auf alliierter wie auf deutscher Seite. Im übrigen bedenke man auch, dass Schweizer Franken nicht nur im schweizerischen Zahlungsverkehr, sondern auch zwischen Drittländern benutzt wurden, so zum Beispiel zwischen Deutschland und Rumänien, Schweden und Portugal, Türkei und Schweden, Türkei und Ungarn, Brasilien und Portugal.

Die schon erwähnte Überbewertung des Schweizer Frankens kam der Neigung, ihn als zuverlässiges Tausch- und Zahlungsmittel zu verwenden, sehr entgegen.

Ebenso bleibt aber auch die längste Zeit im dunkeln, was vor allem die schweizerisch-deutschen Transaktionen angeht.

Wir wissen: In der Schweiz sind selbst die politischen Regierungsbehörden bis 1942, was die Goldeinfuhren aus Deutschland betrifft, so gut wie ahnungslos. Erst im dritten Kriegsjahr ersuchen sie die Oberzolldirektion, sie regelmässig zu orientieren.[165] Aber es vergeht noch einige Zeit, bis sie entdecken, was die «Sondermeldungen», die ihr nun endlich regelmässig zukommen, *nicht* enthalten.

Zum Beispiel Goldtransporte im Transit, im Durchfuhrverkehr. Bis Ende 1948, also Jahre nach Kriegsende, ist es möglich, ungesehen und von keiner Statistik erfasst, beliebige Goldsendungen über einen der in der Schweiz gelegenen Freihäfen oder mit sogenannten Zollbegleitscheinen durch die Schweiz zu schleusen. Wieviel «deutsches» Gold ging auf diese Weise durch das Land? Wohin? Wer kann es wissen? Die Verdunkelung ist total.

Paul Rossy, Vizepräsident der Nationalbank, erwähnt diesen Umstand erst nach dem Krieg auf einer Konferenz, an der auch Nationalbankpräsident Weber sowie hohe Beamte des Auswärtigen, des Volkswirtschafts- und des Finanz-Departements teilnehmen.[166]

Bei dieser Gelegenheit fällt auch ein Wort über «private Transaktionen mit diesem Metall», womit gewisse Goldgeschäfte der Handelsbanken gemeint sind. Eine weitere Dunkelziffer.

Denn auch das, was in Erfahrung zu bringen ist, gibt schliesslich
nur neue Rätsel auf. Im ersten Halbjahr 1940 sind von den
Goldeinfuhren (nicht nur deutscher Herkunft) mehr als 40
Prozent für sieben schweizerische Grossbanken bestimmt, und
der Anteil der Privatbanken beträgt sogar mehr als 60 Prozent
in den ersten neun Monaten des Jahres 1941. Es sind übrigens
auch die Goldgeschäfte dieser Privatbanken, die als erste die
kritische Aufmerksamkeit der Alliierten auf sich ziehen. Erst
1942 gelangen beinahe neun Zehntel der Goldeinfuhren an die
Nationalbank.[167] Aber all das sagt nichts darüber aus, was die
Privatbanken mit dem Gold, das sie ab Anfang 1943 – nunmehr über die Nationalbank – aus Berlin beziehen, anfangen.
Wieviel von diesem Gold endet auf dem inneren Goldmarkt?
Wieviel geht hinaus? Wiederum: wohin? Lückenlose Diskre-
tion und Bankgeheimnis lassen auch hier einiges im dunkeln.
So bleibt zum Beispiel auch eine Umfrage der Nationalbank
bei den grösseren Handelsbanken, ob bei ihnen ausländische
Golddepots bestehen, im Sommer 1941 im Ergebnis eher dürf-
tig. In dieser Angelegenheit scheinen allerdings die Akten der
Nationalbank unvollständig zu sein. Die Schweizerische Bankgesellschaft meldet ein kleines rumänisches Depot von «einigen hundert Millionen». Aber Jahre darauf, im Januar 1944,
erwähnt eine Aktennotiz ein Golddepot der Polnischen Zentralbank beim Schweizerischen Bankverein. Es handelt sich um
die Zentralbank Polens, die sich Ende 1939 provisorisch bei
der Exilregierung in London niedergelassen hat. In diesem
Depot liegt Gold im Wert von ungefähr 950'000 Schweizer
Franken.[168]
Stimmt es, was von amerikanischer Seite einmal behauptet
worden ist: dass das Fehlen einer Bankenkontrolle und das
damals schon sprichwörtlich berühmte Bankgeheimnis
schliesslich dazu geführt hätten, dass weder die Nationalbank noch die schweizerische Bundesregierung wissen konnten, was im eigenen Lande vorging?[169]
Das Protokoll der Konferenz, die soeben erwähnt wurde,
macht deutlich, dass sich die führenden Männer der National-

bank und der zuständigen Regierungsstellen mit dieser Frage beschäftigten. Sie berieten, was offen ausgesprochen und was geheimgehalten werden sollte. In diesem Fall handelte es sich um eine auf diplomatischem Wege zugestellte Denkschrift der Vereinigten Staaten von Amerika vom 27. Juli 1945, mit der die schweizerische Regierung um eine detaillierte Aufstellung ersucht worden war, die Aufschluss geben sollte über die Herkunft der schweizerischen Goldreserven, über die die Nationalbank am Ende des Krieges verfügte. Wie wollte man diese Aufforderung behandeln?

Erste Frage: Waren die USA überhaupt berechtigt, ein solches Ansuchen an die Schweiz zu stellen? Kam denn einer Denkschrift, auch wenn sie auf diplomatischem Wege übermittelt wurde, überhaupt das Gewicht einer diplomatischen Note von Regierung zu Regierung zu, die zu einer entsprechenden Beantwortung verpflichtet? Verneint man diese Fragen, so erklärt Minister Stucki vom Departement des Äusseren, dann müsse man sich mit einer Antwort so kurz wie möglich halten, um nur ja nicht den Eindruck zu erwecken, dass die Schweiz etwas zu verbergen habe.

Zweite Frage: Was soll man den Amerikanern erwidern? Minister Stucki meint: «Die Schweiz ist ein souveräner Staat. Die Regierung hat nur dem Parlament Rede und Antwort zu stehen. Die Veröffentlichungen der Schweizerischen Nationalbank geben Auskunft über die Goldbewegungen, und wir sehen keinen Grund, das amerikanische Schatzamt noch eingehender darüber zu orientieren. Um es aber ein für allemal klar zu machen, dass wir nichts zu verbergen haben, sind wir zu gewissen vertraulichen Auskünften bereit.»

Die Auskünfte sollten in einer summarischen Darstellung enthalten sein, die zu diesem Zweck vom Departement für Äusseres, nach Rücksprache mit der Nationalbank, an Hand eines bereits vorliegenden Entwurfs angefertigt werden sollte.

Weiter sollte man, nach Minister Stuckis Ansicht, Washington auf keinen Fall entgegenkommen.

Dritte Frage: Und die Nummern der Goldbarren, um deren

Bekanntgabe die Amerikaner ausdrücklich gebeten haben?
Ausdrücklich? Nationalbank-Vizepräsident Paul Rossy ist da
anderer Meinung. Im Text der amerikanischen Denkschrift
wird Bern um die Mitteilung der «Bar Numbers» ersucht. Man
kann diesen Ausdruck verschieden übersetzen, er kann «Barrennummern» oder aber «Anzahl der Barren» bedeuten. Rossy
rät davon ab, die Barrennummern herauszugeben. Wenn die
Amerikaner auf die Suche nach dem «Raubgold» gehen wollten, dann wäre es an ihnen, der Schweiz die Nummern der
gestohlenen Goldbarren bekanntzugeben. Im übrigen verhielten sich die Amerikaner wie eine Person, die ihren Regenschirm
verloren hat und verlangt, dass sämtliche Regenschirme des
Landes eingesammelt werden müssten, um festzustellen, wo
sich das verlorene Stück befindet.[170]
Das Ergebnis dieser Beratung lässt sich dahin zusammenfassen, dass keine Einzelheiten preisgeben werden sollen. Und
daran hält man sich mit Erfolg: Jahrzehntelang sollte es den
Alliierten nicht gelingen, den wahren Umfang der Goldtransaktionen mit der Deutschen Reichsbank herauszufinden.

STIMMUNGEN

Allerdings wurde diese Politik auf eine harte Probe gestellt,
als etwa ein halbes Jahr darauf, im März 1946, in Washington
eine internationale Konferenz eröffnet wurde, von der sich die
Alliierten eine endgültige Klärung der Goldaffäre versprachen.
Wieder ging es jetzt um das belgische Gold.
Schon die äusseren Umstände versetzten die Schweiz in eine
recht unangenehme Lage: Am Verhandlungstisch sassen sich
zwei ungleiche Parteien gegenüber, auf der einen Seite die Vertreter der Schweiz, auf der anderen diejenigen der USA, Grossbritanniens und Frankreichs, die ihrerseits fünfzehn andere
alliierte Nationen vertraten – hier also die Repräsentanten eines Kleinstaates, dort die Phalanx der Siegermächte, die sozusagen die ganze Welt hinter sich wussten. Die Verhandlungen,

die, wie gesagt, Mitte März begannen, dauerten wider Erwarten fast zehn Wochen und wurden einmal, in nervöser Überspannung und beidseitigem Zorn und Ärger, für einige Tage unterbrochen.

Als ein besonders ungünstiger Umstand wurde es von den Schweizern empfunden, dass Frankreich nicht nur als Sachwalter der Alliierten auftrat, sondern auch als ein direkt betroffenes Opfer der schweizerischen Goldpolitik.

Von allem Anfang an war ja die Banque de France fest entschlossen gewesen, die Verpflichtungen, die sie der Belgischen Nationalbank gegenüber eingegangen war, gewissenhaft zu erfüllen. Sie hatte allen deutschen Versuchen, dem Transport des Goldes von Westafrika nach Brüssel oder Paris, geschweige denn nach Berlin zuzustimmen, getrotzt. Es lag nicht an ihr, sondern an der anbiedernden Politik der Regierung in Vichy, dass das belgische Gold überhaupt nach Europa, dann in die Tresore der Deutschen Reichsbank und schliesslich zum grössten Teil in die Stahlschränke der Schweizerischen Nationalbank verschleppt werden konnte.

Der Banque de France war, als das Kriegsende in Sicht kam, sehr daran gelegen, ihren guten Vorsätzen treuzubleiben. Und damit beeilte sie sich. Schon am 1. Oktober 1944 – kaum waren die Verkehrsverbindungen zwischen den beiden Hauptstädten wieder hergestellt – entsandte sie eine Delegation nach Brüssel. Sie bot der Belgischen Nationalbank für das von Herrn Hemmen und den deutschen Behörden entführte belgische Gold eine gleiche Goldmenge aus ihren eigenen Beständen an. Die Belgier hatten das französische Angebot nur allzu gern akzeptiert. Sie erhielten Gold – für ihr Gold. Und damit waren ihre Rechtsansprüche, noch bevor sie überhaupt geltend gemacht wurden, bis auf das letzte Gramm Gold erfüllt.[171]

So war es dazu gekommen, dass gerade Frankreich bei den Verhandlungen in Washington sich in die Rolle des geprellten Gläubigers versetzt sah. Eine unglückliche Konfrontation: Die Schweiz wurde für die Verluste der Banque de France haftbar gemacht. Frankreich verlangte von ihr die Herausgabe des belgischen Goldes. Man bestand darauf, dass die Schweizerische Nationalbank hätte wissen müssen, wem das Gold gehörte.

Ein für die Schweizer in jeder Beziehung unglücklicher Start. Noch ehe sie am Verhandlungstisch Platz nahmen, war der amerikanischen Presse eine Nachricht übergeben worden, die dafür gesorgt hatte, dass ihnen kein guter Ruf vorausging.

Die Meldung stammte, wie es hiess, vom Nachrichtendienst des amerikanischen State Department. Danach hatte am 10. August 1944, also neun Monate vor Kriegsende, ein Geheimtreffen in Strassburg stattgefunden, an dem angeblich führende deutsche Industrielle, prominente Angehörige der NSDAP und Vertreter schweizerischer Grossbanken teilgenommen hatten. Zweck des Treffens sei es gewesen, über Mittel und Wege zu beraten, die den «Aufbau finanzieller Rücklagen im neutralen Ausland» ermöglichen würden. Wichtige Aufgaben sollten dabei zwei Schweizer Banken übernommen haben: die Basler Handelsbank und die Schweizerische Kreditanstalt in Zürich.[172]

Ein schweizerisches Dementi teilte das Schicksal aller noch so wohlbegründeten Berichtigungen: es verhallte wirkungslos. Überdies war der amerikanischen Presse noch eine wahre Sensation zugespielt worden, die ausgerechnet den in Bern so geschätzten Vizepräsidenten der Deutschen Reichsbank, Emil Puhl, ins Rampenlicht rückte.

Nach einer auffällig kolportierten Nachricht waren den Amerikanern in Berlin vier Briefe in die Hände gefallen, in denen Puhl seinen Chef, den Präsidenten der Deutschen Reichsbank, Walther Funk, ausführlich über Unterredungen informierte, die er kurz vor Kriegsende, Ende März und Anfang April 1945, mit den Direktoren verschiedener Schweizer Grossbanken in Zürich, Basel und Bern sowie mit Persönlichkeiten aus Regierungskreisen geführt hatte. Darin hatte er seiner Freude darüber Ausdruck gegeben, dass es ihm, wie er schrieb, gelungen war, sich mit seinen schweizerischen Gesprächspartnern über die «Fortsetzung gewisser Zahlungen» zu verständigen.

Die freundschaftlichen Beziehungen, die Deutschland mit der Schweiz verbinden, würden aufrechterhalten.

Auch an höchster Stelle der Schweizerischen Nationalbank habe man grosses Verständnis für die Sorgen und die Auffassungen des Deutschen Reiches bezeugt. Führende Persönlichkeiten anderer Banken und der schweizerischen Bundesregierung hätten ihm ebenfalls ihre Unterstützung zugesichert, und zwar ohne Rücksicht auf den starken Druck, den die Westmächte auf die Schweiz ausübten.

Puhl legte besonderen Wert darauf, die Herzlichkeit seiner persönlichen Beziehungen zu betonen, die, so meinte er, auch in Zukunft massgebend sein dürfte.

In diesem Zusammenhang nannte er einige Herren bei ihrem vollen Namen: den damaligen Präsidenten der Generaldirektion der Schweizerischen Kreditanstalt, der seit 1939 auch dem Bankrat der Nationalbank angehörte, ferner den Verwaltungsratspräsidenten der Schweizerischen Bankgesellschaft und den Präsidenten des Verwaltungsrates des Schweizerischen Bankvereins. Massgebliche Persönlichkeiten in den höchsten Rängen der drei grössten Banken der Schweiz. Puhls Referenzen konnten besser nicht sein.[173]

Ein einflussreicher amerikanischer Politiker, Senator Harvey Kilgore, hatte diese aufsehenerregenden Briefe der Kommission des Senats für militärische Angelegenheiten vorgelegt, bevor die Presse sie aufgriff und mit peinlichen Fragen versah.

War nicht der Augenblick gekommen, daran zu erinnern, dass sich die Schweiz im März 1945 den Alliierten gegenüber verpflichtet hatte, keinerlei Finanztransaktionen mit Deutschland mehr zuzulassen?[174]

Oder: Waren nicht die Briefe Puhls ein schlagender Beweis dafür, dass man es in Bern für richtig hielt, sich bis in die letzten Kriegstage hinein über eine vertragliche Verpflichtung hinwegzusetzen?

Die Betroffenen protestierten vehement. Es sei unstatthaft, erklärten sie, der Schweiz aus vier Privatbriefen einen Strick drehen zu wollen. Es sei nur natürlich, dass Puhl in der Schweiz mit der traditionellen Höflichkeit behandelt worden sei, auf die ein hoher Beamter eines Nachbarlandes nun einmal Anspruch habe. Puhls Mission in der Schweiz sei in Wahrheit ein Fehlschlag gewesen. Und darauf komme es an.

Wie ungehalten man in Bern auf Puhls Briefe und, vor allem, auf die Art und Weise reagierte, mit der sie in Washington behandelt und der amerikanischen Öffentlichkeit vorgesetzt worden waren, zeigte eine Erklärung, die der Sprecher des Departements für Auswärtige Angelegenheiten in Bern dazu abgab.

Die Schweiz pflege ihre internationalen Verpflichtungen stets gewissenhaft zu erfüllen. Von solchen Anschlägen auf ihre Redlichkeit und Ehrenhaftigkeit habe man nun endlich genug.[175]

Von den Herren, die Puhl vor der amerikanischen Öffentlichkeit blossgestellt hatte, wurden die Briefe als ein schwerer Schlag empfunden. Gegen die auf diese Weise erzeugten Stimmungen war die schweizerische Delegation in Washington absolut wehrlos. War es möglich, so musste sie sich fragen, eine derartige Hypothek des Misstrauens in wenigen Tagen oder Wochen abzutragen?

Auch diesmal fand ein entschiedenes schweizerisches Dementi nicht die erwünschte Beachtung.

Das mochte allerdings auch damit zusammenhängen, dass die Schweiz zu jener Zeit im Ausland keine gute Presse hatte. In den vom Krieg schwergeprüften Ländern war man rasch bereit, einem Kleinstaat wie der Schweiz seine Neutralität zu verübeln und ihm vorzuwerfen, dass er mit dem Leid der anderen gute Geschäfte gemacht habe. Selbst Frankreichs traditionelle Sympathien waren unfreundlichen Gefühlen gewichen. Die Regierung in Paris scheute sich nicht, die guten Beziehungen, die die Schweiz mit dem inzwischen entthronten Vichy-Regime unterhalten hatte, auf die Stufe einer verabscheuungswürdigen «Kollaboration» zu stellen.

Sie war auch nicht eingeschritten, als Schweizer Bürger, die in Frankreich wohnten, die Empörung der befreiten Nation zu spüren bekamen: Fünfhundert Schweizer waren seit dem Ende des Krieges wegen «Kollaboration mit der deutschen Besatzungsmacht» verhaftet und zu Gefängnisstrafen verurteilt,

sechzig waren summarisch hingerichtet worden, und vier warteten noch auf die Vollstreckung ihres Todesurteils.[176]
Unter diesen Umständen sah sich die schweizerische Delegation in Washington einem fast unerträglichen Druck ausgesetzt. Zudem stand hinter jedem Wort der Sieger, das am Verhandlungstisch gesprochen wurde, deren geradezu körperlich fühlbare, uneingeschränkte Macht, die alles, ja alles vermochte: von einem Tag auf den andern die Versorgung der Schweiz mit Kohle und Getreide unterbinden, die Ernährung auf eine Hungerstufe hinabdrücken, den Verkehr, Fabriken, die Wirtschaft stillegen; die Sperre der enormen schweizerischen Guthaben in den USA aufheben oder beliebig lange aufrechterhalten; den weltweiten Boykott gegen mehr als tausend Schweizer Firmen, die als geschäftstüchtige Lieferanten des Dritten Reiches auf die gefürchteten «Schwarzen Listen» gesetzt worden waren, unbefristet fortführen...[177]
Eine wahrhaft extreme Situation! War da den Schweizern noch zuzumuten, dass sie, derartig umlagert und belagert, in Washington nun einfach ihre Karten aufdeckten? Wohl kaum. Die Verhandlungtaktik, die ihnen unter diesen Umständen am ehesten einleuchten musste, war, wenn man eine Formulierung von Peter Utz gelten lassen will, die eines «bewussten Verwirrspiels».[178]
Einmal erklärten sie die unerhörte Zunahme der schweizerischen Goldbestände mit Dollaroperationen, aus denen nicht zuletzt die Westmächte einigen Nutzen gezogen hätten. Dann wieder zogen sie sich auf den Rechtsstandpunkt zurück und legten dar, warum die Schweiz nach Ansicht ihrer Juristen nicht verpflichtet werden könne, gutgläubig erworbenes Gold dem beraubten Eigentümer entschädigungslos zurückzugeben. Dann boten sie, um die unerfreuliche Angelegenheit irgendwie aus der Welt zu schaffen, ihren Verhandlungspartnern eine freiwillige Entschädigung an, zu der sie, wie sie ausdrücklich betonten, keineswegs verpflichtet seien.
Ihr Angebot: Gold im Wert von 100 Millionen Schweizer Franken.

Die Alliierten verlangten 560 Millionen. Diese Forderung war Tage zuvor schon einmal erhoben, von den Schweizern zurückgewiesen und inzwischen als erledigt betrachtet worden. Wohl deshalb forderte sie, als sie wiederholt wurde, den erfahrenen Diplomaten Minister Walter Stucki, der als der engste Mitarbeiter des Aussenministers die schweizerische Delegation leitete, derart heraus, dass er mit der Faust auf den Tisch schlug, seine Papiere zusammenraffte, wütend den Raum verliess und die Tür donnernd ins Schloss warf.[179]

EMIL PUHL

Wollte man von einem Verwirrspiel sprechen, dann war es eines, das beide Parteien gleichermassen verunsicherte.
Emil Puhl war von den Alliierten verhaftet und – verhört worden.
Viel spricht dafür, dass Bern über die Aussagen Puhls im unklaren gehalten wurde. Andererseits mussten sich die Alliierten fragen, ob denn Puhl ein verlässlicher Zeuge sei.
In einem der vier von den Amerikanern entdeckten Briefe hatte sich Puhl dazu beglückwünscht, dass ihm noch in den ersten Apriltagen 1945, also vier Wochen vor dem endgültigen Zusammenbruch des Dritten Reiches, von Schweizer Seite «die Fortsetzung gewisser Zahlungen» zugesichert worden war.
In den Archiven der Nationalbank befindet sich tatsächlich ein Schreiben vom 5. April 1945, mit dem der Reichsbankdirektion bestätigt wird, dass die Nationalbank, wie verabredet, bereit sei, «von der Reichsbank Gold im Gewicht von ca. 3000 kg zum Preise von Fr. 4869.00 pro kg Feingold franko Bern entgegenzunehmen», und zwar in der Meinung, dass es sich «bei dieser Goldentgegennahme um Gold aus Vorkriegsbeständen der Reichsbank handelt».[180]
Am Tag darauf treffen in Bern, für das dortige Reichsbankdepot bestimmt, 132 Barren sowie Goldmünzen im Gesamtwert von 15,8 Millionen Schweizer Franken aus Konstanz ein.

Das Gold wird von der Nationalbank gekauft, gegen eine Gutschrift auf ein Girokonto der Reichsbank in Zürich.[181] Die Alliierten, von den Schweizern pflichtbewusst informiert, sind «verblüfft», teilt das Departement für Äusseres den Schweizerischen Gesandtschaften in London, Washington und Paris mit. Das ist die letzte Goldtransaktion mit dem Dritten Reich, der Krieg geht zu Ende.[182]

März 1946, die Auseinandersetzungen mit den Alliierten haben, wie wir wissen, gerade erst begonnen.

Zehn Tage nach Beginn der Washingtoner Verhandlungen legt in Zürich der Genfer Rechtsgelehrte Professor Georges Sauser-Hall der Nationalbank ein von ihr bestelltes Gutachten vor, das sich auf Akten stützt, die ihm von der Nationalbank selbst zur Verfügung gestellt worden sind.

Professor Sauser-Hall argumentiert, als ob seit dem Kriegsende nichts geschehen wäre – keine Verhaftung und keine, wenn auch noch unbekannte Aussage Emil Puhls. Er geht davon aus, dass das meiste deutsche Gold, wie es die Prägestempel bewiesen, aus deutschen Beständen der Jahre 1934 bis 1939 stammten. Und auch er ist bereit, wie der Zürcher Professor Dietrich Schindler fast zwei Jahre zuvor, ernsthaft zu glauben, was der Vizepräsident der Deutschen Reichsbank, Herr Emil Puhl persönlich, den Direktoren der Nationalbank hoch und heilig versichert hat.[183]

Zehn Tage darauf wird das Gutachten von Sauser-Hall von ihm selbst in Frage gestellt. Während die Schweizer in Washington noch mit den Alliierten verhandeln, unterbaut der Genfer Rechtsgelehrte sein fachmännisches Urteil mit neuen, überraschenden und bis dahin in Bern unbekannten Fakten. Emil Puhl hat ausgesagt, und seine Aussagen stellen alles auf den Kopf. Er habe der Nationalbank nichts anderes erklärt, so Puhl bei seinem Verhör, als dass die Reichsbank über eigene Goldbestände verfügt habe, die von gleicher Grösse gewesen seien wie das den Belgiern abgenommene Gold. Er habe den Präsidenten der Nationalbank und seinen Stellvertreter restlos darüber aufgeklärt. Und er müsse erläuternd hinzufügen, dass die beiden Herren ihn sehr wohl verstanden hätten: dass sich unter dem deutschen Gold, das er ihnen lieferte, sehr wohl auch Goldbarren und Goldmünzen aus den Beständen der Belgischen Nationalbank befinden könnten. Er habe daraus den Schluss ziehen dürfen, dass die Herren in Bern die Situation richtig beurteilten und auch bereit gewesen seien, die möglichen Folgen auf sich zu nehmen.

Verärgert stellt Sauser-Hall fest, dass diese Aussagen Puhls im diametralen Gegensatz zu den Angaben stehen, die er, Sauser-Hall, den Protokollen der Nationalbank entnommen hat.[184] Sodann zitiert er in einem neuen, ergänzenden Gutachten die folgende Erklärung aus dem englischen Originalprotokoll des Verhörs, das nicht weniger als acht Monate lang von den Alliierten zurückgehalten worden ist. Puhl: «Als wir [von unserer Regierung] seinerzeit angewiesen wurden, das belgische Gold in unsere Bestände aufzunehmen, hätten wir jeder Diskussion aus dem Wege gehen und den Schweizern einfach erklären können, dass es sich um unser eigenes Gold handelt. Das empfahlen uns unsere Juristen... Wir sind aber davon ausgegangen, dass man ja genau berechnen konnte, wieviel eigenes Gold wir besassen und wieviel nicht.»

«Keine Spur von solchen Erklärungen in den Protokollen der Nationalbank...!», konstatiert unwillig und erstaunt Sauser-Hall. Aber der Genfer Professor wäre keine juristische Autorität, würde er nicht sogleich auch einen nützlichen Widerspruch entdecken und ihn auch auswerten.

«Warum müssen denn die belgischen Goldbarren eingeschmolzen und gefälscht werden, wenn Puhl gar kein Geheimnis daraus macht, dass die Barren aus Belgien stammen?» fragt er.

Man dürfe es nicht unterlassen, mit allem Nachdruck darauf hinzuweisen, dass es in Puhls persönlichem Interesse liegt, die Fälschungen der Goldbarren, für die er die Verantwortung trägt, vergessen zu lassen. Es müsse erkannt werden, dass dies der eigentliche Grund dafür sei, dass Puhl gegen die Nationalbank verleumderische Behauptungen vorbringe, die geeignet seien, seine eigenen äusserst schweren Verfehlungen gegen die elementarsten Grundsätze von Treu und Glauben in den Hintergrund zu drängen.[185]

In Washington gehen die Verhandlungen weiter. Wer kennt hier die Aussagen Puhls? Die Amerikaner gewiss, aber die Mitglieder der schweizerischen Delegation tappen offenbar noch im dunkeln. Neben der Goldfrage steht noch ein anderes Problem zur Diskussion: Die westlichen Alliierten bestehen darauf, dass die deutschen Guthaben in der Schweiz erfasst und für Reparationszahlungen verwendet werden. Keinesfalls dürften solche Werte eines Tages für die Finanzierung eines neuen Krieges verfügbar sein. Ein durch und durch verzwickter Gedanke, der tausend Fragen aufwirft. Aber das heikelste, das beschwerlichste Verhandlungsthema ist und bleibt das Gold. Wie schon von ihrem juristischen Experten Professor Schindler empfohlen, betonen die Schweizer, stets in gutem Glauben gehandelt zu haben. Sie sprechen von «gutgläubig erworbenem Gold». Die Alliierten, die das Gegenteil nicht beweisen können, gehen nicht darauf ein. Sie begnügen sich damit, festzustellen, die Nationalbank habe es vielleicht an der nötigen Vorsicht fehlen lassen. Als «bewegt und nicht immer angenehm» bezeichnet die Regierung in Bern später, in einer Botschaft an das Parlament, die oft spannungsgeladenen, erregten Auseinandersetzungen.[186]

Am 2. Mai 1946 macht die schweizerische Delegation ein «letztes Angebot»: 250 Millionen Schweizer Franken in Gold. Jetzt ist es an den Alliierten, den nächsten Schritt zu tun.

Während der folgenden drei Tage jagen sich die Kulissengespräche im amerikanischen Schatzamt, im Aussenministerium, mit Senator Kilgore und anderen. Es gewinnt der Gedanke an Gewicht, dass man auch in der Frage der deutschen Guthaben nicht weiterkommen werde ohne innere Bereitschaft zu verständnisvoller Kooperation in der Goldaffäre. Vielleicht ist das schweizerische Angebot das beste, das überhaupt erwartet werden kann?

Eine Entscheidung ist schon nahe, als am 3. Mai wieder einmal Emil Puhl ins Rampenlicht tritt. Diesmal vor dem Internationalen Militärgerichtshof in Nürnberg. Seinen Auftritt vor dem Nürnberger Gerichtshof begleitete ein Hauch tragischer Ironie.

Er war von Reichsbankpräsident Walther Funk, auf dessen ausdrücklichen Wunsch hin, als Entlastungszeuge vorgeladen worden. Er erschien auch, dachte aber nicht daran, seinen ehemaligen Vorgesetzten, der am Ende zu lebenslänglichem Gefängnis verurteilt werden sollte, im geringsten zu entlasten. Im Gegenteil, er belastete ihn schwer. Allerdings, gleichzeitig auch sich selbst.

Es ging um das «Totengold».

Er sagte unter Eid aus, was er wusste. Funk habe ihn im Sommer 1942 angewiesen, Gold und Schmuck für die SS «in Verwahrung zu nehmen» und die Angelegenheit, die absolut geheimgehalten werden müsse, mit SS-Obergruppenführer Oswald Pohl zu besprechen, dem die wirtschaftliche Verwaltung der Konzentrationslager unterstand.

Er wusste auch, was von der SS bei der Reichsbank abgegeben worden war. Wörtlich: «Schmuck, Uhren, Brillenrahmen, Goldfüllungen und andere Gegenstände in grosser Menge, die von der SS Juden, Konzentrationslageropfern und anderen Personen abgenommen worden waren. In der Ausübung meiner Pflichten besuchte ich von Zeit zu Zeit die Safes der Reichsbank und sah, was dort aufbewahrt wurde.»[187]

Allein verantwortlich dafür war nach seiner Ansicht, was die Reichsbank betraf, ihr Präsident. Im Verlauf der weiteren Gerichtsverhandlung versuchte Emil Puhl, als er merkte, wie sehr er sich selbst belastet hatte, seine Aussagen zu entkräften und abzustreiten, was er zuvor aus freien Stücken eidesstattlich zu Protokoll gegeben hatte. Aber Robert M. W. Kempner, stellvertretender Ankläger der USA, der ihn während der Voruntersuchung gründlich durchforscht hatte, hatte sich bereits entschlossen, ihn aufgrund seiner schweren Selbstbelastung unter Anklage zu stellen. Das geschah drei Jahre darauf, im sogenannten Wilhelmstrasse-Prozess 1949, den Robert Kempner als amerikanischer Hauptankläger zu führen hatte.[188]

Hier häuften sich Zeugenaussagen, die Emil Puhl noch tiefer in diese Angelegenheit hineinzogen. Pakete, die Goldzähne enthielten, hatten gut sichtbar den Stempel «Auschwitz» oder «Lublin» getragen. Es waren insgesamt sechsundsiebzig «Lieferungen» dieser Art gezählt worden. Vier bis fünf Bankbeamte sortierten jeweils das «Material» im Korridor der Panzerschränke. Goldzähne wurden in der Preussischen Staatsmünze zu Gold eingeschmolzen, das Feingold dann der Reichsbank wieder zugestellt.[189]

Wer war Emil Puhl? Es fiel schwer, sich ein rechtes Bild von ihm zu machen. Die Widersprüche schienen unauflösbar zu sein. Kein Zweifel, dass ihm in Bern ein geradezu grenzenloses Vertrauen entgegengebracht wurde. Und nicht nur in Bern. Auch Gouverneur Rooth von der Schwedischen Reichsbank war noch bis über das bittere Ende hinaus davon überzeugt, dass Puhl immer die Wahrheit gesagt habe, und ebenso davon, dass sein deutscher Kollege niemals der Nationalsozialistischen Partei angehört habe.[190]

Noch im September 1984 – 38 Jahre nach seiner ersten Begegnung mit Puhl – erinnert sich der Hauptankläger Robert M. W. Kempner an einen «höflichen, freundlichen, ansprechbaren Herrn, einen typischen Beamten», der seine ganze Intelligenz aufgeboten habe, «um aus der Sache herauszukommen». Er habe auch nicht den Eindruck eines eingefleischten Nationalsozialisten gemacht.[191]

Leon W. Powers, einer der drei Richter, war sogar der Ansicht, dass es nichts gegeben habe, was Emil Puhl hätte tun können. Schliesslich habe er nicht mehr Vollmachten als sein Bürodiener gehabt, die vom Präsidenten getroffenen Massnahmen zu widerrufen.[192]

Puhl gehörte seit 1913 der Deutschen Reichsbank an, seit 1935 der Bankdirektion, seit 1938 der NSDAP. Seit Februar 1939 amtierte er als Geschäftsführender Vizepräsident der Reichsbank, als Stellvertreter ihres Präsidenten Walther Funk. Eine blendende Karriere!

Der Gerichtshof kam zu der Überzeugung, dass die abweichende Ansicht des Richters Leon W. Powers nicht stichhaltig sei. Puhls Anteil an der Übernahme und Verwertung des Konzentrationslager-Goldes durch die Reichsbank sei «nicht auf die Tätigkeit eines reinen Boten oder eines Kaufmannes beschränkt» gewesen. Er habe zwar nicht an der Vernichtung von Juden und anderen KZ-Häftlingen unmittelbar teilgenommen, jedoch habe er «ohne Widerspruch an einem Teil der Durchführung des Gesamtplanes mitgewirkt».[193]

Die Strafe, die am 14. April 1949 über ihn verhängt werden sollte, lautete auf fünf Jahre Gefängnis. Die Berufung, die er gegen das Urteil einlegte, wurde verworfen.

Selbst das Gerichtsurteil charakterisierte ihn als einen «überaus geschäftserfahrenen, sehr gebildeten und hochintelligenten Mann».[194]

Intelligenz ist ihm übrigens von keiner Seite abgesprochen worden. Er war auch der erste, wenn nicht der einzige, der schon im Jahre 1940 voraussagte, dass die Politik des freien Finanzmarktes der Schweiz wahrscheinlich dazu verhelfen werde, ein freies Land zu bleiben.[195]

NACHTWANDLER

Am 14. Mai 1946 trat in Bern der Bankausschuss der Schweizerischen Nationalbank zu seiner monatlichen Sitzung zusammen. Es war eine jener Veranstaltungen, die im Rückblick, so wie wir sie heute sehen, unwirklich erscheinen. Unwissen und perspektivische Verkürzung, Ingredienzen einer jeden Gegenwartsbetrachtung, waren natürlich auch hier im Spiel, und so ist es nicht verwunderlich, dass die Bankiers in Bern, so nüchtern, so logisch und zweckbestimmt sie auch zu denken und zu handeln glaubten, in heutiger Sicht träumenden Nachtwandlern gleichen.

Sie wussten nicht, dass in Washington, wo die Verhandlungen mit den Alliierten in die neunte Woche eingetreten waren, das «letzte» schweizerische Angebot den Ausschlag gegeben hatte. Die Würfel waren gefallen. Sie wussten nicht, was am Vortage in Nürnberg geschehen war: Die Selbstentlarvung Emil Puhls.

Und sie wussten nicht, dass die Fragen, die in Bern an diesem Tage zur Beratung standen, sich ohne ihr Zutun in den soeben vergangenen Stunden und Tagen bereits erledigt hatten.

Vizepräsident Rossy informierte den Bankausschuss über ein Schreiben des Gouverneurs der Belgischen Nationalbank, das Ende Januar 1946 in Bern eingetroffen war. Zusammen mit diesem Schreiben waren der Schweizerischen Nationalbank Listen mit den Nummern der belgischen Goldbarren überreicht worden, die nach den belgischen Ermittlungen von der Schweizerischen Nationalbank erworben worden waren. Es geht aus dem Protokoll nicht hervor, ob die Barrennummern, was nur wahrscheinlich ist, sich ausschliesslich auf die gefälschten Barren bezogen, über die offenbar das Register der Deutschen Reichsbank Aufschluss gegeben hatte. Jedenfalls handelte es sich um Gold im Wert von 378 Millionen Schweizer Franken. Im übrigen gaben die Listen auch Aufschluss über das genaue Gewicht jedes einzelnen Barrens sowie über die Daten, an denen sie nach Bern geschafft worden waren.

Sorgfältige Untersuchungen in Bern hatten inzwischen ergeben, dass die Barrennummern mit denjenigen der «deutschen» Goldbarren, die von der Reichsbank geliefert worden waren, genau übereinstimmten. Geringe Abweichungen hatten sich hingegen bei den Gewichtsangaben und den Versanddaten gezeigt. Die Abweichungen seien zahlreich gewesen, so Rossy, «aber leider nicht sehr schwerwiegend».

Wie hatte das Direktorium der Nationalbank darauf reagiert? Rossy, nach dem Wortlaut des Protokolls: «Das Direktorium hat sich auf den Standpunkt gestellt, die Nationalbank sei angesichts dieser Abweichungen nicht in der Lage, zu bestätigen, dass es sich bei dem uns von der Deutschen Reichsbank zugekommenen Gold um das in Frage stehende belgische Gold handle.» Rossy fügte hinzu: «Juristisch können wir in gutem Glauben diesen Standpunkt vertreten, wir werden ihn aber

kaum lange aufrechterhalten können.» Seine Empfehlung: Es sei an Ort und Stelle, nämlich in Berlin, anhand der Bücher der Deutschen Reichsbank und der Preussischen Münze der wahre Sachverhalt festzustellen. Eine Gegenüberstellung mit den höheren Funktionären der Reichsbank wäre vielleicht angezeigt. Und wörtlich: «Vielleicht könnte auch eine Konfrontation mit Vizepräsident Puhl in Betracht gezogen werden.»[196]
Ein letztesmal, schon zu spät, wird auf die Karte Puhl gesetzt. Noch ist das Vertrauen, das dem deutschen Kollegen erwiesen wird, unerschüttert.

SPRACHREGELUNG

Rossys Empfehlungen erübrigten sich: Am 25. Mai 1946, also kurz nach der Sitzung des Bankausschusses in Bern, wurde in Washington ein «Finanzabkommen» zwischen der Schweiz, Frankreich, Grossbritannien und den Vereinigten Staaten von Amerika unterzeichnet. Es wurden zwei gleichlautende Briefe ausgetauscht, die eine Präambel und sieben Paragraphen enthielten. Eine «Bemerkung» am Schluss des Briefes, den die alliierten Delegationen den Schweizern überreichten, zählt sechzehn Regierungen auf, die sich dem Abkommen angeschlossen haben.
Das schweizerische Angebot, mit 250 Millionen Schweizer Franken in Gold eine Entschädigung für das belgische Gold zu leisten, war von den Alliierten angenommen worden, obwohl damit nur etwa zwei Drittel der von den Belgiern nachgewiesenen Goldtransaktionen gedeckt wurden. Die schweizerische Delegation hatte sich, das musste ihr zugestanden werden, unter widrigsten Umständen mit exemplarischer Zähigkeit geschlagen.
Wie sich noch zeigen wird, war ein Absatz des Abkommens besonders wichtig. Er lautet: «Die schweizerische Regierung verpflichtet sich, den drei alliierten Regierungen einen Betrag von 250 Millionen Schweizer Franken, zahlbar auf Sicht in

Gold in New York, zur Verfügung zu stellen. Die alliierten Regierungen erklären ihrerseits, dass sie mit der Annahme dieses Betrages für sich und ihre Notenbanken auf alle Ansprüche gegenüber der schweizerischen Regierung oder der Schweizerischen Nationalbank verzichten, die sich auf das von der Schweiz während des Krieges von Deutschland erworbene Gold beziehen. Damit finden alle auf dieses Gold bezüglichen Fragen ihre Erledigung.»

Mindestens ebenso wichtig war, dass ein Kernsatz der Präambel die eigentlichen Bestimmungen zu überstrahlen begann, als das Abkommen in der Schweiz bekanntgemacht und vom Parlament angenommen wurde.

In der Präambel konstatiert die schweizerische Delegation, dass sie zwar eine Rechtsgrundlage für die «Rückerstattung des Goldes» nicht anerkenne, «sie sei dagegen willens, auch ihrerseits an die Befriedung und den Wiederaufbau Europas sowie die Versorgung zerstörter Gebiete beizutragen».[197]

Ein freiwilliger Beitrag zum Wiederaufbau Europas! Die Formel geht, und das ist wörtlich zu nehmen, in die Geschichte ein.

Sie setzt das Signal für eine Sprachregelung, die jahrzehntelang massgebend sein wird. Fortan wird es keinen Historiker geben, der sie nicht übernimmt. Forscher, Schriftsteller, Journalisten, Politiker – sie alle halten an diesem Credo fest, weil sie den tatsächlichen Umfang der Goldgeschäfte und deren Hintergründe nicht kennen.

Und dabei sollte es bleiben, bis die Schweizerische Nationalbank selbst, von der Öffentlichkeit kaum beachtet, die Dinge ins Lot bringt.

Der Punkt auf dem i

In einer 1957 publizierten Festschrift zu ihrem fünfzigjährigen Bestehen rückt sie als erste von der offiziellen Darstellung ab. Anstelle der Formel vom «freiwilligen Beitrag zum Wiederaufbau Europas» ist erstmals nüchtern und zutreffend von einer «Ersatzleistung» und von einer «Entschädigungszahlung» der Schweiz an die Alliierten die Rede. Es lohnt sich, den Passus der Festschrift, der die Goldaffäre kurz zusammenfasst, im vollen Wortlaut zu lesen.

«Besondere Sorgfalt», heisst es dort, «erheischten die Goldzessionen der Achsenmächte, da von alliierter Seite erklärt wurde, es handle sich hier möglicherweise um Raubgold. Die Nationalbank liess sich deshalb mehrmals von der Deutschen Reichsbank bestätigen, dass das der Schweiz abgetretene Gold aus Vorkriegsbeständen der Reichsbank stamme. Nach Kriegsschluss zeigte sich dann aber, dass die Erklärungen der Reichsbank nicht den Tatsachen entsprochen hatten. Im Abkommen von Washington, das am 25. Mai 1946 zwischen der Schweiz und den Regierungen von Frankreich, Grossbritannien und der Vereinigten Staaten von Amerika abgeschlossen und am 27. Juni gleichen Jahres von den eidgenössischen Räten genehmigt wurde, musste daher die Schweiz unter anderem die Verpflichtung übernehmen, den drei genannten Staaten einen Betrag von 250 Millionen Franken in Gold zur Verfügung zu stellen. Von alliierter Seite wurde dargetan, dass während des Krieges bedeutende Mengen Gold, welches Deutschland in den besetzten Ländern sich unrechtmässig angeeignet habe, in die Schweiz gelangt seien. Insbesondere habe die Nationalbank einen beträchtlichen Teil des belgischen Goldes, das zu Beginn des Krieges der Banque de France zur Aufbewahrung übergeben und in der Folge durch die Regierung Laval den Deutschen ausgehändigt worden war, aus deutscher Hand erworben, nachdem es in Deutschland umgeschmolzen worden sei. Zwar anerkannten die Alliierten, dass die Nationalbank gutgläubig gehandelt hatte; trotzdem verlangten sie von der Schweiz eine Ersatzleistung.

Der Bundesrat bestritt den Ersatzanspruch der Verhandlungs-partner, erklärte sich aber schliesslich ohne Anerkennung einer Rechtspflicht zur Zahlung einer Summe von 250 Millionen Franken bereit. Mit der Annahme dieser Leistung verzichteten die Regierungen der Vereinigten Staaten, Frankreichs und Grossbritanniens auf alle Ansprüche gegen die Schweizerische Eidgenossenschaft und die Nationalbank mit Bezug auf das Gold, das die Schweiz während des Krieges von Deutschland erhalten hatte.»

«Ersatzleistung ...» An einer anderen Stelle der Festschrift heisst es dann noch einmal ausdrücklich, dass die 250 Millionen Franken in Gold «für die Entschädigungszahlung an die Alliierten» gemäss dem Abkommen von Washington verwendet wurden.[198]

Diese Richtigstellung konnte, als sie zwölf Jahre nach dem Kriegsende erfolgte, noch gar nicht in ihrer ganzen Bedeutung erfasst werden.

Die Macht des Schwachen

Die Kette

Gold war ein starkes, vielleicht das stärkste Glied der Kette, die den deutschen Riesen und den Kleinstaat Schweiz in gegenseitiger Abhängigkeit hielt.

Andere Glieder dieser Kette – Schweizer Waffen, Schweizer Rüstungsmaterial, Schweizer Kredite – halfen, die ungleichen Nachbarn fest zusammenzuspannen.

Nicht allein Gold und Devisen, das Deutsche Reich benötigte auch einen Teil der hochqualifizierten Rüstungsproduktion der Schweiz.

Die Ansprüche, die Deutschland in dieser Beziehung stellte, anfangs noch recht bescheiden, wurden mit der Zeit hoch und höher geschraubt, vor allem nach zwei radikalen Kurswechseln Hitlers.

Nach der blitzartigen Niederwerfung Polens im September 1939 und nach dem Zusammenbruch Frankreichs im Juni 1940 hatte der «Führer» bekanntlich erwartet, dass Grossbritannien sich geschlagen geben und bereit sein würde, einen deutschen Frieden zu akzeptieren und ihm, Hitler, für die Eroberung und Kolonisierung Sowjetrusslands grünes Licht zu geben. Das war ein Irrtum. England gab den Kampf nicht auf.

Daraufhin befahl er Mitte Juli 1940, eine entscheidende Landungsoperation gegen England vorzubereiten. Dazu gehörte ein gnadenlos geführter Luft- und Seekrieg gegen diese widerspenstigen Briten, die er sich im Grunde lieber als stille Teilhaber oder als Verbündete gewünscht hätte.

Und wieder hatte er sich verrechnet: 57 schwere Luftbombardements auf die Stadt London in 60 blutigen Nächten im September und Oktober 1940 und auch eine verheerende Feuersbrunst, mehr als 1500 Brände im Herzen der englischen

Hauptstadt in einer einzigen Nacht, zwangen das sich verzweifelt aufbäumende britische Inselreich nicht in die Knie.

Ein zweites Mal änderte Hitler seinen Kurs.

Am 18. Dezember 1940 erliess er die mit dem Decknamen «Fall Barbarossa» versehene Weisung, «Sowjetrussland in einem schnellen Feldzug niederzuwerfen».

Rasch, in so kurzer Zeit zu ersetzen, was im September 1939 in Polen, im April 1940 in Skandinavien und kurz darauf im Westen verbraucht worden war, und sich gleichzeitig für den riskanten Sprung über das Wasser nach England und für den geplanten blitzkriegartigen Vorstoss in die Tiefen des russischen Raumes zu rüsten, dafür waren gewaltige Anstrengungen nötig. Da mussten auch die in den besetzten Gebieten verfügbaren Kräfte und, soweit es irgendwie möglich war, die neutralen und nichtkriegführenden Länder mit ihrem Wirtschaftspotential für die deutsche Rüstung herangezogen werden.

Die Schweiz? Sie produzierte in dieser Zeit für den deutschen Wehrmachtsbedarf Spezialwerkzeugmaschinen und Flugzeugbestandteile, Zünder für Panzergranaten und Fliegerabwehrgeschosse, präzisionstechnische Komponenten für das deutsche Panzer- und Fernsteuerprogramm und vieles mehr.[199]

Der Russlandfeldzug, einmal in Gang gekommen und bald in Bedrängnis geraten, verschlang Waffen und Menschen in erschrecklicher Zahl. Die deutsche Rüstungswirtschaft lief heiss. Nun wurde auch die Schweiz, oft mit erpresserischen Methoden, zu immer grösseren Leistungen angehalten. «Die schweizerische Produktion für unseren Wehrmachtsjahresbedarf ist so bedeutungsvoll, dass wir alles tun müssen, um diese Produktion störungsfrei weiterarbeiten zu lassen», schrieb der deutsche Gesandte in Bern, Otto Carl Köcher, an Ernst von Weizsäcker, Staatssekretär im Auswärtigen Amt, im August 1942.[200]

Als dann die britische und amerikanische Luftwaffe im Jahr 1943 damit begannen, deutsche Industrien systematisch und massiv zu bombardieren – Albert Speer, der damalige Reichsminister für Rüstung und Kriegsproduktion, berichtet später in seinen Erinnerungen über die gravierenden Folgen für die

deutsche Rüstung –, gewann das schweizerische Industrie-
potential noch erhöhte Bedeutung.[201]

Die Schweiz, ein Land des Friedens. Von ganz wenigen Ausnahmen abgesehen, hier fielen keine Bomben. Die Fabriken
und Werkstätten, die Lagerhäuser, die Strassen, die Bahnanla-
gen, das ganze Land war für die Feuer und Trümmer säenden
Bombergeschwader der kriegführenden Mächte tabu. Hier, auf
dieser friedlichen Insel, arbeitete, wie durch ein Wunder, eine
hochmoderne, leistungsfähige Industrie, mit Volldampf, pausenlos und ungestört – während in Deutschland ganze Pro-
duktionskomplexe in Schutt und Asche sanken.

Diese Schweizer Wirtschaft war wie geschaffen, für die an täglichen und stündlichen Amputationen leidende deutsche Rüstungsindustrie einzuspringen. Auch das wurde von ihr mit
Nachdruck verlangt – und geleistet.

Und das war noch nicht alles. Fester und absoluter angekettet
als Deutschland, war es der Schweiz unmöglich, sich von der
wechselseitigen Abhängigkeit freizumachen, ohne die nationale Existenz in Gefahr zu bringen.

Und so unterlag sie wohl oder übel der inneren Logik des
Zwanges, der sich fortwährend selbst reproduziert und eine
ununterbrochene Reihe von Ursachen und Wirkungen erzeugt:
Wer Waffen braucht, braucht Gold oder Devisen, um sie zu
bezahlen. Oder Kredite – wenn Gold und Devisen nicht vorhanden sind. Kredite aber erschöpfen sich. Eines Tages sind
ihnen unüberschreitbare Grenzen gesetzt. Was dann? Endlich
und schliesslich kommt, auf unerwartete Art und Weise, wieder das Gold aus Deutschland ins Spiel.

Es darf an dieser Stelle vorweggenommen werden, was noch
im einzelnen geschildert werden soll: Die Schweiz eröffnete
dem Deutschen Reich substantielle Kredite, die eine Milliarde
Schweizer Franken überstiegen.

Kredite à fonds perdu, Darlehen auf Nimmerwiedersehen.
Wenn Deutschland den Krieg verlor, dann bezahlte die Schweiz
das nach Deutschland gelieferte Rüstungsmaterial aus der eigenen Tasche.

In diese Reihe zwangsläufiger Ereignisse, die die Schweiz teuer zu stehen kam, griff, robust mit den Schweizern ringend, wieder einmal der deutsche Delegationschef Johannes Hemmen ein, der – auch uns schon ein alter Bekannter – in Wiesbaden und Paris mit den Gouverneuren der Belgischen Nationalbank und der Banque de France um das belgische Afrikagold gekämpft hatte. Vergebens. Es gelang ihm nicht, den letzten Plafond der helvetischen Kredite noch weiter anzuheben.

Als diese Situation eintrat, griff das Deutsche Reich aufs Gold zurück.

Berlin entschloss sich, von den guten Schweizer Franken, die ihm die Schweizerische Nationalbank für das «deutsche» Gold bezahlte, Hunderte von Millionen abzuzweigen, um damit schweizerisches Kriegsmaterial einzukaufen, das anders nicht mehr zu haben war.

Ein Wort über die Schweiz. Es versteht sich von selbst, dass die Abhängigkeit eines Kleinstaates nicht ohne weiteres mit derjenigen einer Grossmacht verglichen werden kann. Die Ausgangslage und die Ressourcen sind grundverschieden.

Die Abhängigkeit der Schweiz ist die eines kleinen, dicht bevölkerten, an Rohstoffen armen Landes.

Eines Landes ohne Hochseehäfen und Meeresküsten. Eines Ewig-Kontinentalen, eines potentiellen Gefangenen seiner ihn stets überragenden, mächtigeren Nachbarn.

Eines Landes, das hungert, wenn es von der Umwelt abgeschnürt wird, und das erstickt, wenn die Wege, über die es Rohstoffe bezieht und die eigenen Produkte ins Ausland bringt, gesperrt werden.

Eines Landes, wo verschiedene Völker, Sprachen und Kulturen auf engstem Raum zusammenleben, wo allein schon aus diesem Grunde Kompromissbereitschaft als politische Weisheit, als höchste Tugend gilt.

Eines Landes, zu schwach, sich ein Entweder-Oder zu leisten, das die altrömische Rechtsformel des *do ut des* – Gib, damit dir gegeben werde – zur Maxime seiner Aussenpolitik und seines Aussenhandels erheben muss.

Eines Landes, das in seiner Existenz bedroht ist, wenn es nicht lernt, sich zu jeder Zeit und unter allen Umständen mit seinen Nachbarn zu arrangieren.

Eine glücklose Anlage. Angeborene Lebensbedingungen. Eine Abhängigkeit, die allerdings erst zu Zeiten eines totalen Krieges die extremen Formen annimmt, mit denen wir uns hier beschäftigen.

Was ist damit gemeint?

Es ist eine wahrhaft dramatische Entwicklung gemeint, die nun in chronologischer Reihenfolge geschildert werden soll.

DEUTSCHLAND TOLERANT

Es ging für die Schweiz nicht darum, einen Krieg zu gewinnen oder zu verlieren, sondern darum, ihn zu überleben. Ihre geopolitische Lage zwang sie, sich rechtzeitig darauf einzustellen. Das tat sie. 1938, als der britische Premierminister Neville Chamberlain nach seiner Münchener Verständigung mit Hitler «Frieden für unsere Zeit» prophezeite, sorgten bereits Schweizer Missionen in Deutschland, Italien, Frankreich und Belgien dafür, dass die Schweiz die Seehäfen dieser Länder auch im Kriegsfall werde benutzen können.

Zwei Monate vor dem Krieg wandte sich die Schweiz an das Deutsche Reich und liess sich von ihm auch bescheinigen, dass der Warentransit von und nach der Schweiz im Fall eines Krieges im üblichen Umfang aufrechterhalten werde.

Und noch bevor der erste Schuss fiel, ging das Deutsche Reich zusätzlich die Verpflichtung ein, neutrale Hochseeschiffe, die ausschliesslich Waren für die Schweiz beförderten, jederzeit durchzulassen.

Eine ähnliche Vereinbarung wurde Anfang 1939 mit Grossbritannien und später mit Frankreich und Italien getroffen.

Indessen wurde man auch im Lande selbst aktiv. Es wurden Rohstofflager angelegt, Kohlen gespeichert, Güterwagen gebaut. Und um für den Ernstfall gewappnet und jedenfalls auch in der Lage zu sein, die für die eigene Versorgung unentbehrlichen Waren aus Übersee transportieren zu können, unternahm es die alpine Schweiz, dieser Inbegriff eines Binnenlandes, Frachtschiffe zu chartern und sogar eine eigene, kleine Hochseeflotte aus 26 Schiffen aufzubauen, die sich in den Kriegsjahren ausgezeichnet bewähren sollte: sie schaffte aus Übersee tatsächlich 5,8 Millionen Tonnen Fracht heran.[202]

Fraglich war, ob sich der aggressive Nachbar im Norden an seine vertraglichen Verpflichtungen halten werde. Denn seit Hitlers Machtantritt gehörten politische Provokationen und offene Drohungen zur Tagesordnung. Agenten der deutschen Staatspolizei überfielen Regimegegner auf Schweizer Boden und verschleppten sie ins Dritte Reich. Schweizer Nazibünde und radikale Gruppen ähnlicher Art übernahmen, von Berlin angestiftet oder unterstützt und finanziert, den gewalttätigen Radaustil und die Terrormethoden der deutschen SA. Sie und ihre Auftraggeber schreckten vor nichts zurück: Schweizer Nationalsozialisten begingen, mit Wissen eines deutschen Konsulats, einen heimtückischen Mord an einem einfachen Schweizer Bürger jüdischen Glaubens. Man sah eine von Berlin gelenkte «Fünfte Kolonne» entstehen. Es wurden deutsche Spione und Agenten entlarvt. Es kam zu ernsten diplomatischen Zwischenfällen. Man war nun, als Hitler am 1. September 1939 den Krieg entfesselte, auf das Schlimmste gefasst.[203]

Eine der grossen Überraschungen des Zweiten Weltkrieges war, dass sich das so hart und rücksichtslos zupackende Deutschland Adolf Hitlers in den ersten Kriegsmonaten ganz anders verhielt, als man es befürchtet hatte.

Entgegen aller Erwartung zeigte sich das Dritte Reich ungewöhnlich nachgiebig und mehr als verständnisvoll, während die Westmächte, die grossen Demokraten, die demokratische Schweiz überraschend streng und unbarmherzig anfassten.

Die Alliierten stellten, anders als das Deutsche Reich, ihren gesamten Aussenhandel vom ersten Kriegstage an kompromisslos in den Dienst der Kriegführung. Sie verboten die Einfuhr von Luxusgütern, aus denen kein militärischer Nutzen gezogen werden konnte, annullierten Kaufverträge, die vor dem Krieg abgeschlossen worden waren, und liessen sich nicht im geringsten dadurch beeindrucken, dass gewisse Schweizer Exportindustrien davon schwer geschädigt wurden. Die von ihnen eiligst errichtete Wirtschaftsblockade des europäischen Kontinents war im übrigen so angelegt, dass die Belieferung der Schweiz mit Rohstoffen, Fabrikaten und Nahrungsmitteln aus Übersee äusserst knapp ausfiel. Auf diese Weise sollte einem schweizerischen Rohstoff-Schleichhandel mit Hitlerdeutschland, zu dem die Schweiz vielleicht einmal gezwungen werden könnte, vorgebeugt werden.

Verhandlungen mit London und Paris, die schon Ende November 1939 aufgenommen wurden und von denen man sich in Bern eine erträgliche Regelung erhoffte, zogen sich schleppend über fünf Monate hin und führten erst zwei Wochen vor der deutschen Westoffensive zu einer zwar zufriedenstellenden, aber in mancher Beziehung kurzlebigen Vereinbarung.[204]

Hingegen schien die Toleranz des Dritten Reiches der Schweiz gegenüber während der ersten zehn Kriegsmonate so gut wie keine Grenzen zu kennen.

Die Reichsregierung liess es zum Beispiel zu, dass die Schweiz ein allgemeines Ausfuhrverbot für Waffen und Kriegsgerät, das sie im Frühjahr 1939 erlassen hatte, acht Tage nach dem Ausbruch der Feindseligkeiten wieder aufhob, und zwar, wie heute bekannt ist, auf Drängen der Westmächte. Berlin war immerhin von Bern rechtzeitig konsultiert worden.

Die Alliierten, nicht aber das Deutsche Reich, profitierten davon. Denn die Westmächte beeilten sich, die schweizerische Rüstungsindustrie mit Aufträgen zu überschütten und deren verfügbare Kapazität fast vollkommen für sich in Anspruch zu nehmen. Das Deutsche Reich ging so gut wie leer aus.

Den Westmächten kam es gelegen, dass sie auf diese Weise versuchen konnten, den deutschen Rüstungsvorsprung einigermassen aufzuholen. Die Aufträge, die sie an die Schweiz vergaben, beliefen sich Mitte März 1940 auf rund 264 Millionen

Schweizer Franken, indes die deutschen Rüstungsaufträge knapp 0,15 Millionen Schweizer Franken erreichten.[205] Als Frankreich im Juni 1940 zusammenbrach, war die schweizerische Rüstungsindustrie damit beschäftigt, für nahezu eine halbe Milliarde Franken Rüstungsmaterial für die Westmächte zu produzieren.[206]

Die deutsche Toleranz ging noch viel weiter über alle denkbare Erwartung hinaus. Das Kriegsmaterial und die Waffen für die Alliierten wurden nämlich aus deutschem Eisen und mit deutscher Kohle hergestellt. Auch dies liess die Reichsregierung monatelang geschehen.

Eine derart übertriebene Grosszügigkeit war durchaus nicht die Regel. Das bekamen andere neutrale Staaten deutlich zu spüren. Zum Beispiel Schweden.

In den ersten zwei Kriegsmonaten versenkten deutsche U-Boote sechs schwedische Handelsschiffe, die sich auf friedlicher Fahrt nach England befanden. Bis Ende 1939 – innerhalb von vier Monaten – ging der schwedischen Marine eine Flotte von 25 Handelsschiffen verloren.[207]

Wie ist die Haltung der Reichsregierung zu erklären? Es gibt keine schlüssige Antwort.

Einerseits beklagt sich zum Beispiel das deutsche Wehrwirtschafts- und Rüstungsamt im Januar 1940 darüber, dass ein gewisses deutsches Flakzünderprogramm von Schweizer Lieferungen abhinge, die aber in Frage gestellt seien.[208] Andererseits wird die Tatsache, dass das Deutsche Reich keine grösseren Rüstungsaufträge an die Schweiz vergeben hat, mit der fadenscheinigen Erklärung abgetan, dass Berlin augenblicklich nicht in der Lage sei, der Schweiz die dafür erforderlichen Rohstoffe zur Verfügung zu stellen.[209]

Zwei Fragen drängen sich auf.

Leistete sich das Deutsche Reich diesen Luxus einer fast grenzenlosen Duldsamkeit, weil es vom Sieg der deutschen Waffen fest überzeugt war und deshalb auch damit rechnete, dass es zur rechten Zeit in der Lage sein werde, das Versäumte mühelos nachzuholen?

Oder war vielmehr der akute Gold- und Devisenmangel der eigentliche Grund der deutschen Toleranz?

Sicher ist, dass die deutschen Bestände an Gold und Devisen gerade ihren Tiefpunkt erreichten.

Und es ist ebenso gewiss, dass die Deutsche Reichsbank um jene Zeit in Bern noch kein Golddepot besass.

Das Raubgold aus Holland und Belgien war in Berlin noch nicht eingetroffen.

KRIEGSMATERIAL

Bekanntlich fielen im Mai und Juni 1940 in äusserst scharfem Tempo klare militärische Entscheidungen, die das Ende der traditionellen Machtverhältnisse in Europa herbeiführten und die kontinentale Vorherrschaft des Dritten Reiches besiegelten. Damit fand die Episode der deutschen Grosszügigkeit ihr Ende. Die Berliner Toleranz schlug ins Gegenteil um.

Ende Mai mussten die Wirtschaftsverhandlungen mit Deutschland wegen der fälligen Erneuerung eines Verrechnungsabkommens in einer seit etwa zwei Wochen drastisch veränderten Situation wieder aufgenommen werden.

Deutsche Panzer waren bis zur Kanalküste vorgestossen, die britischen Streitkräfte zogen sich auf ihren letzten Stützpunkt von Dünkirchen zurück, und die Kapitulation der belgischen Armee stand kurz bevor.

So fanden die Wirtschaftsgespräche, die Schritt für Schritt die tiefgreifende Umwälzung widerspiegelten, mit unbehaglichen Unterbrechungen abwechselnd in Bern und Berlin statt, während die deutsche Wehrmacht von einem Sieg zum andern stürmte.

Und als dann die französische Militärmacht Mitte Juni 1940 rettungslos zusammenbrach, da verhärtete sich auch von neuem die Haltung des nun zunehmend gefährdeten Inselreichs Grossbritannien.

Die Gespräche in Bern und Berlin drehten sich diesmal nicht

nur um verrechnungstechnische und ähnliche Einzelfragen, sondern zur Hauptsache um das eine zentrale Thema: Kriegsmaterial.

Die Waffen und Kriegsgüter, die mit deutscher Kohle und aus deutschem Eisen in der Schweiz hergestellt wurden, beanspruchte Deutschland nun für sich selbst. Die Reichsregierung unterliess es nicht, ihre Entschlossenheit mit aller Deutlichkeit zu demonstrieren. Sie gab zu verstehen, dass sie nach britischem Vorbild eine umfassende Gegenblockade errichten und ferner die Kohlenlieferungen an die Schweiz gänzlich einstellen werde, falls nicht innerhalb weniger Tage eine für Deutschland befriedigende Übereinkunft zustandekommen sollte. Das war eine der denkbar rüdesten und gefährlichsten Drohungen, die eine Grossmacht gegen einen neutralen Kleinstaat aussprechen konnte.

War da Abwehr überhaupt möglich?

Es wurde Bern kaum Zeit gelassen, darüber nachzudenken. Schon am zehnten Verhandlungstag überreichte die Deutsche Gesandtschaft in Bern dem schweizerischen Volkswirtschaftsdepartement eine «Bestell-Liste» für Kriegsmaterial.[210]

Kurz darauf geriet die Schweiz in ein wahres Kreuzfeuer von beiden Seiten.

Berlin: Am 8. Juni 1940 sperrte die Reichsregierung, wie angedroht, die Kohlenlieferungen an die Schweiz.

London: Am 10. Juni hörten die lebenswichtigen maritimen Zufuhren aus Übersee auf. Neunzehn Schiffe, deren Ladung (Kohle, Eisen und Getreide) für die Schweiz bestimmt war, wurden von der britischen Blockadekontrolle angehalten und in Häfen westlich von Lissabon stillgelegt.

Berlin: Etwa gleichzeitig blockierte Deutschland den schweizerischen Transitverkehr von und nach den skandinavischen und den baltischen Staaten, von und nach Ungarn und der Slowakei.

Und wieder London: Am 14. Juni, am Tage des deutschen Einmarsches in Paris, musste man in Bern zur Kenntnis nehmen, dass sich Grossbritannien und die Kolonien des britischen Weltreiches entschlossen hatten, keine Ausfuhrbewilligungen für die Schweiz mehr zu erteilen. Das bedeutete die Einstellung des Handelsverkehrs mit Übersee.

Unerbittlich schloss sich indessen die fast vollkommene militärische Umklammerung der Schweiz durch die Achsenmächte. Schlimmer hatte es kaum kommen können.

Die brennend aktuelle Frage, die sich unter diesen Umständen stellte, lautete nun nicht mehr, ob die Schweiz wohl nachgeben dürfe, das verstand sich jetzt von selbst. Kohlenembargo und Transportsperre – allein diese ominöse Kombination strangulierender Massnahmen liessen keine andere Wahl.

So erfüllte die Schweiz nun die deutschen Forderungen in logischer Reihenfolge.

Am 18. Juni beschloss die Regierung, dem Dritten Reich bedeutende Mengen an Kriegsmaterial zu liefern, und zwar nach dem Wortlaut eines Telegramms, das Johannes Hemmen, der Chef der deutschen Verhandlungsdelegation in Bern, am gleichen Tag an das Auswärtige Amt in Berlin schickte, «unbeschränkt so viel... als die Schweiz dazu in der Lage ist».[211] Bereits am folgenden Tage wurde Hemmen eine Liste der möglichen Rüstungsaufträge überreicht, die die Schweiz zu erfüllen bereit und in der Lage war, darunter 2 Millionen Stück 15-mm-Patronen, 10 Millionen Stück 20-mm-Hülsen, 1 Million Stück Zünder und 200'000 Stück 4,7-mm-Panzergranaten. Im übrigen übernahm es die Schweiz, fast alle der für diese Produktion erforderlichen Nichteisenmetalle aus eigenen Beständen beizusteuern. Das sollte, wie es in einem deutschen Bericht hiess, nur «ein erster Anfang» sein, grössere Lieferungen würden in Aussicht genommen.[212]

Gleichzeitig wurde der Reichsregierung das gesamte für die Westmächte in Produktion befindliche Kriegsmaterial zugesprochen, das den alliierten Auftraggebern ohnehin nicht mehr zugestellt werden konnte. Schliesslich übernahm Deutschland auch die laufenden Kriegsmaterialaufträge Belgiens und Norwegens.

So fiel dem Dritten Reich das schweizerische Rüstungspotential sozusagen in den Schoss. Bald darauf, Mitte Juni 1940, steht in

Berlin bereits fest, welche weiteren Aufträge die deutsche Marine und die Luftwaffe an die Schweiz vergeben wollen: Es handelt sich um 1610 Geschütze mit Munition.[213] Im Oktober belaufen sich die festen Bestellungen des deutschen Heeres, der Marine und der Luftwaffe bereits auf 382 Millionen Schweizer Franken.[214]

Das mag für manche Leser dieses Buches eine Überraschung sein: denn tatsächlich ist auch nach dem Krieg, ähnlich wie bei den Goldtransaktionen, von offizieller Seite wenig getan worden, die Öffentlichkeit über das Ausmass der schweizerischen Leistungen aufzuklären.

Anfangs, in den ersten Nachkriegsjahren, hat man sich bemüht, die strategisch wichtigen Leistungen der Schweiz zu Gunsten des Deutschen Reiches zu bagatellisieren. Ernst Speiser, Direktor des Kriegsindustrie- und Kriegsarbeitsamtes, stellte zum Beispiel im Frühjahr 1946 die oft zitierte Behauptung auf, dass nur zwei bis höchstens drei Prozent der arbeitenden Bevölkerung der Schweiz im Kriege für Deutschland gearbeitet habe. Genaueres erfuhr man aber nicht.[215]

Im April 1949 publizierte die schweizerische Wochenzeitung «Der Aufbau» einen ersten interessanten Versuch, der verschlüsselten und unvollständigen Aussenhandelsstatistik beizukommen und den Umfang der schweizerischen Waffenlieferungen zu beziffern. Jakob Ragaz, der Verfasser dieser Studie, kam auf 424 Millionen Schweizer Franken. Seine Schätzung verfehlte die Wahrheit um Hunderte von Millionen.[216]

Im übrigen teilte Ragaz das Schicksal mancher Aufklärer, deren Entdeckungen kaum zur Kenntnis genommen werden. Die Wochenzeitung, in der seine Studie veröffentlicht wurde, ein in kleinster Auflage erscheinendes Meinungsblatt, wurde ohnehin nur von den Angehörigen einer religiös-sozialen Randgruppe gelesen.[217]

Erst elf Jahre darauf konnte man ahnen, dass sich Ragaz wohl verrechnet haben musste. Im Januar 1960 wurde nämlich eine äusserst massive Kritik des Ministers Hans Sulzer bekannt, eines erfahrenen Diplomaten und prominenten Industriellen,

der schon im Juli 1942 die «gewaltigen, der deutschen Kriegsführung dienenden Lieferungen» scharf verurteilt und bei dieser Gelegenheit von «unglücklichen Lieferungen an typischem
Kriegsmaterial» gesprochen hatte.[218]
«Gewaltige Lieferungen... an typischem Kriegsmaterial», was
war darunter zu verstehen?
Wieder musste viel Zeit vergehen, bis die «Neue Zürcher Zeitung» Ende 1968 – endlich, mehr als zwei Jahrzehnte nach
Kriegsende – diese Frage beantwortete, und zwar wiederum
an Hand von deutschen Dokumenten, die von Klaus Urner,
einem jüngeren Historiker, der später die Leitung des Archivs
für Zeitgeschichte in Zürich übernehmen sollte, entdeckt und
ausgewertet worden waren.[219]
Seitdem sind auch von anderen schweizerischen Historikern,
vor allem von Edgar Bonjour, Daniel Bourgeois und Robert
U. Vogler, im Verlauf von weiteren fünfzehn Jahren ergänzende Funde in deutschen Archiven gemacht worden, die es er-
lauben, die bis zum heutigen Tage verbürgten schweizerischen
Waffen- und Kriegsmaterialexporte nach Deutschland auf mehr
als eine Milliarde Schweizer Franken anzusetzen.[220]
Von welcher Bedeutung diese Lieferungen für die Beschäftigung der schweizerischen Industrie waren, geht aus einem
Dokument des Wirtschafts-Rüstungsamtes des Oberkommandos der Wehrmacht hervor, das die «Belegung einzelner schweizerischer Industriezweige mit deutschen Aufträgen» Ende 1942
betraf.
Für Deutschland arbeiteten damals in der Schweiz 80 Prozent der Präzisionsinstrumente erzeugenden Industrie, 75
Prozent der Uhrwerkzünder produzierenden Uhrenindustrie,
70 Prozent der Elektroindustrie sowie 60 Prozent der Waffen-
industrie, die auch die schweizerische Armee zu versorgen
hatte.[221]
Wie wurden diese Lieferungen auf deutscher Seite eingeschätzt?
«Den Deutschen waren die Waffenlieferungen aus der Schweiz
so wichtig», erklärte der schweizerische Historiker Georg Kreis
1975 auf einem internationalen Kolloquium in Ravenna, «dass

man in Berlin daran dachte, bei der schweizerischen Regierung einen Flabschutz für gewisse Fabriken anzuregen», und dies noch bevor britische Flugzeugbomben im Mai 1943 in der Nähe der Zürcher Oerlikon-Werke niedergingen.[222]

KREDIT, EINE WAFFE

Wie konnten diese schweizerischen Lieferungen bezahlt werden?

Der Gedanke ist nicht neu, dass das Deutsche Reich versuchen musste, den Einkauf ausländischer Produkte über ausländische Kredite zu finanzieren, solange in Berlin Gold und Devisen knapp waren. So verstand es sich auch von selbst, dass vor allem die kapitalkräftige, nichtkriegführende Schweiz als Kreditgeber des Dritten Reiches in Betracht kam. Man spekulierte so: Würde die Schweiz ihre Rüstungslieferungen kreditieren, dann träte der für Deutschland ideale Fall ein, dass die Schweiz Kriegsmaterial lieferte und es zudem aus der eigenen Tasche bezahlte.[223]

Hält man sich an das Bild von der Kette, die den deutschen Riesen und den Kleinstaat Schweiz in gegenseitiger Abhängigkeit hielt, dann ist es richtig festzustellen, dass mit den Kriegsmaterial-Lieferungen und deren Kreditierung zwei solide Glieder dieser Kette geschmiedet wurden. Der logische Zusammenhang ist, aus heutiger Sicht, offenbar.

Polen war noch nicht besiegt, als die Reichsregierung die Schweiz ersuchte, Deutschland einen 80-Millionen-Kredit für die Ablösung einer deutschen Clearingschuld einzuräumen. Die Schweiz liess sich nicht darauf ein.

Ein weiterer deutscher Vorstoss erfolgte im Juni 1940, als die Schlacht um Frankreich ihren Höhepunkt erreicht hatte und die Militärmacht der Alliierten auf dem Kontinent zusammenbrach. Jetzt zeigte Berlin grösste Eile. Wenige Tage nachdem der schweizerischen Regierung die erste deutsche Bestell-Liste für Waffen und Kriegsmaterial überreicht worden war, forderte der

-136-

deutsche Delegationschef, jetzt aber dringend und mit bedrohlichem Nachdruck, auch die sofortige Gewährung eines substantiellen Kredits.[224]

Der damalige Bundespräsident und Aussenminister der Schweiz, Marcel Pilet-Golaz, erläuterte einem engen Kreis hoher Finanzbeamter, was das zu bedeuten hatte. Hinter den schalldichten Türen des Präsidentenzimmers im Parlament erklärte er, nun müsse Zweitrangiges und Nebensächliches geopfert werden, um zu retten, was für die Versorgung des Landes wirklich wichtig sei. Man müsse den Deutschen geben, was sie verlangten. Es sei unzweckmässig, sich mit Diskussionen über eine Million mehr oder weniger aufzuhalten. Und hellsichtig fügte er hinzu: «Deutschland benötigt Devisen. Es wird sich nicht genieren, uns in die Knie zu zwingen. Das haben uns, wir müssen es uns eingestehen, die letzten zwei Wochen gelehrt».[225]

Am 5. Juli beschloss die Regierung, Deutschland einen Kredit von 100 Millionen Schweizer Franken anzubieten.[226]

Die Deutschen verlangten mehr.

Von beiden Seiten zäh geführten Verhandlungen erbrachten schliesslich eine Verständigung, die der Öffentlichkeit in wesentlichen Teilen vorenthalten wurde. Die Schweiz gewährte dem Deutschen Reich nun einen Kredit von 150 Millionen Schweizer Franken, und zwar im Rahmen eines neuen Verrechnungsabkommens. Davon waren 115 bis 120 Millionen für die Bezahlung deutscher Waffen- und Munitionskäufe sowie für Aluminium und zusätzliche Maschinen bestimmt. Dieser erste Kredit durfte also zu achtzig Prozent für strategisch wichtige Anschaffungen verwendet werden.[227]

Auch das war «nur ein Anfang». Die Weichen waren aber gestellt. Denn die Schweiz hatte sich grundsätzlich bereit erklärt, den Kredit wenn nötig zu erhöhen – ein Versprechen, das bedeutsamer war als der Kredit selbst. Denn es war vorauszusehen, dass der Kredit bald erschöpft sein werde. In der Tat: Der Kreditbedarf nahm rasch weiter zu und im gleichen Mass auch die Dringlichkeit neuer deutscher Kreditgesuche.

Anfang Februar 1941 wurde der Kredit mehr als verdoppelt. Er stieg auf 315 Millionen.

Um mehr als das Doppelte wurde er wiederum im Juli 1941 erhöht. Nun erreichte er 850 Millionen.

Schliesslich überschritt er die Milliarde.

Damit hatte die Schweiz eine nicht unproblematische Vorrangstellung eingenommen. Nun konnte nämlich in Berlin mit besonderer Genugtuung verzeichnet werden, dass sie, die Schweiz, von allen Neutralen der weitaus grosszügigste Kreditgeber des Dritten Reiches geworden war.

Genaueres wurde von einer Statistik der Verrechnungskasse des Reichswirtschaftsministeriums Ende April 1944 festgehalten, aus der hervorging, dass die schweizerischen Kredite die spanischen um das Sechsfache übertrafen, die portugiesischen und die schwedischen um das Fünfunddreissigfache und die türkischen Kredite sogar um das Hundertneunzigfache. Um es mit anderen Worten zu sagen: die schweizerische Finanzhilfe überragte um das Vierfache diejenige der vier anderen Neutralen zusammengenommen.[228]

Die schweizerischen Kredite, auch «Clearingvorschüsse» genannt, wurden damit gerechtfertigt, dass sie zu einem «wesentlichen Teil» dazu gedient hätten, «unsichtbare Exporte» zu bezahlen, worunter «Zinsen und Dividenden schweizerischer Kapitalanlagen in Deutschland», ferner sogenannte Nebenkosten wie Lizenzen, Regiespesen, Honorare usw. zu zählen seien.[229]

Dem steht entgegen, dass in den deutschen Dokumenten stets ausdrücklich von «Vorschusskrediten für Heereslieferungen» sowie von «für die Wehrmacht geleisteten Zahlungen» oder von «Verlagerungsaufträgen» die Rede ist, die vom Wirtschafts-Rüstungsamt des OKW an schweizerische Industriebetriebe vergeben worden waren.[230] Für diese Zwecke wurden, wenn man diese Dokumente gelten lässt, praktisch die sämtlichen Kredite verwendet.[231]

Ein Schreiben aus den Akten des Oberkommandos der Wehrmacht vom 2. Juni 1943 spricht das klar und bündig aus: Auf

dem *Kreditwege* werde von der Schweiz bis Ende des Jahres
(1943) an Deutschland für 1 Milliarde Schweizer Franken Rüstungsmaterial ausgeliefert worden sein. Die bereits vergebe-
nen deutschen Bestellungen machten einen Wert von 1,4 Milliarden Schweizer Franken aus.[232]
Diese enorme Kreditleistung war allerdings nicht allein deutscher Nötigung zuzuschreiben. Anderes kam hinzu.
Kredite können in Aussicht gestellt, versprochen, fest zugesichert oder gewährt – aber auch gekürzt, gekündigt oder verweigert werden. Dieser simple Sachverhalt verschaffte der Schweiz
den dringend benötigten Spielraum, die für Wirtschaftsverhandlungen unerlässliche Ellbogenfreiheit. Sie bot ihrer
Verhandlungstaktik eine reiche Skala neuer Möglichkeiten mit
vielen brauchbaren Zwischenstufen und Übergängen an.
Dass die führenden Männer der Exekutive davon Gebrauch
machten, dafür sprechen ihre eigenen Worte. Sie bezeichneten
den Kredit als «eine handelspolitische Waffe von nicht zu unter-
schätzender Bedeutung», als «die stärkste wirtschaftliche Verteidigungswaffe der Schweiz», als «eine Waffe, die sich schmie-
den liess» oder auch als ein verhandlungstaktisch dankbares
«Kompensationsobjekt».[233]
Was mit einer streng gezügelten Kreditpolitik zu erreichen war,
ist in der Tat erstaunlich. Die deutschen Konzessionen, die um
der Kredite und des Kriegsmaterials willen gewährt worden
sind, gingen so weit, dass sie es der Schweiz ermöglichten, nicht
nur Nahrungsmittel, Dünger und Saatgut aus Deutschland zu
beziehen, sondern auch – für den eigenen Bedarf – deutsche
Waffen und Kohlen, deutsches Eisen, Mineralöl und Benzin.
So konnte die eigene Armee noch in den Jahren des Krieges
systematisch modernisiert, konnten die beeindruckenden alpinen Festungswerke des sogenannten Réduit für die Abwehr
einer feindlichen Streitmacht, die nur aus dem Norden kommen konnte, angelegt und ausgebaut werden.
Das aber war nur möglich, weil der Kredit eines Tages aufhör-
te, zur Hauptsache ein Objekt deutscher Nötigung zu sein. Je
härter und länger um neue Kredite gerungen wurde, desto

schwieriger war es, mit Sicherheit auszumachen, wer eigentlich der Treibende und wer der Getriebene war.

Dadurch wurde allerdings das Leben mit dem mächtigen Nachbarn im Norden keineswegs einfacher, im Gegenteil.

Wenn deutsche Kreditwünsche verschleppt wurden oder auf eine andere Weise unerfüllt blieben, dann verschärfte sich auch der deutsche Gegendruck. Einmal wurde der lebenswichtige schweizerische Warenexport unterbunden, ein andermal die Versorgung des Landes mit unentbehrlichen Nahrungsmitteln gestört. In Bern durfte auch nicht für einen Augenblick übersehen werden, dass Berlin es sich jederzeit leisten konnte, die Schlinge einfach zuzuziehen.

Ähnlich – in der Sache aber gegensätzlich – verhielten sich die Alliierten.

Lockerte Berlin die Schlinge, weil die Schweiz dem Deutschen Reich Zugeständnisse machte, dann gaben sie, die Alliierten, nicht selten auf recht drastische Art und Weise zu verstehen, dass sie nicht einfach hinzunehmen gedachten, was nach ihrer Meinung als «wirtschaftliche Kollaboration mit dem Dritten Reich» zu verurteilen war. Einmal verlangten sie von der Schweiz, sie habe ein Drittel ihrer kleinen Hochseeflotte an Grossbritannien abzutreten (was von Bern rundweg abgelehnt wurde). Ein andermal wurde den Schweizer Schiffen die Einfahrt ins Mittelmeer untersagt. Kurz: Jeder Kreditgewährung an das Deutsche Reich folgte über kurz oder lang ein alliierter Gegenzug.

Dann brachen Zeiten eisiger Spannung ein.

Auf die Erhöhung des Deutschland gewährten Kredits auf 850 Millionen Schweizer Franken reagierte die britische Regierung mit einer Note, die der Schweiz eine vollkommene Blockade der Warenzufuhren androhte. Eine schweizerische Wirtschaftsdelegation, die sich im März 1942 unter der Leitung von Minister Hans Sulzer nach London begab, um das Blockadenproblem zu bereinigen, verhandelte ganze neun Monate lang. Ein zermürbendes Unternehmen, entnervend, ärgerlich, demütigend.

Minister Sulzer, der damals 66jährige, sonst so zurückhalten-
de Diplomat, der schon im Ersten Weltkrieg als Gesandter in
Washington die Schweiz vertreten hatte, berichtete nun aus
London: «Diese Mission ist für mich eine wahre Leidenszeit.»
Homberger, der Sulzers Londoner Berichte zu bearbeiten hatte
– ein Mann, der ungemein nüchtern, überlegt und verstandes-
klar zu urteilen pflegt –, brauchte in seiner Antwort an Sulzer
den ungewöhnlichen Ausdruck «tragisch».
Er schrieb: «Man darf wohl die Situation tragisch nennen, in
der wir uns befinden.» London war für die Mission Sulzer, so
fügte er später hinzu, «eine wahre Tortur».[234]
Mitte Dezember wurden die Verhandlungen abgebrochen.
Was Deutschland betraf, hatte sich die Schweiz inzwischen
standhaft geweigert, erneuten Kreditforderungen nachzugeben. Eines der Hauptthemen mühsamer Verhandlungen war
die Erneuerung eines ablaufenden, gerade noch notdürftig um
nur vierzehn Tage verlängerten Handelsvertrages. Aber auch
hier waren die Gespräche rettungslos festgefahren, auch hier
wurden die Verhandlungen abgebrochen.
Zuerst also in London, dann in Berlin waren im Zeitraum von
bloss vier Wochen alle Bemühungen um eine Verständigung
gescheitert.
Man muss sich vor Augen halten, was sich in so kurzer Zeit
zusammenbraute: Die bis zum Zerreissen gespannten Beziehungen der Schweiz zu den kriegführenden Mächten, indes
die katastrophale Niederlage der deutschen Wehrmacht in
Stalingrad eine Wende des Krieges herbeizuführen schien. In
die gleiche Zeit fielen auch die ersten ernsthaften Warnungen der Alliierten vor dem «Raubgold» der Deutschen Reichsbank. Und ferner, im März 1943, alarmierende Meldungen
des schweizerischen Geheimdienstes, im «Führerhauptquartier» beschäftigte man sich mit dem Plan eines militärischen Angriffs auf die Schweiz.
In Bern konnte man nicht wissen, ob diese Nachricht stimmte
oder nicht.

DIE RETTUNG: GOLD

In dieser verflixten Situation befanden sich beide Parteien, der deutsche Riese und die kleine Schweiz, in einer merkwürdigen Verfassung streitbarer Ohnmacht.

Das Abkommen, das die wirtschaftlichen Beziehungen regelte, war am 15. Januar 1943 abgelaufen, und es sollten neuneinhalb Monate vergehen, bis der vertraglose Zustand, der beide Parteien auf Schritt und Tritt verunsicherte, endlich mit der Unterzeichnung eines neuen Abkommens am 1. Oktober 1943 überwunden werden konnte. Die Gespräche, die allerdings bald nach dem formellen Abbruch der Wirtschaftsverhandlungen Mitte Januar wieder aufgenommen wurden, drehten sich vom ersten Tage an um schwerwiegende Fragen.

Das Deutsche Reich hatte zwar vom 850-Millionen-Kredit, den die Schweiz im Juli 1941 gewährt hatte, bis Anfang 1943 nur etwa 700 Millionen Schweizer Franken in Anspruch genommen, wovon sogar erst 600 bis 650 Millionen Franken abgerechnet worden waren. Aber das Bild, das man sich in Bern aufgrund dieser Zahlen machte, trog. In Wahrheit hatte Berlin bereits in aller Stille und Heimlichkeit deutsche Aufträge in der Schweiz placiert, die weit über die Kreditlimite hinausgingen.

Es ergab sich nämlich – so hiess es damals in einer internen Stellungnahme der Deutschen Reichsbank –, dass «die schon placierten, den Bundeskredit von 850 Millionen übersteigenden Aufträge» sowie «neue Verlagerungsaufträge» ungedeckt geblieben waren. Und weiter: Die Reichsbank nahm für den bereits reduzierten Überhang einen Betrag von 320 Millionen, für die neuen Verlagerungsaufträge 200 Millionen Franken an. Was also die deutsche Verhandlungsdelegation nach Ansicht der Reichsbank anstreben musste, war ein zusätzlicher Kredit von 520 Millionen.

Im übrigen empfahl die Reichsbank, «wenn irgend möglich private Stundungsabreden mit den wichtigsten Schweizer Unternehmen» zu treffen, mit anderen Worten: die helvetischen Finanzbehörden zu hintergehen.[235]

Das allein hätte genügt, um zu erkennen, dass die Machtposition des deutschen Riesen offenbar erheblich geschwächt worden war. Aber wenn auch die Erwägungen der Reichsbank den Schweizern und der Öffentlichkeit nicht bekannt wurden, blieben doch die raschen Veränderungen auf den Kriegsschauplätzen und in der deutschen Kriegswirtschaft einem aufmerksamen Beobachter nicht verborgen.

Nicht lange zuvor, nämlich in der zweiten Hälfte des Jahres 1942, hatte Deutschland die äusserste Grenze seiner Machtentfaltung erreicht. Sewastopol war erobert worden, der Vorstoss bis zum Kaukasus gelungen. Ebenso ambitiös hatte es das Deutsche Reich unternommen, die wirtschaftliche Mobilisierung Europas für den totalen Krieg voranzutreiben. Dann aber waren schwere Kämpfe in Nordafrika und in der sich wieder erhebenden Sowjetunion entbrannt. Die alliierte Luftwaffe hatte auf die militärische Expansion Deutschlands im Osten mit ungemein zerstörerischen strategischen Angriffen auf deutsche Grossstädte und Industriezentren geantwortet, indes die Einführung der verhassten Zwangsarbeit in den von Deutschland besetzten Gebieten unweigerlich den bewaffneten Widerstand der unterworfenen Völker herausforderte.

Eine Wende kündigte sich an. Nun wurden auf deutscher Seite die höchsten und, wie sich bald zeigen sollte, zu hohe Ansprüche an die eigenen Kräfte gestellt.

Die Schweiz gehörte wahrscheinlich zu jenen Ländern, die als erste die deutsche Selbstüberforderung zu spüren bekamen. Im Verlaufe des Jahres 1942 liess die deutsche Lieferfähigkeit empfindlich nach. Die Kohlen- und Eisenlieferungen gerieten in diesem einen Jahr um sechs Monate in Rückstand, die Mineralöl-Lieferungen sogar um acht Monate. Das Deutsche Reich schien seine vertraglichen Verpflichtungen nicht mehr erfüllen zu können.[236]

Es kam hinzu, dass am 2. Februar 1943, also zwei Wochen nach dem Abbruch der schweizerisch-deutschen Wirtschaftsverhandlungen, ein einschneidendes Ereignis der Weltöffentlichkeit drastisch vor Augen führte, dass die Überlegenheit der deutschen Waffen keineswegs unumstösslich war. Nach ungemein schweren Verlusten der Sechsten Deutschen Armee – 146'000 Gefallene und 90'000 Kriegsgefangene – kapitulierte an diesem Tage einer der ruhmreichsten Kampfverbände der deutschen Wehrmacht in Stalingrad. Und das war bekanntlich eine Niederlage, die die militärischen Machtverhältnisse entscheidend veränderte.

Mit dem, was sich nun vor diesem Hintergrund abspielte, wird ein neues Kapitel der Goldaffäre eingeleitet.

Als erste Folge der neuen Lage machte sich in beiden Lagern, in Bern ebenso wie in Berlin, zunächst eine gewisse Verwirrung und Unlust, eine Einbusse an Dynamik und taktischer Beweglichkeit geltend.

Was die Schweiz betraf, stand sie vor der vollendeten Tatsache eines Kredits, den sich Berlin einfach genommen hatte, ohne dass Bern ihn hätte gewähren oder verweigern können. Ihr waren die Hände gebunden: Wohl versuchte sie nun nicht ohne Erfolg, den erheblichen Kreditüberhang zu verringern, aber es war nicht möglich, die eingeschmuggelten deutschen Aufträge, die vielleicht bereits in die Produktionsplanung schweizerischer Kriegsmaterial-Lieferanten aufgenommen worden waren, einfach im ganzen wieder rückgängig zu machen. Es blieb ihr keine andere Wahl, als sich mit dem ihr aufoktroyierten Kreditüberhang abzufinden, ihn irgendwie in ihrem Finanzhaushalt unterzubringen und die verhandlungspolitische Notlage, in die sie geraten war, möglichst zu verschleiern.

Ferner war ihr aber auch dadurch, dass inzwischen die deutschen Schulden eine Milliarde überstiegen und folglich die Gewährung neuer Kredite nicht mehr verantwortet werden konnte, «die stärkste wirtschaftliche Verteidigungswaffe der Schweiz», wie einer ihrer führenden Männer den Kredit apostrophiert hatte, stumpf geworden.

Nunmehr fand sich aber auch das Deutsche Reich, ähnlich wie die Schweiz, in einer durchaus ungewohnten Zwangslage, und zwar unabhängig davon, dass die militärische Niederlage von Stalingrad augenblicklich auch einen erheblichen politischen

Prestigeverlust bedeutete. Die deutsche Verhandlungsdelegation konnte nun nicht umhin, offen einzugestehen, dass Deutschland gegen seine eigene, vertraglich beglaubigte Zusicherung aus dem Jahre 1941, den schweizerischen 850-Millionen-Kredit als unüberschreitbare Höchstgrenze anzuerkennen, grob verstossen hatte.[237]

Daraufhin war es ihr unmöglich, weiter auf der Gewährung neuer Kredite zu bestehen. Sie sah sich vielmehr gezwungen, auf schweizerische Kompromissvorschläge einzugehen, die darauf zugeschnitten waren, ungefähr die Hälfte der in letzter Zeit eingeschmuggelten und bereits in Ausführung begriffenen deutschen Rüstungsaufträge gelten zu lassen, und zwar im durchaus legitimen Interesse einer kontinuierlichen industriellen Produktion. Im übrigen musste man sich nun auf deutscher Seite mit Not- und Ersatzlösungen behelfen, die für die Schweiz irgendwie annehmbar waren.

Zwar wurde wie eh und je am Verhandlungstisch fast unaufhörlich um jede Tonne Kohle und jede Kreditmillion heftig gerungen, aber das Klima war zweifellos ein anderes geworden. Die Deutschen versuchten nun, auf Nebenwegen ans Ziel zu kommen. So verfielen sie zum Beispiel auf die Idee, die für die Schweiz unentbehrlichen, von Deutschland plötzlich auf die Hälfte herabgesetzten Kohlenlieferungen mit einem sogenannten «Kohlenkredit» von 50 Schweizer Franken pro Tonne zu koppeln, der dann tatsächlich mit Hilfe eines schweizerischen Bankenkonsortiums aufgebracht wurde und bis Kriegsende rund 107 Millionen Schweizer Franken erreichte. Oder sie versuchten, um ein anderes Beispiel zu nennen, ihren Devisenbedarf wenigstens zu einem Teil dadurch zu decken, dass sie die Schweizer dazu überredeten, die Zinssätze für alte gestundete Kredite grosszügig herabzusetzen.[238]

Es gab aber noch ein anderes, ein neues und besonders ernstes Problem, das dem Deutschen Reich nun zu schaffen machte. Die deutsche Wirtschaft war, wie schon erwähnt, seit 1942 nicht mehr in der Lage, der Schweiz diejenigen Quantitäten an Kohlen, Mineralölen und anderen Rohstoffen zu liefern, die ihr vertraglich zugesichert worden waren. Da die Schweiz nun aber bei allen Abmachungen stets ausdrücklich den Grundsatz des «do ut des» hochgehalten und somit ihre Leistungen von gleichwertigen deutschen Gegenleistungen abhängig gemacht hatte, gab ihr der deutliche Zerfall der deutschen Lieferkapazität auch das Recht, ihre eigenen Kriegsmaterial-Lieferungen entsprechend einzuschränken.

Von diesem Recht machte die Schweiz Gebrauch. Sie bestand darauf und setzte es durch, dass die Ausfuhr von Kriegsmaterial nach Deutschland ab 1. Juli 1943 scharf gedrosselt und kontingentiert wurde.

Eine Woche zuvor war diese harte Massnahme von der deutschen Verhandlungsdelegation mit deren Unterschrift unter ein provisorisches Wirtschaftsprotokoll in aller Form anerkannt und wohl nur schweren Herzens bestätigt worden. Gleichzeitig hatte sich das Deutsche Reich aber auch damit einverstanden erklärt, dass die Schweiz ihm keine weiteren Kredite mehr gewähren werde. Schliesslich hatte es zudem auch die Verpflichtung übernommen, ihre Warenlieferungen an die Schweiz nicht einzuschränken.[239]

Es tut nichts zur Sache, dass das erwähnte Wirtschaftsprotokoll ein «provisorisches» genannt wurde – es zählte zu den zahlreichen provisorischen Abmachungen, mit denen sich beide Parteien über den gefährlich lange andauernden vertraglosen Zustand immer wieder hinwegzuhelfen suchten. Der Weg, den die Dinge nahmen, war nun vorgezeichnet. Im September 1944 stellte die Schweiz ihre Kriegsmaterial-Lieferungen gänzlich ein.

Erwähnenswert ist, dass die Verhandlungen gerade zur kritischen Zeit die starke Hand des deutschen Gesandten Johannes Hemmen vermissen liessen. Hemmen war aus der von ihm geleiteten deutschen Wirtschaftsdelegation ausgeschieden. Es hiess, er sei schwer erkrankt. Er hat an den weiteren Verhandlungen nicht mehr teilgenommen.

Die deutsche Nachgiebigkeit löst noch heute unheimliche Gefühle aus. Aus der veränderten Weltlage allein war sie nicht zu erklären. Noch weniger konnte sich der stille Abgang Hemmens derart tiefgreifend ausgewirkt haben. Was also veranlasste das Deutsche Reich, schweizerischen Massnahmen zuzustimmen, die es bis dahin niemals zugelassen hätte? Warum verzichtete der immer noch in aller Welt gefürchtete deutsche Riese auf eine gewaltsame Intervention? Warum verwarf er sogar – nach einer peinlich genauen Prüfung der Sachlage – den Plan eines die Schweiz rettungslos isolierenden Wirtschaftskrieges?[240]

Die Antwort auf diese Frage führt uns zum Kern unseres Themas zurück.

Erstens: In diesem kritischen Jahr 1943 importierte die Schweiz «deutsches» Gold im Wert von 588,9 Millionen Schweizer Franken. Das war die bisher bedeutendste Goldtransaktion zwischen dem Dritten Reich und der Schweiz überhaupt.[241]

Zweitens: Darunter befanden sich unter anderem ausser holländischem Gold auch die ersten gefälschten Goldbarren belgischer Herkunft, die erst seit Beginn des Jahres für solche Transaktionen in Berlin zur Verfügung standen.[242]

Von diesem Gold erwarb die Schweizerische Nationalbank mehr als die Hälfte (62,5 Prozent) und bezahlte mit Schweizer Franken.

Drittens: Im Austausch gegen «deutsches» Gold flossen somit in den beiden kritischen Kriegsjahren 1942/43 beinahe 800 Millionen Schweizer Franken in die Kassen der Deutschen Reichsbank – fast 800 Millionen, die ohne weiteres, frei von zwangswirtschaftlicher Behinderung, für die Anschaffung von schweizerischem Kriegsmaterial oder von kriegswichtigen Rohstoffen aus anderen neutralen Ländern verwendet werden konnten.[243]

Der Erlös aus den Goldgeschäften mit der Schweiz wog die schweizerischen Kreditreduktionen bei weitem auf.

Die Bedeutung dieser Wendung, dieser Schwerpunktverlagerung, ist erst heute erkennbar. Die erforderliche zeitliche Distanz ist nun vorhanden, die Kriegsjahre und der Niederschlag, den sie in den endlich zugänglichen Archiven gefunden haben, liegen als ein Ganzes vor uns.

Auf eine kurze Formel gebracht, verschoben sich also im kritischen Jahr 1943 die massgebenden Akzente: Gold trat an die Stelle der Kredite.

Das ist eine Einsicht, die aus den folgenden Zeilen spielend leicht gewonnen werden kann.

In den ersten zwei Kriegsjahren (1940/41) gewährt die Schweiz dem Deutschen Reich Kredite in der Höhe von 850 Millionen Schweizer Franken. Das «Gold aus Deutschland» erreicht nicht einmal ein Viertel dieses Wertes.

Für die folgenden zwei Jahre (1942/43) gilt genau das Gegenteil: Gold für mehr als eine Milliarde gelangt von Deutschland in die Schweiz. Die neuen Kredite aber sinken auf weniger als ein Drittel der Goldimporte ab.

Im letzten Kriegsjahr (1944/45) vollendet sich diese gegenläufige Entwicklung. Nun wird kein Kredit mehr erteilt. Aber «deutsches» Gold – für rund 274 Millionen Schweizer Franken – findet auch jetzt noch den Weg nach Bern. Und weitere 210 Millionen Schweizer Franken fliessen in die Kassen des Deutschen Reiches für Gold, das die Schweizerische Nationalbank noch in diesem letzten Kriegsjahr erwirbt.[244]

War diese Entwicklung gewollt? Ist sie durch eine politische Entscheidung herbeigeführt worden? Entsprach sie, was die Schweiz betrifft, einer klar konzipierten Aussenhandelspolitik? Oder handelte es sich um ein Ereignis, das zwar im Grunde einer eigenen inneren Logik gehorchte, sich schliesslich aber nur deshalb verwirklichen konnte, weil es beiden Parteien gleichermassen aus einer gefährlichen Situation heraushalf?

Falscher Alarm

Auf Deutschland bezogen, geben diese Fragen keine Rätsel auf. Die Initiative lag von Anfang an bei der Deutschen Reichsbank, die ihrerseits auf Weisung der politischen Führung handelte. Die Beweggründe und das angestrebte Ziel ihrer Politik liegen klar auf der Hand, wir kennen sie.

Anders verhält es sich mit der Schweiz. Die Archive liefern keinen Anhaltspunkt dafür, dass es eine Strategie der schweizerischen Goldpolitik gegeben hätte. Es ist keine politische Leitlinie zu erkennen.

Nach allem, was der Beschäftigung mit diesem Thema zu entnehmen ist, scheinen die führenden Männer der Schweizer Regierung und der Nationalbank zunächst einmal Jahre gebraucht zu haben, um des politischen Hintergrundes der Goldtransaktionen überhaupt gewahr zu werden. Und auch dann verrät ihre Haltung noch eine gewisse Ratlosigkeit.

Vermutlich waren es andere, nämlich die Angehörigen der mit den Deutschen sich ständig messenden schweizerischen Wirtschaftsdelegation, die als erste die verborgenen Schwächen des germanischen Riesen und den relativen Machtgewinn der Schweiz erkannt und, wenn auch spät, daraus wertvolle Lehren gezogen haben.

Mitte Juni 1944 hebt zum Beispiel Heinrich Homberger, prominentes Mitglied der schweizerischen Wirtschaftsdelegation, seinen deutschen Verhandlungspartnern gegenüber hervor, er halte die schweizerische «Hilfestellung» für die Goldgeschäfte der Deutschen Reichsbank für «eine der wesentlichen Leistungen der Schweiz».[245]

Vierzehn Tage darauf ist man in Berlin zutiefst darüber «empört», dass die Schweizer damit gedroht hätten, weitere Goldgeschäfte mit Deutschland zu untersagen.[246]

Vieles deutet aber darauf hin, dass die Delegierten, die sozusagen an vorderster Front und in direkter persönlicher Fühlung mit ihren deutschen Gegenspielern standen, an den Finanzbehörden und der politischen Führung in Bern nur wenig Rückhalt fanden. Auch an der interministeriellen Kommunikation schien es zu hapern. Schon nach den ungewöhnlich widrigen, oft qualvollen Verhandlungen im Sommer 1940 hatte sich Homberger darüber beklagt, dass nur wenige Leute im Namen der ganzen Schweiz Entschlüsse fassten, dass aber «im Bundesrat die Mehrheit sich kein Bild machen» könne.[247] R. U. Vogler spricht sogar von einer «schleichenden Ohnmacht massgebender Leute».[248] Homberger stellt verärgert fest, die Wirtschaftsdelegierten, denen eine enorme Verantwortung auferlegt worden sei, «haben nicht mehr zu diskutieren, nur noch Kenntnis zu nehmen».[249]

In diesem oder einem ähnlichen Höhenklima der schweizerischen Politik gab es einen damals furchterregenden falschen Alarm, der als «Märzalarm» in die Schweizer Zeitgeschichte eingegangen ist: Die Schweiz sei in Gefahr...

Dass man in Bern nicht in der Lage war, diesen Alarm, der eng mit unserem Thema zusammenhängt, richtig einzuschätzen, ist ohne weiteres begreiflich. Regierung und Armeeführung nahmen ohnehin an, dass ein militärischer Angriff auf die Schweiz jederzeit erwartet werden musste, dass er in Berlin gewiss erwogen, möglicherweise gerade vorbereitet wurde oder sogar unmittelbar bevorstand. Der Gedanke, dass wirtschaftliche oder goldpolitische Erwägungen dahinter stecken könnten, war selbst Eingeweihten, die zu Staatsgeheimnissen Zugang hatten, völlig fremd. Was war geschehen?

Der militärische und politische Nachrichtendienst der Schweiz galt als einer der besten Europas. Er war nicht allein auf Agenten angewiesen. Persönlichkeiten im Staatsdienst und hohe Offiziere der deutschen Wehrmacht, die das blutige Regime Adolf Hitlers verabscheuten, versahen die Schweiz insgeheim mit kriegswichtigen Nachrichten. Eine der Schweizer Nachrichtenlinien – «Wiking-Linie» genannt – reichte angeblich bis ins Führerhauptquartier. Sie trat nur bei allerwichtigsten Anlässen in Aktion.

Über diese Linie traf am 18. März 1943 die folgende Meldung ein: «1. Die Schweiz ist ins Gespräch gekommen und damit in den Gefahrenbereich. 2. Wir werden Euch innert ein bis zwei Wochen wieder benachrichtigen, ob konkrete Pläne gefasst wurden. 3. Zeigt durch eine geeignete Geste, dass die Schweiz nicht überrumpelt werden kann».[250]

Diese Warnung, die von einem oder mehreren Offizieren aus dem engsten Kreis um den «Führer» ausgegangen sein soll, schien von Meldungen bestätigt zu werden, die über andere

Kanäle eintrafen und erst nach dem Krieg als Falschmeldungen erkannt wurden.

Dass der Alarm in Bern wie ein Blitz einschlug, war übrigens auch darauf zurückzuführen, dass man, wie in aller Welt, das von der deutschen Propaganda jahrelang pausenlos verbreitete Bild von Hitler-Deutschland als einem streng zentral geleiteten «monolithischen Block» mit der Zeit übernommen hatte. Ein heimliches Wort aus dem «Führerhauptquartier», das konnte nur die Stimme des Schicksals sein.

Was man damals noch nicht wusste – auch das wurde erst nach dem Krieg ans Licht gebracht –, war die Tatsache, dass die Macht der deutschen Staatsverwaltung seit langem schon tiefgreifend zerstückelt und zersplittert war, so dass zahlreiche Sondergewalten sich hatten selbständig machen und so etwas wie eine «autoritäre Anarchie» begründen können.[251] Es war ein «Führungschaos im Führerstaat» entstanden, das das Deutsche Reich, wie es einmal treffend formuliert worden ist, in einen «organisierten Dschungel» verwandelt hatte.[252]

In der Schweiz stand man daher seit Jahren unter dem falschen Eindruck einer von der deutschen Staatsführung planmässig betriebenen physischen Bedrohung, ein Eindruck, der in Wahrheit durch mehr oder weniger willkürliche Aggressionen oder Drohgebärden der SS, der Auslandsorganisation der NSDAP, des «Alemannischen Arbeitskreises» und anderer, nach eigenen Vorstellungen und Programmen selbständig handelnder Organisationen und Ämter hervorgerufen worden war.[253]

Der Warnung der «Wiking-Linie» waren in der Schweiz sofortige Massnahmen des militärischen Oberkommandos gefolgt. Ihre Überzeugungskraft hatte noch dadurch gewonnen, dass sie vom Chef des Auslandsnachrichtendienstes der SS, Walter Schellenberg, bestätigt worden war. Schellenberg, der mit dem Leiter des militärischen Nachrichtendienstes der Schweiz, Oberst Roger Masson, freundschaftliche Beziehungen unterhielt, hatte die Gelegenheit wahrgenommen, um die Schweizer vom hohen Wert seiner persönlichen Sympathien zu überzeugen. Nachdem der «Alarm» am 23. März wieder «abgeblasen» worden war, behauptete er fälschlicherweise, es sei nur ihm zu verdanken, dass der Plan einer militärischen Aktion gegen die Schweiz aufgegeben worden sei.[254]

In Wahrheit hatten sich die Dinge anders zugetragen. Von einer unmittelbaren militärischen Bedrohung konnte keine Rede sein. Alle massgebenden deutschen Generäle, die nach dem Krieg darüber befragt worden sind, haben übereinstimmend erklärt, dass im März 1943 von keinem Stab eine «Operation Schweiz» geplant worden sei.[255] Der schweizerische Militärhistoriker H. R. Kurz stellte schon vor Jahrzehnten, in einer frühen Studie aus dem Jahre 1957, kategorisch fest, «dass der Märzalarm von 1943 keinen realen militärischen Hintergrund hatte».[256] In diesem Zusammenhang bestätigte er auch das Wort des deutschen Diplomaten Erich Kordt, dass der Oberbefehlshaber der deutschen Wehrmacht, Reichskanzler Adolf Hitler, aus den verschiedensten Gründen einem militärischen «Plan Schweiz» in Wirklichkeit niemals nähergetreten sei.[257]

Schon 1957 hatte Kurz den damals schwer verständlichen Gedanken geäussert, möglich sei, dass der «Märzalarm» vornehmlich wirtschaftlichen Zwecken diente.[258] Spätere Studien, insbesondere des Genfer Historikers Jean-Claude Favez, sind diesem Gedanken nachgegangen und haben interessante Zusammenhänge ans Licht gebracht.[259]

Wirtschaftliche, nicht militärische Massnahmen hatten tatsächlich in jenen Tagen die deutsche Führung beschäftigt. Es war um die Frage gegangen, ob der Zeitpunkt gekommen und günstig wäre, um gegen die widerspenstige Schweiz nicht mit Waffengewalt vorzugehen, wohl aber mit den wirkungsvollen Waffen des «Wirtschaftskrieges».

Wenn immer sich die Beziehungen mit der Schweiz schwierig gestalteten, wurde diese Frage im engsten Führungskreis zur Diskussion gestellt. In diesem Zusammenhang war im März 1941 sogar ein krimineller Übergriff, nämlich die Ermordung Sir David Kellys, des britischen Gesandten in Bern, ernsthaft erwogen worden. Kelly war in Berlin wegen seines deutschfeindlichen Einflusses auf schweizerische Wirtschaftskreise ausserordentlich unbeliebt. Der Mordplan war schliesslich verworfen worden.[260]

Am 5. März 1943 war es erneut so weit, dass man von einer schweren Beziehungskrise sprechen konnte.

Seit dem Abbruch der Verhandlungen sind elf Wochen vergangen. Seitdem gibt es keinen gültigen Wirtschaftsvertrag mit der Schweiz. Die Wiederaufnahme von Gesprächen, mit der man in Berlin kurzfristig gerechnet hat, scheint in weiter Ferne zu liegen. Die Stimmung ist gedrückt, besonders seit der Niederlage von Stalingrad vier Wochen zuvor.

So könne es nicht weitergehen, konstatiert der Leiter der wirtschaftspolitischen Abteilung des Deutschen Auswärtigen Amtes, Minister Wiehl, an diesem 5. März. Er hält fest: Rüstungsminister Albert Speer befindet sich auf dem Weg ins Führerhauptquartier, um dem «Führer» die Angelegenheit vorzulegen. Gemeint ist die wirtschaftliche Erdrosselung der Schweiz.[261]

Am darauffolgenden Tag, dem 6. März, fasst Speer, der dafür eintritt, dass die Schweiz rücksichtslos zur Vernunft gebracht werde, das Ergebnis seines Besuches bei Hitler in die lapidaren Worte zusammen: «Der Wirtschaftskrieg kann in der vorgesehenen scharfen Form nicht durchgeführt werden.»[262]

Minister Wiehl im Auswärtigen Amt formuliert das Ergebnis genauer: der «Führer» habe Reichsminister Speer erklärt, man dürfe «das Vorgehen gegen die Schweiz nicht auf die Spitze treiben», selbst wenn man, was die Rüstungsaufträge betrifft, kürzertreten müsse. Daraufhin sei im Handelspolitischen Ausschuss unverzüglich beschlossen worden, sich fortan mit Drohungen gegen die Schweiz zurückzuhalten.[263]

Da die Wirtschaftsdelegationen nun schon seit zwei Monaten nicht mehr zusammentreten, bemüht sich Berlin in den folgenden Tagen auf diplomatischem Wege um die Wiederaufnahme ungekürzter Kriegsmaterial-Lieferungen sowie um die Gewährung neuer substantieller Kredite. Man nimmt sich vor, nicht länger als zwei Wochen auf eine schweizerische Stellungnahme warten zu wollen. Wenn bis dahin Bern nicht nachgeben sollte, wird man Massnahmen ergreifen, die geeignet sind, einen «Wirtschaftskrieg» einzuleiten.[264]

Die mit Ungeduld ersehnte Antwort aus der Schweiz lässt auf sich warten, indes nun die «Wiking-Linie» am 18. März die Warnung übermittelt, die Schweiz sei «ins Gespräch gekommen» und damit «in den Gefahrenbereich».

Bern antwortet am 23. März. Das deutsche Kreditgesuch wird energisch zurückgewiesen. Hitlers Weisung zur Mässigung wirkt sich nun aus: Am 28. März läuft das Ultimatum, das Berlin sich selbst gestellt hat, ab. Feindselige Massnahmen werden nicht beschlossen.

Der Alarm wird abgeblasen.

Vierzehn Tage darauf, am 12. April 1943, treffen sich die Delegationen der beiden Länder endlich wieder am Konferenztisch, die Wirtschaftsgespräche werden von neuem aufgenommen. Starr, unnachgiebig, nur zu geringen Konzessionen bereit, beharren aber beide Parteien auf ihrem Standpunkt. Zwar ist man noch einmal, was die Entfesselung eines «Wirtschaftskrieges» betrifft, glimpflich davongekommen, aber es ist noch nicht gesagt, dass Berlin auf gefährliche wirtschaftliche Kampfmassnahmen endgültig verzichtet hat. Wirtschaftskrieg? Er schwelt wie ein Feuer unter der Asche.

Ende Mai 1943 steht er an erster Stelle auf der Tagesordnung des Handelspolitischen Ausschusses in Berlin.

Waren es also zur Hauptsache wirtschaftliche Erwägungen, die den falschen Alarm ausgelöst hatten? Ja, mehr als bloss die zeitliche Reihenfolge und Übereinstimmung der Ereignisse spricht dafür.

Es war gewiss kein Zufall, dass gerade in jenen Tagen die deutschen Abwehrstellen in der Schweiz und in den Grenzgebieten angewiesen wurden, die Spionage gegen die Schweiz einzustellen.[265]

KEIN WIRTSCHAFTSKRIEG

Warum? Ein deutsches Schriftstück, ein Dokument von zentraler Bedeutung, gibt darauf eine aufschlussreiche Antwort. Es handelt sich um eine «Aufzeichnung über den Stand der Wirtschaftsverhandlungen mit der Schweiz» vom 3. Juni 1943. Verfasser dieser Aufzeichnung ist Ministerialdirektor Karl Clodius, Chef der Wirtschaftsabteilung des Auswärtigen Amtes in Berlin.

Die sechs Schreibmaschinenseiten umfassende «Aufzeichnung» ist in erster Linie für den «Herrn Reichsaussenminister» bestimmt. Kopien gehen aber auch an fünf andere Reichsstellen.[266]

Seit dem 25. Mai wird von neuem versucht, Verhandlungen, die diesmal in Bern stattfinden, zu einem für beide Parteien günstigen Abschluss zu bringen. Jedoch, man kommt nicht weiter. Die Deutschen beklagen sich – in Berlin beim Schweizer Gesandten Frölicher, in Bern bei den Bundesräten, die für die Wirtschafts- und die Aussenpolitik verantwortlich sind –, dass die Haltung der Schweizer Regierung für das Deutsche Reich nicht befriedigend sei.

In den wichtigsten Punkten, so Karl Clodius, habe die Schweizer Regierung ihre Haltung nicht geändert. Nach wie vor bestehe sie darauf, dass die Rüstungslieferungen für Deutschland in diesem Jahr 1943 den Wert von 300 Millionen Schweizer Franken nicht überschreiten dürften. Sie behaupte, höheren deutschen Kreditforderungen nicht entsprechen zu können. Herr Wiehl, Leiter der wirtschaftspolitischen Abteilung des Auswärtigen Amtes, sei der Auffassung, «dass keine Aussicht besteht, auf dem Verhandlungswege eine Änderung der Haltung der Schweizer Regierung in dieser wichtigsten Frage zu erzielen».

Also «Kampfmassnahmen», also «Wirtschaftskrieg»?

Wieder einmal legt Karl Clodius diese Frage dem Oberkommando der Wehrmacht und den beteiligten Ministerien vor: dem Rüstungsministerium, dem Munitionsministerium, dem Reichsverkehrsministerium und, nicht zuletzt, der Deutschen

Reichsbank, und zwar im Handelspolitischen Ausschuss, also dem Ausschuss der höchsten Geheimnisträger.

Um die Antworten, die er erhält, in ihrer ganzen Bedeutung erfassen zu können, muss man sich vor Augen halten, dass es Deutschland bis dahin stets gelungen war, die Schweiz mit Hilfe von wirtschaftlichen Kampfmassnahmen gefügig zu machen. So hatte zum Beispiel der Handelspolitische Ausschuss bereits einmal vor Jahren, Anfang März 1941, beschlossen, «Massnahmen zu ergreifen, welche die Schweiz die Abhängigkeit von Deutschland fühlen lassen»: Erschwerung des Handels- und Transitverkehrs mit und durch Frankreich, Störung der schweizerischen Mineralölbezüge aus Rumänien, strenge Rationierung des für den Transit schweizerischer Handelsprodukte erforderlichen deutschen Rollmaterials, und anderes mehr.[267]

Um einen alle Möglichkeiten ausschöpfenden Wirtschaftskrieg und dessen Folgen abzuwenden, war der Schweiz schliesslich keine andere Wahl geblieben, als die deutschen Forderungen zu erfüllen, wenn auch erst nach langem Zögern und hartnäckigem Verhandeln um deutsche Gegendienste: Letzten Endes willigte sie damals in den berühmt-berüchtigten 850-Millionen-Kredit ein.

Nun aber, 1943, in den Tagen des falschen Alarms, war es zum ersten Mal geschehen, dass die Argumente, die bis dahin für die scheinbar unbedingte Nützlichkeit eines Wirtschaftskrieges gesprochen hatten, in Berlin nicht mehr überzeugten. Stalingrad hatte ganzer Völker Zukunftserwartungen umgeworfen. Und seitdem – in der kurzen Zeitspanne von etwas mehr als zwei Monaten – hatten sich die Machtverhältnisse unablässig und tiefgreifend verändert.

Karl Clodius konsultierte das Oberkommando der Wehrmacht und die für die deutsche Kriegführung verantwortlichen Chefbeamten Ende Mai 1943. Zu Beginn dieses Monats hatte das deutsche Afrikakorps die Waffen gestreckt. Noch ernster war die Lage dadurch geworden, dass Deutschland gleichzeitig die Herrschaft über das Mittelmeer verloren hatte. Zudem erlitt die deutsche Kriegsflotte in diesem einen Monat den schweren Verlust von vierundzwanzig U-Booten mit zweitausend Seeoffizieren und Elitematrosen. In Berlin musste man sich eingestehen, dass auch der deutsche U-Boot-Krieg gegen die feindliche Handelsschiffahrt gescheitert war. Und es kam noch hinzu, dass die Talsperren des Ruhrgebiets, im Zentrum der deutschen Rüstungsproduktion gelegen, am 17. Mai von britischen Bombern zerstört wurden.

«Das am Fuss des gebrochenen Damms einst befindliche Kraftwerk war mit seinen schweren Maschinen wie wegradiert. Eine Flutwelle hatte das Ruhrtal überschwemmt. Sie hatte, das war die unscheinbar anmutende, aber gravierende Folge, die elektrischen Aggregate der Pumpstationen des Ruhrtales durchnässt und verschlammt, so dass die Industrie zum Stillstand gekommen und die Wasserversorgung der Bevölkerung gefährdet war...» So schilderte Albert Speer, Minister für Rüstung und Kriegsproduktion, das Bild der Verwüstung, das sich ihm in der ersten Morgendämmerung des 17. Mai bei seiner Landung auf dem Flugplatz Werl darbot.[268]

Sämtliche Herren des Handelspolitischen Ausschusses stimmen in ihren Meinungen überein: *Kein* Wirtschaftskrieg! Karl Clodius gibt dafür eine ganze Reihe von Gründen an, die im Verlaufe der Beratungen von den Vertretern der verschiedenen Ministerien und der Deutschen Reichsbank geäussert worden sind. Das *Rüstungsministerium:* Die schweizerischen Kriegsmaterial-Lieferungen machen nur etwa ein halbes Prozent der deutschen Rüstungskapazität aus, «es handele sich aber um besonders wichtige technische Speziallieferungen, deren Ausfall gerade in den nächsten Monaten unter anderem das deutsche Panzerprogramm und das Fernsteuerprogramm erheblich beeinflussen würde... Diese Lieferungen sind auch dadurch gerade jetzt besonders wichtig geworden, da (zum Beispiel bei Kugellagern) in der deutschen Industrie in letzter Zeit Ausfälle durch Luftangriffe eingetreten sind.»

Und ferner: Es ist der deutschen Rüstungsindustrie besser gedient, in nächster Zeit weniger als, im Fall eines Wirtschaftskrieges, gar keine schweizerischen Lieferungen zu erhalten. Keine künftigen Erfolge eines Wirtschaftskrieges vermöchten die Ausfälle, die er heraufbeschwört, später wieder auszugleichen.

Das *Munitionsministerium* erklärt, «dass die Verhandlungen, falls die Schweizer Regierung ihren ablehnenden Standpunkt aufrechterhält, nicht abgebrochen werden können und wirtschaftliche Kampfmassnahmen nicht in Frage kommen, weil auch die beschränkten Schweizer Lieferungen gerade in den nächsten Monaten nicht zu entbehren sind...»

Und ferner: Es müsse von der Schweiz als Gegenmassnahme zu erwarten sein, dass sie die Stromzufuhr für Süddeutschland abschneidet. Wichtige Kriegsproduktionen würden darunter zu leiden haben, «und zwar vor allem die Aluminiumfabriken in Rheinfelden, die einen erheblichen Teil der deutschen Aluminiumproduktion darstelle».

Weiter wörtlich: «Das *Oberkommando der Wehrmacht* und sämtliche übrigen Ministerien haben sich unter Hinweis auf die Stellungnahme des Munitionsministeriums im gleichen Sinne ausgesprochen. Dabei ist von verschiedenen Stellen geltend gemacht worden, dass die immer stärkere Anspannung der deutschen Rüstungsproduktion es von Monat zu Monat bedenklicher erscheinen lässt in einen Wirtschaftskrieg mit der Schweiz zu geraten.»

Das *Reichsverkehrsministerium* befürchtet von einem Wirtschaftskrieg, dass die Kohlentransporte nach Italien dadurch gefährdet würden, dass die Schweiz den Transit durch die Alpentunnels sperrt. «Nach den Berechnungen des Reichsverkehrsministeriums könnte von den [monatlich] rund 470'000 Tonnen Kohle, die zurzeit über die Schweiz nach Italien befördert werden, nur etwa die Hälfte auf andere Strekken umgeleitet werden.»

Und ferner: «Der Ausfall von über 200'000 Tonnen Kohle monatlich ist aber für Italien gerade im gegenwärtigen Augenblick nicht tragbar.» Eine Umleitung der Transporte würde die anderen Transportwege in gefährlichem Ausmass beanspruchen und Störungen herbeiführen können.

Die *Deutsche Reichsbank:* Der Vertreter des Reichsbankdirektoriums erklärt, dass er – unabhängig von der Stellungnahme des Munitionsministeriums – «einem Abbruch der Verhandlungen und den wirtschaftlichen Kampfmassnahmen nicht zustimmen könne, weil die Schweiz die einzige Möglichkeit für die Beschaffung von freien Devisen bietet.»

Reichsbankpräsident und Wirtschaftsminister Walther Funk, von Karl Clodius persönlich befragt, bestätigt die Erklärung des Vertreters des Reichsbankdirektoriums, wie es heisst, «in vollem Umfange».

In dieser Situation gibt der Reichsbankpräsident übrigens die erstaunliche Erklärung ab, die schon am Anfang dieses Buches zitiert worden ist: ...er könne nicht einmal für zwei Monate auf die Möglichkeit verzichten, in der Schweiz Devisentransaktionen (vor allem Umwandlung von Gold in freie Devisen) durchzuführen.»

Karl Clodius beruft sich in seinem Lagebericht auch ausdrücklich auf den «Führer», auf Adolf Hitler. Er betont, Hitler habe schon in einem früheren Stadium der Verhandlungen «befohlen, dass die Verhandlungen mit der Schweiz so durchgeführt werden sollen, dass nach Möglichkeit eine gütliche Einigung herbeigeführt wird».

Und in seiner Eigenschaft als Chef der Wirtschaftsabteilung des Auswärtigen Amtes fügt der Diplomat Clodius hinzu, dass er es nicht für vertretbar halte, «dem Führer zu raten, von diesem Standpunkt abzugehen».

Karl Clodius schlägt schliesslich «dem Herrn Reichsaussenminister» vor, «der (deutschen) Delegation in Bern die Weisung zu geben, mit allem Nachdruck weiter auf eine befriedigende Regelung hinzuwirken und die günstigste Lösung durchzusetzen, die ohne Anwendung wirtschaftlicher Kampfmassnahmen zu erreichen ist».

Aus jeder Zeile dieses Lageberichtes spricht unverkennbar und unverhüllt die Abhängigkeit des deutschen europabeherrschenden Reiches von dem kleinen Nachbarn im Süden in diesem kritischen Jahr 1943.

Und wieder einmal drängt sich hier die Metapher der Kette auf.

Ein Wirtschaftskrieg gegen die Schweiz käme dem «angeketteten» Deutschen Reich teuer zu stehen: Die schweizerischen Kriegsmaterial-Lieferungen würden eingestellt, die Kredite gekündigt. Der kriegswichtigen süddeutschen Aluminiumproduktion würden die Stromlieferungen aus der Schweiz entzogen.

Ferner müsste mit der Sperrung des deutschen Warentransits durch die Alpentunnels gerechnet werden, der immerhin zu mehr als der Hälfte im Auftrag und im Interesse der deutschen Wehrmacht funktionierte.[269]

Schliesslich würde die Schweiz wahrscheinlich gezwungen sein, die Devisenbewirtschaftung einzuführen, was zur Folge hätte, dass der bis dahin so begehrte, selbst gegen zweifelhaftes Gold erhältliche Schweizer Franken aufhören würde, als freie Devise zu gelten.

Und das Gold, ja das «deutsche» Gold – was wäre damit noch anzufangen?

Zweifellos hatte die Schweiz also dem deutschen Riesen gegenüber eine gewisse Position der Stärke beziehen können. Dass sie bei den Wirtschaftsverhandlungen so hartnäckig auf ihrem Standpunkt beharren konnte, das war allerdings gewiss nicht allein darauf zurückzuführen. Eine nicht unwesentliche Rolle spielte auch der wachsende Druck, den die Alliierten auf sie ausübten.

Wir erinnern uns, was gerade damals geschehen war: Ende April 1943, also nur Wochen vor den Beratungen des Handelspolitischen Ausschusses und den Clodius-Aufzeichnungen, hatten die USA und Grossbritannien gegen die Schweiz die denkbar gefährlichste Kampfmassnahme ergriffen, nämlich die totale Rohstoffblockade und die Sperre sämtlicher Zufuhren aus Übersee. Ende Mai hatten sie die Schweiz erneut und mit allem Nachdruck davor gewarnt, dem Deutschen Reich neue Kredite einzuräumen.

Andererseits hielt nun aber die Schweiz, ob sie sich darüber Rechenschaft ablegte oder nicht, einen der stärksten Trümpfe in der Hand. Portugal nahm für Wolframlieferungen seit etwa

-160-

einem halben Jahr, seit dem Herbst 1942, vom Dritten Reich kein «deutsches» Gold mehr an. Berlin war seitdem auf die «Golddrehscheibe Schweiz» mehr denn je angewiesen. Würden der internationale Tresorraum und die Goldschleuse in Bern geschlossen, dann hätte das Deutsche Reich kaum noch eine Chance, die als «Raubgold» qualifizierten Goldbarren und Münzen in freie Devisen umzuwandeln.

Das aber geschah bekanntlich nicht. So bot sich Deutschland auch keine andere Wahl: Das belgische Gold – die Herkunft gefälscht, getarnt – fand ja erst seit Jahresanfang 1943 den Weg nach Bern. In diesem Krisenjahr 1943 erreichte der Goldstrom Berlin–Bern den absoluten Jahresrekord der Kriegszeit.[270] Seitdem konnte man in Berlin wieder aufatmen.

Man bedenke auch, dass auf deutscher Seite an eine Radikallösung ohnehin nicht zu denken gewesen wäre. Die Schweiz hatte es verstanden, sich für alle Eventualitäten vorzubereiten. Selbst wenn sie, von der ganzen Welt abgeschnitten, einem rigorosen deutschen Wirtschaftskrieg ausgesetzt worden wäre, würde sie dank ihren Vorräten dennoch in der Lage gewesen sein, anderthalb bis zwei Jahre lang durchzuhalten. So jedenfalls lautete das Ergebnis eines deutschen Gutachtens vom Oktober 1943 über das sogenannte helvetische «Durchstehvermögen».[271]

Militärische Massnahmen gegen die Schweiz wären erst recht nicht in Frage gekommen. Die deutsche Wehrmacht und die deutsche Kriegswirtschaft waren aufs äusserste in Anspruch genommen. Im übrigen war man in Berlin auch der Meinung, dass die Schweizer Armee, die von Deutschland zu Beginn des Krieges mit Kampfflugzeugen, später mit Zement (für den Festungsbau) sowie mit Treibstoffen beliefert worden war, inzwischen (1943) «den bisher höchsten Stand ihrer Kampfkraft» erreicht habe.[272]

Kehren wir zu den Auseinandersetzungen am Verhandlungstisch zurück. Am 23. Juni 1943, also knapp drei Wochen nach dem Clodius-Bericht, wird die der deutschen Delegation von den Schweizern aufgezwungene Drosselung und Kontingen-

tierung der schweizerischen Kriegsmaterial-Lieferungen auf 80
Prozent im Vergleich mit dem Vorjahr in einem «Provisorischen Wirtschaftsprotokoll» festgeschrieben und drei Monate
darauf nochmals verschärft. Und dabei bleibt es, obwohl die
Gültigkeit der Protokolle nur von kurzer Dauer ist. Der schon
seit Mitte Januar 1943 durchgestandene «vertraglose Zustand»
dauert an.[273]
Was sich im ersten Halbjahr 1943 ereignet hat, war für das
Deutsche Reich und für die Schweiz sowie für die Beziehungen zwischen den beiden Staaten von nicht geringer Bedeutung. Ob und wieweit die Haltung der Schweiz von den Veränderungen, die ihr vom falschen Alarm im März hätten si-
gnalisiert werden können, tatsächlich beeinflusst worden ist,
lässt sich schwer beurteilen.
Wer hätte denn auch ahnen können, dass der Chef des Oberkommandos der deutschen Wehrmacht, Generalfeldmarschall
Wilhelm Keitel, Ende September 1943 anordnen würde, dass alles zu unterlassen sei, was die Schweiz beunruhigen könnte?[274]

BIS ZULETZT

Kein Zweifel, dass die Zeit der grossen, scheinbar dauerhaf-
ten deutschen Siege im September 1943 endgültig vorbei ist.
Nach dem Zusammenbruch des italienischen Faschismus im
Juli zerbrach auch die europäische Hauptstütze der «Ach-
se», Italien erklärte im September Deutschland den Krieg.
Indessen ergriff an der Ostfront die Rote Armee erneut die
Offensive. Nun entreisst sie der deutschen Wehrmacht die
Herrschaft über weite Gebiete östlich von Brjansk und Smo-
lensk, besetzt diese Städte und stösst im Oktober bis zum
Dnjepr vor.
In dieser Zeit der schwerwiegenden Rückschläge hat man in
Berlin keinen Grund, die Haltung der Schweiz zu beanstanden.
Die Waffenlieferungen gehen im vereinbarten Umfang wei-
ter. Kredite werden von der Eidgenossenschaft keine mehr

gewährt, aber man einigt sich auf Kompromisse, die für beide Seiten annehmbar sind.[275]

Auch die Goldtransaktionen werden weitergeführt. Der absolute Jahresrekord wird erreicht, obwohl die Einfuhren im zweiten Halbjahr 1943 um etwas weniger als ein Viertel zurückgehen. Was schliesslich die Nationalbank betrifft: Ihr Appetit nimmt weniger rasch ab als der Goldstrom aus Deutschland. Sie kauft und kauft «deutsches» Gold, wenn auch etwas weniger als im unübertroffenen ersten Halbjahr 1943.[276]

Was gehen die Schweiz die militärischen Entscheidungen der folgenden Monate an – die Rückeroberung der Südukraine und der Krim durch die Rote Armee, die Befreiung Roms und die Landung einer überwältigenden alliierten Streitmacht in der Normandie? Auch wer eine solch anmassende Frage keinesfalls gelten lassen will, muss sich, wenn er ehrlich ist, eingestehen: Nichts, aber auch gar nichts, vermag, wie es scheint, die Direktion der Nationalbank umzustimmen und sie zu einer Revision ihrer Politik zu veranlassen.

Indessen treffen in Bern in den ersten sechs Monaten 1944 weitere Sendungen «deutschen» Goldes ein. Sie kommen ins Reichsbank-Depot. Die Nationalbank kauft das Gold und bezahlt es diesmal mit rund 200 Millionen Schweizer Franken.[277]

Und unentwegt rollen Güterzüge mit Kriegsmaterial über die deutsche Grenze.

Es fällt schwer, die Gelassenheit, den seltsamen Gleichmut der führenden Männer in Bern zu erklären.

Beschäftigt sie, vielleicht mehr noch als die Gegenwart und die unmittelbare Vergangenheit, jene ungewisse, schon unheimlich nahe Zukunft, in der die Schweiz nach wie vor auf intensive Handelsbeziehungen mit dem nördlichen Nachbarn angewiesen sein wird? Angewiesen auf das Wohlwollen eines vermutlich am Kriegsende hilflos darniederliegenden Deutschen Reiches, das aber in absehbarer Zeit wieder zu einer respektablen Wirtschaftsmacht heranwachsen dürfte?

Halten sie es für ein legitimes Interesse der Schweiz, die Beziehungen mit dem deutschen Riesen gerade jetzt, angesichts der ihm bevorstehenden Demütigung und Selbsterniedrigung, vorsorglich zu pflegen?

Wie dem auch gewesen sein mag: Schliesslich kann auch die Schweiz dem Sog des Kriegsgeschehens nicht länger widerstehen. Im Juli muss sie davon Kenntnis nehmen, dass die Russen in Polen stehen, die Streitkräfte der Westmächte die deutschen Stellungen bei Avranches durchbrechen und einen zügigen Bewegungskrieg mit Richtung auf Paris eröffnen. Irgendwann muss sie sich auf die neue Lage einstellen.

Am 29. Juni 1944 reduziert sie die für Deutschland bestimmten Kriegsmaterialexporte auf 20 Prozent des Jahres 1942. Aber der Goldstrom versiegt nicht: In Bern trifft allein im Monat Juli wiederum «deutsches» Gold für nahezu 30 Millionen ein.[278]

August 1944. Mitte des Monats landen alliierte Truppen in der französischen Provence. Sie erreichen die Schweizer Westgrenze bei St-Julien/Perly am 26. August.

Noch ändert sich nichts. In diesem Monat hat Berlin zwei weitere Goldtransporte nach Bern in Bewegung gesetzt und dafür, nach deren Eintreffen in Bern, die übliche Gutschrift erhalten. Ende September 1944: Die Lieferungen schweizerischen Kriegsmaterials werden vollkommen eingestellt.

Kein Gold mehr aus Deutschland?

So scheint es. Im internationalen Tresorraum der Nationalbank in Bern, in diesem unterirdischen Labyrinth, ist es jedenfalls ruhig geworden. Die Goldschleuse steht still.

Doch man bedenke: Allein aus den Golddepots Spaniens und Portugals sind bis dahin 12'863 Goldbarren, 766,2 Millionen Schweizer Franken wert, abgezogen und nach Madrid und Lissabon heimgeschafft worden. Die meisten Stahlschränke sind nun leer. Nicht aber der deutsche.[279]

Er muss noch einmal geöffnet werden. Am 6. April 1945, also kurz nach dem letzten Besuch des Vizepräsidenten der Reichsbank, Emil Puhl, in Zürich und Bern – keine drei Wochen vor dem Selbstmord Adolf Hitlers –, wird hier ein allerletzter deutscher Goldtransport in Empfang genommen. Als Absender

-164-

zeichnet diesmal nicht die Reichsbank Berlin, sondern ihre Filiale in Konstanz. Die Transaktion ist mit Emil Puhl verabredet worden. Grosszügige Geste eines Gentleman?

Es ist nicht ganz auszuschliessen, dass man in Bern dieser Meinung war. Es handelte sich in der Tat um 15,8 Millionen Schweizer Franken in Goldbarren und Münzen, offenbar für die Tilgung einer deutschen Verbindlichkeit bestimmt.[280] Allerdings, man hätte sich auch fragen können, ob es Emil Puhl nicht vor allem daran gelegen war, das moralische Kapital, das er bereits bei der Schweizerischen Nationalbank für seine Person angelegt glaubte, noch kurz vor Toresschluss um diesen Beitrag zu erhöhen.

Eine Bilanz

Nützlich für wen?

Wer hat aus den Goldtransaktionen mit der Schweiz den grösseren Nutzen gezogen, die Alliierten oder das Dritte Reich? Diese Frage betrifft nicht eigentlich die Leistungen der Schweiz, vielmehr das Problem, was die kriegführenden Mächte mit diesen Leistungen anfangen konnten.

Zunächst eine Überraschung.

Was die Alliierten betrifft, so übernahm die Schweiz von ihnen enorme Goldmengen, die in New York, London und Ottawa für die Dauer des Krieges blockiert blieben. Bei *zwei Dritteln* dieses Goldes handelte es sich um Zahlungen für schweizerische Warenlieferungen, also um *Exporterlöse* aus dem Handelsverkehr der Schweiz mit den USA, mit Grossbritannien und mit zwei Dutzend Ländern in Übersee, die von den Alliierten gezwungen worden waren, ihren Zahlungsverkehr mit der Schweiz über New York abzuwickeln. Davon ist schon im 3. Teil dieses Buches («Gold, Gold und wieder Gold») die Rede gewesen.[281]

Da aber die deutsche Gegenblockade seit ihrer Einführung im August 1940 keine schweizerischen Waffen und im allgemeinen auch keine Waren von strategischer Bedeutung durchliess, erbrachte der Handelsverkehr mit der Schweiz den Alliierten nichts, was für ihre Kriegführung hätte von Nutzen sein können. Für die Alliierten war der strategische Nutzen des Warenaustauschs praktisch gleich Null.

Bleibt das Gold, das aus reinen *Finanzoperationen* herrührte, nämlich aus Verkäufen von Schweizer Franken an die englische und amerikanische Regierung. Da geht es also um das letzte Drittel des alliierten Goldes, das die Alliierten gegen Schwei-

-167-

zer Franken eintauschten, die frei konvertierbar und deshalb überall begehrt waren. Auch die Alliierten benötigten sie. Wofür? Um welche Beträge handelte es sich?

Über die Verwendung der Franken durch das amerikanische Schatzamt sind zum Teil detaillierte Aufstellungen vorhanden. Sie betreffen Ausgaben für diplomatische Dienste, für internationale Hilfswerke in der Schweiz sowie für Unterstützungen verschiedener Art. Diese Ausgaben können im einzelnen nachgeprüft werden, und zwar an Hand unveröffentlichter Staatspapiere, die in Bern in den Räumen des Schweizerischen Bundesarchivs liegen.

Völlig im dunkeln bleibt jedoch die Verwendung anderer, erheblich grösserer Frankenbeträge, die von den Regierungen der USA und Grossbritanniens erworben worden sind. Es handelt sich, was ebenfalls aus den Staatsakten hervorgeht, um insgesamt 377 Millionen Schweizer Franken.

Berechnungen, die im Anhang dieses Buches zu finden sind, lassen aufgrund dieser Unterlagen einigermassen sicher darauf schliessen, dass der Nutzen der Goldtransaktionen für die alliierte Kriegführung in der Grössenordnung von ungefähr 400 Millionen Schweizer Franken geblieben ist.[282]

Um wieviel besser stand die andere Kriegspartei da!

Rekapitulieren wir: Allein das Gold, das die Reichsbank über die Schweiz in den internationalen Goldhandel einfliessen liess, repräsentierte bekanntlich einen Wert von 1,7 Milliarden Schweizer Franken. Bei mindestens 1,1 Milliarden Schweizer Franken handelte es sich nachweislich um Raubgold.[283]

Zweifellos diente der allergrösste Teil dieses Goldes der Devisenbeschaffung für den Einkauf unentbehrlicher kriegswichtiger Rohstoffe ausserhalb des deutschen Machtbereichs. Die deutsche Rohstoffversorgung verbesserte sich zwar mit der kriegerischen Erweiterung des deutschen Machtbereichs, aber die deutsche Rüstung wurde weiterhin dadurch «wirklich gehemmt», dass zwei fehlende Rohstoffe – Wolfram für die Herstellung von Hartmunition und Aluminium für die Luftwaffe – weiterhin nur im Ausland beschafft werden konnten.[284]

Mehr als siebzig Prozent des Goldes erwarb allein die Schweizerische Nationalbank und zahlte dem Deutschen Reich dafür – natürlich ausserhalb des Clearings – die ansehnliche Summe von 1,2 Milliarden in Schweizer Franken.

Davon mindestens die Hälfte, nämlich 600 Millionen Schweizer Franken oder mehr, wurden von Deutschland wiederum dazu verwendet, zusätzliches Kriegsmaterial in der Schweiz einzukaufen, für das weder aus dem Clearing noch aus den schweizerischen Krediten die erforderlichen Mittel hätten bereitgestellt werden können.[285]

Es kamen ferner für 1,1 Milliarden Schweizer Franken schweizerische Kredite hinzu, die ebenfalls zum allergrössten Teil der deutschen Rüstungswirtschaft zufielen.

Schliesslich wurden dem Deutschen Reich in der Schweiz zusätzliche «Devisenquellen» eröffnet, aus denen weitere hundert Millionen Schweizer Franken geschöpft worden sind.[286]

Ziehen wir eine Bilanz, dann darf festgestellt werden, dass der Nutzen, den die deutsche Rüstung aus der Schweiz, in erster Linie aus den Goldtransaktionen und ferner auch aus den Krediten gezogen hat, auf mehr als drei Milliarden Schweizer Franken geschätzt werden darf. Eine für die damaligen Verhältnisse unerhörte Zahl, obwohl sie nur einen verschwindend kleinen Bruchteil der effektiven deutschen Kriegskosten bezeichnet.[287]

Was die Goldtransaktionen betrifft, so kennen wir ihren Geldwert. Ist es möglich, auch ihre tatsächliche *Bedeutung* für das Dritte Reich zu ermessen und in Ziffern auszudrücken?

Gewiss, das ist möglich. Besser gesagt: das *wäre* möglich, wenn wir den deutschen Devisenbedarf zu den verschiedenen Zeiten des Zweiten Weltkrieges kennen würden. Aber gerade dieser Bedarf ist der wissenschaftlichen Forschung bis auf den heutigen Tag nicht bekannt. Es ist anzunehmen, dass darüber irgendwo in den Akten der Deutschen Reichsbank oder in den Protokollen des Handelspolitischen Ausschusses Aufzeichnungen zu finden sind, in Papieren also, die in der Staatsbank in Ost-Berlin und im Staatsarchiv der Deutschen Demokratischen Republik in Potsdam aufbewahrt werden.

Die einzige Person, ein Deutscher, der unsere Frage hätte zuverlässig beantworten können, ist vor einigen Jahren gestorben – in jener südamerikanischen Ferne, die nicht wenige prominente Parteigenossen, die Adolf Hitler die Treue hielten, nach dem Kriege aufgenommen hat.[288]

Es gibt dennoch einen interessanten Anhaltspunkt. Er stammt von einem höheren amerikanischen Staatsbeamten, der offenbar über Informationen verfügte, die ihm von der OSS (Organization for Strategic Services) vermittelt wurden. Ein Rapport aus dem Jahre 1944 soll die Feststellung enthalten haben, die deutschen Goldtransaktionen mit der Schweiz hätten angeblich den deutschen Devisenbedarf zu etwa 90 Prozent gedeckt.[289]

Vielleicht greift diese damalige Schätzung um einiges zu hoch. Immerhin widerspricht sie nicht dem vorherrschenden Eindruck, den die Beschäftigung mit dem Thema dieses Buches hinterlässt.

NEUTRALITÄT

War die Schweiz neutral?

Kann man ihr Neutralität wirklich zugestehen, obwohl wir nun mit Sicherheit wissen, dass sie den kriegführenden Mächten keineswegs von gleichem Nutzen war? Genauer: Ist Neutralität mit der Tatsache vereinbar, dass die schweizerische Gold- und Kreditpolitik sowie der Handel mit Waffen und Kriegsmaterial dem Dritten Reich wesentlich, ja um ein Vielfaches, nützlicher war als den Alliierten?

Unser Thema, das mit Überraschungen nicht geizt, sorgt für neue. Völkerrechtlich beruht die seit bald acht Jahrzehnten gültige Definition der Neutralität auf drei Grundsätzen.

Erstens: Die Haager Landkriegsordnung, seit 1907 in Kraft, kennt keine wirtschaftliche Neutralität im eigentlichen Sinne. Neutralität ist ein militärisch-politischer Begriff, nicht ein wirtschaftlicher.

Diesem ersten Grundsatz getreu, liess das Eidgenössische Departement für Äussere Angelegenheiten die schweizerischen Gesandten und Geschäftsträger im Ausland gleich zu Beginn des Krieges wissen, dass es «unzulässig» sei, von einer «wirtschaftlichen Neutralität zu sprechen».[290]

Zweitens: Das kodifizierte Neutralitätsrecht verlangt von den Neutralen wirtschaftliche Gleichbehandlung der Kriegführenden nur für den Fall von Restriktionen.

In diesem Sinne bestimmt Artikel 9 der Haager Konvention wörtlich, dass «alle Beschränkungen und Verbote, die von einer neutralen Macht angeordnet werden... von ihr auf die Kriegführenden gleichmässig anzuwenden sind».

Drittens: Eine neutrale Macht ist nicht verpflichtet, «die für Rechnung des einen oder anderen Kriegführenden erfolgende Ausfuhr oder Durchfuhr von Waffen, Munition und überhaupt von allem, was für ein Heer oder eine Flotte nützlich sein kann, zu verhindern». Diesen erstaunlichen Grundsatz fixiert Artikel 8 der Haager Konvention.

Im übrigen wird den Neutralen das Recht zugesprochen, mit allen Staaten, mit kriegführenden und neutralen, auch zu Kriegszeiten im üblichen Umfang Handel zu treiben.

Wie sah das in der Praxis aus?

1939. Das schweizerische Verbot der Waffenausfuhr wird aufgehoben. Beiden Kriegslagern wird gleichermassen die Möglichkeit geboten, sich in der Schweiz mit Waffen und Kriegsmaterial einzudecken. Dass das Deutsche Reich von dieser Chance keinen Gebrauch macht, ist eine deutsche Angelegenheit, keine schweizerische.

Ab 1940. Die Aussenhandelspolitik der Schweiz ändert sich nicht, wohl aber die militärische Lage, die es dem Deutschen Reich ermöglicht, schweizerische Lieferungen von Waffen und Kriegsmaterial an die Alliierten zu verhindern. Die Schweiz gerät, was ihre eigene Versorgung betrifft, zwischen die Mühlsteine der verfeindeten Grossmächte. Sie lehnt zwar die unannehmbare deutsche Forderung auf völligen Abbruch ihrer Handelsbeziehungen mit Grossbritannien ab, lässt sich aber im Sommer 1940 für eine kurze Übergangszeit auf eine provisorische Mitwirkung bei der deutschen Gegenblockade ein, womit sie zweifellos für diese Zeit ausnahmsweise gegen Artikel 9 der Haager Konvention verstösst.[291]

1940/41. Die Schweiz gewährt dem Dritten Reich erhebliche Kredite, trifft aber in London mit Kreditangeboten, die hier nicht benötigt werden, auf ein klares Nein der Alliierten. 1943/44. Die Goldtransaktionen erreichen ihren Höhepunkt. Sie werden mit beiden Kriegsparteien vorgenommen. Die Schweiz verordnet keine einseitigen Einschränkungen.

Aber sie hat keinen Einfluss darauf, wie die Kriegführenden die Möglichkeit auswerten, die ihnen eine neutrale Schweiz zu bieten hat.

Also: War und blieb die Schweiz wirklich neutral?

Unsere Antwort ist korrekt, aber unbefriedigend, weil sie nur eine Seite in Betracht zieht: die rechtliche. Es ist gewiss richtig, dass sich die Schweiz im allgemeinen getreu an den Buchstaben des Völkerrechts gehalten und die Grundsätze der Haager Konvention respektiert hat. Aber andererseits ist es schwer begreiflich, dass die enormen Rüstungslieferungen und die Dienste, die die Berner Goldschleuse dem Dritten Reich geleistet hat, noch den allgemeinen Vorstellungen von dem entsprechen, was mit dem Ausdruck Neutralität eigentlich gemeint ist.

Es widerspricht nämlich dem gesunden Menschenverstand und einem etwas verschwommenen, aber tief angelegten Gerechtigkeitsgefühl, als «neutral» gelten zu lassen, dass sich die Schweiz zum Beispiel darauf einliess, Lieferungen von Rüstungsgütern an das nationalsozialistische Dritte Reich selbst zu finanzieren, und zwar mit einem grösstenteils unverzinslichen Milliardenkredit – dass also Tag und Nacht in dichter Folge Güterzüge mit unbezahlten Waffen und anderen kriegswichtigen Gütern nach Deutschland rollten, indes versiegelte Waggons mit «deutschem» Gold in die entgegengesetzte Richtung fuhren – mit Gold, das übrigens, wenn es über jeden Zweifel erhaben gewesen wäre, bei weitem ausgereicht hätte, die schweizerischen Kriegsmaterial-Lieferungen zu bezahlen.

Was steckte wohl hinter soviel Unvernunft?

Der Umstand vielleicht, dass niemand sich des niederländischen Rechtsgelehrten Hugo Grotius entsann, der den Neutralen schon vor drei Jahrhunderten empfohlen hat, «nichts zu tun, was den stärkt, der im Unrecht ist, und den behindert, der im Recht ist»?[292]

Da ist nicht mehr von geschriebenem Recht die Rede, sondern von politischem Recht und Unrecht, also von politischer Moral – von einem Wertbegriff, der uns noch beschäftigen wird.

KRITIK INTERN

«Meine Herren, um jedem Missverständnis vorzubeugen: Eine nationalsozialistische Wirtschaftspolitik gibt es ebensowenig wie eine nationalsozialistische Blinddarmoperation. Es gibt nur eine richtige oder eine falsche Wirtschaftspolitik.»

Dieser Satz wurde 1936 vom damaligen Reichswirtschaftsminister und Reichsbankpräsidenten Hjalmar Schacht in einem Vortrag vor Generalstabsoffizieren der Wehrmachtsakademie formuliert.[293]

Der politische Mut, der dazu gehörte, eine für die damaligen Verhältnisse in Deutschland so ketzerische Meinung zu äussern, ist ebenso bemerkenswert wie deren theoretische Grundlage: dass Politik und Wirtschaft als Beruf grundverschiedene, unverwechselbare Sachkenntnisse voraussetzen und deshalb auch sauber auseinandergehalten werden sollten.

Dieser weitverbreiteten Ansicht verdanken Notenbanken wie die Schweizerische Nationalbank ihre weitgehende Unabhängigkeit.

Auch heute ist die Hochachtung, die dem beruflichen, grundsätzlich apolitischen Spezialistentum des Nationalbankdirektoriums entgegengebracht wird, noch selbstverständlich. Es ist daher nicht verwunderlich, dass die Autonomie der Nationalbank selbst in den Kriegsjahren 1939-1945 unangetastet blieb.

Dafür gab und gibt es einen anderen, noch wichtigeren Grund. Tatsache ist, dass die Wirtschaftspolitik einer jeden Regierung, die darauf angewiesen ist, ihre Anhänger zufriedenzustellen, grundsätzlich inflationär ist. Andererseits ist nur eine wahrhaft unabhängige Zentralbank in der Lage, dem entgegenzuwirken, und zu verhindern, dass Budgetdefizite mit Geldern ausgeglichen werden, die zu diesem Zweck gedruckt werden müssten. Und daraus erklärt sich auch, dass das Direktorium bei einem geringsten Versuch einer Einmischung politischer Instanzen seine Sonderstellung stets ausdrücklich betonte und auch nicht davor zurückschreckte, seinen Rücktritt anzudrohen.

So zum Beispiel anlässlich einer Besprechung mit Chefbeamten der Regierung im März 1944. Einer der Direktoren der Nationalbank gab bei dieser Gelegenheit zu Protokoll, dass es «untragbar» wäre, wollte man «die Angelegenheiten der Notenbank mit handels- und aussenpolitischen Belangen» verquicken.[294]

Diese Meinung herrschte auch im Departement für Auswärtige Angelegenheiten vor: Selbst Minister Robert Kohli, der als Sektionschef für die Goldpolitik zuständig war und der noch im März 1944 nachdrücklich auf die aussenpolitische Bedeutung der Währungspolitik hingewiesen hatte, gab nach dem Krieg auf die Frage, wie sich sein Amt zu den massiven Goldkäufen der Nationalbank gestellt habe, die lapidare Antwort, nur ganz ausnahmsweise sei sein Amt über die Goldkäufe im voraus informiert worden, im übrigen sei es ja «grundsätzlich» Sache der Nationalbank, «ihre Politik bezüglich der Goldtransaktionen festzulegen».[295]

Wie kann die Goldpolitik der Nationalbank definiert werden? Gerade was diese Frage betrifft, sind die Berge von Akten, die der Zweite Weltkrieg in Bern und Zürich hinterlassen hat, ganz besonders unergiebig. Man fragt sich, ob den Goldtransaktionen mit Deutschland überhaupt eine durchdachte Politik zugrunde lag. Die wenigen Dokumente, die diese Frage berühren, enthalten bestenfalls nur Ansätze dazu.

Beispiele dafür finden sich hauptsächlich in den Dossiers der ersten Kriegsjahre. Die Deutsche und die Schwedische Reichs-

bank werden darauf aufmerksam gemacht, dass die National-
bank im Prinzip nur Gold zu kaufen wünsche, wenn der Ge-
genwert dafür verwendet werde, Schweizer Rechnungen zu
bezahlen. Jede Ausnahme, also jeder Tausch von Gold gegen
Banknoten, werde jedenfalls davon abhängig gemacht, ob er
der Nationalbank gelegen komme. In diesem Sinne wird die
Deutsche Reichsbank gebeten, «künftighin bei beabsichtigten
Goldgeschäften vorgängig der Spedition [des Goldes] mit uns
Fühlung zu nehmen».[296]
Die vorsichtige Zurückhaltung wurde bald wieder aufgegeben.
Und so vergingen Jahre. Erst im Juli 1943 erklärte der Präsident des Bankrats, Professor Bachmann, dass nun wohl die
enormen Goldgeschäfte mit Berlin «mehr denn je politischen
Charakter» hätten.[297]
Es geht aus den Dokumenten nicht hervor, ob sich das Direktorium ernsthaft mit der Frage beschäftigt hat, ob nicht die
bislang so arg vernachlässigte politische Dimension der Goldgeschäfte endlich einmal berücksichtigt werden müsse. Alles
deutet eher darauf hin, dass man sich der Rechtmässigkeit seiner Sache sehr sicher war. So sicher, dass man auch glaubte,
man könne es sich leisten, den Tag, an dem man, wenn überhaupt, intern werde Rechenschaft ablegen müssen, in aller Ruhe
abzuwarten.
Interne Kritik, das wissen wir längst, setzte spät, erst nach dem
Kriege ein, als die Schweiz von den Alliierten gedrängt wurde,
über ihre Goldpolitik Aufschluss zu geben. Nur insofern kann
allerdings von einer internen Kritik gesprochen werden, als
sie unter Ausschluss der Öffentlichkeit geübt wurde. Denn es
handelte sich nicht um eine Selbstkritik der Nationalbank, sondern um eine scharfe Beurteilung der Goldgeschäfte von seiten der Regierung.[298]
Unmittelbarer Anlass war ein schon im Frühjahr 1945 im amerikanischen «Barron's Magazine» erschienener Artikel gewesen, der kurz nach der deutschen Kapitulation, am 28. Mai 1945,
von der Moskauer «Prawda» aufgegriffen worden war. Auf
diese Publikationen hin, die der Schweiz vorwarfen, Deutsch-

land mit Käufen deutschen Goldes in der Grössenordnung von zwei Milliarden Schweizer Franken Hilfe geleistet zu haben, entwarf das Departement für Auswärtige Angelegenheiten ein für die Schweizer Gesandtschaft in Washington bestimmtes vertrauliches Memorandum, das sich auf eine für diesen Zweck angefertigte Statistik der Nationalbank stützte. Die Statistik, die eine Hilfe sein sollte für die Abwehr der alliierten Vorwürfe, ging aber nur auf das Gold ein, das die Schweiz von den Alliierten übernommen hatte – die Käufe deutschen Goldes wurden nicht einmal erwähnt.

Dieses Memorandum, das mehrmals überarbeitet werden sollte, bevor es nach Washington abgeschickt werden konnte, bot seinen Kritikern eine Gelegenheit, ihrem Ärger Luft zu machen. «Diese Darstellung», heisst es in einem der Kommentare, «ist ganz offensichtlich tendenziös. Die Nationalbank hat klar und deutlich zugegeben, dass sie eigens für die Amerikaner verfasst worden ist. Die Goldtransaktionen mit Deutschland, für die sich Washington und Moskau im höchsten Grade interessieren, werden einfach übergangen…» Die Nationalbank gründe ihre ganze Argumentation auf das blockierte, von den Alliierten kontrollierte Gold, das man nicht einfach im Strudel einer spitzfindigen Buchführung verschwinden lassen könne. Niemand aber, der in der Lage sei, sich die Statistiken unserer Goldeinfuhren zu beschaffen, werde sich von solchen Kunstgriffen täuschen lassen.[299]

Ein Jahr lang versucht man, mit sich selbst ins reine zu kommen. Am 20. Mai 1946 veranlasst dann die Regierung das Bundesgericht, die drei Herren des Direktoriums als Zeugen zu befragen. Die Regierung erwartet sich davon, so heisst es, «eine vorsorgliche Beweisaufnahme für den Fall, dass die Alliierten einen effektiven Rechtsanspruch auf das sogenannte Raubgold anmelden sollten».[300]

Indessen wird ein ganzer Katalog von Unterlassungssünden zu Papier gebracht, Sünden der Nationalbank. Das Dokument, ein Gutachten, liegt bei den Akten des Finanzdepartements im Bundesarchiv in Bern.[301]

Erstens, so wird festgestellt, habe die Nationalbank immer den Standpunkt eingenommen, ihre Goldgeschäfte gingen niemand etwas an.

Zweitens habe sie versäumt, einen gründlichen Tatbestandsbericht anzufertigen.

Drittens heisst es weiter: Blosse Selbstsicherheit genüge nicht, wenn man seit Jahren weiss, dass es zu einer Auseinandersetzung mit den Alliierten kommen wird und dass diese Auseinandersetzung nicht mit wohlmeinenden Beteuerungen, sondern nur mit Argumenten und Tatsachen bestritten werden kann.

Viertens sei es seit langem bekannt gewesen, dass in Amerika Prozesse wegen des belgischen Goldes stattgefunden haben, aber die schweizerische Delegation sei darauf angewiesen gewesen, sich die Prozessakten in Washington selbst zu beschaffen. Dabei habe doch der ungläubige Voltaire einmal, so heisst es an dieser Stelle, als er seinem Freund, dem Marquis Jeaucourt, einen Besuch machte und eine Bibel auf seinem Tisch fand, erklärt: «Ja, wenn man einen Prozess führt, muss man wohl oder übel die Akten der Gegenpartei lesen!»

Bedenkt man, dass diese Worte von einem Angehörigen der Schweizer Delegation stammen und eine Woche nach dem Abschluss der Washingtoner Verhandlungen geschrieben worden sind, dann kann man ermessen, welch bittere Enttäuschung hier die Feder führte.

Doch nicht genug, im gleichen Dokument zielt die interne Kritik auch auf die vielleicht schwächsten Stellen der schweizerischen Goldpolitik, setzt aber über dieses Kapitel den beschwichtigenden, mit diplomatischem Geschick formulierten Titel: «Die Politik der Nationalbank war im Prinzip seinerzeit wohl richtig, aber doch wohl zu wenig vorsichtig.»

Fünftens, so steht es unter dem nächsten Punkt: Nichts – weder die Neutralität des Landes noch Rücksichtnahme auf Währung und Konjunktur – verpflichte die Nationalbank, Gold zu kaufen, wenn zu befürchten ist, dass das Gold gestohlen ist und wieder zurückverlangt werden könnte.

Sechstens wird missbilligt, dass sich die Nationalbank keine

Klarheit über die tatsächlichen, zu Beginn des Krieges vorhandenen Goldreserven der Deutschen Reichsbank verschafft habe und dass von Berlin, nachdem die Affäre des belgischen Goldes bekannt geworden war, auch keine verbindliche Erklärung über die Herkunft des Goldes verlangt worden sei.

Siebtens wird beanstandet, dass einer der Direktoren einmal einen 50-Millionen-Gewinn erwähnt habe, den die Goldtransaktionen abgeworfen haben sollen – was leider den Gedanken nahelege, «dass die Goldremittierungen ein sehr interessantes Geschäft waren und dass diese Überlegung nicht ganz unbedeutend war».

Diese Beispiele dürften genügen.

Anzumerken ist, dass vermutlich weder eine kritische Beurteilung von aussen noch eine historische Betrachtung wohl mit den Männern, die damals die schwere Last der Verantwortung trugen, derart scharf ins Gericht gehen würde, wie es diese unmittelbare interne Kritik tat, die allerdings von persönlichen Motiven vielleicht nicht ganz frei war.

Jedenfalls haben wir es hier mit überlieferten Dokumenten zu tun, die damals mit dazu beitrugen, dass man in Bern nicht einfach zur Tagesordnung überging.

Etwa zur gleichen Zeit, im Juni 1946, kommt es, wiederum unter Ausschluss der Öffentlichkeit, zu ernsten Auseinandersetzungen, diesmal innerhalb der Nationalbank selbst.

Alfred Hirs, einer der drei Generaldirektoren, bekennt sich während der Verhandlungen in Washington dazu, gewusst zu haben, dass ein grosser Teil des von der Reichsbank gelieferten Goldes Raubgold belgischer Herkunft war.

Er erklärt aber auch, nicht er habe die Goldgeschäfte mit der Reichsbank getätigt, sondern sein Kollege Vizepräsident Paul Rossy. Rossy weist die Verdächtigung entrüstet zurück. Er verlangt eine sofortige unparteiische interne Untersuchung.

Gleichzeitig erklärt er sich ausserstande, eine weitere Zusammenarbeit mit Alfred Hirs überhaupt noch in Betracht zu ziehen.

Ferner droht er mit seiner Demission. Zudem gibt er zu ver-

stehen, er werde unter Umständen gezwungen sein, von seinem Recht Gebrauch zu machen und die Öffentlichkeit über die Gründe seines eventuellen Rücktritts zu informieren.
Bei dieser Gelegenheit verwendet er das höchst skandalträchtige Reizwort «Säuberung», das gerade in ganz Europa umgeht und vor allem auch die Prozesse gegen Kollaborateure aller Art bezeichnet, von denen die Medien gerade voll sind: Mehr als 183'000 Prozesse allein in Holland und Belgien, mit mehr als 4300 Todesurteilen.[302]
In Bern ist man bemüht, die Proportionen zu wahren. Die verschiedenen Verdächtigungen werden unter die Lupe genommen und schliesslich nach eingehender Prüfung und auch mit dem Einverständnis der Betroffenen zu den Akten gelegt.
Ganz ohne politische Folgen bleibt das Ende der Goldaffäre jedoch nicht.
Als im Jahre 1947 ein neuer Präsident der Nationalbank ernannt werden muss, werden die Akten wieder zu Rate gezogen, diesmal im Finanzdepartement. Es ist zwar Sache des Bankrats, der Regierung einen Kandidaten für dieses höchste Bankamt vorzuschlagen. Die Ernennung erfolgt jedoch durch die Regierung selbst.
Und nun kommt es doch noch in aller Stille, ohne dass die Öffentlichkeit etwas davon erfährt, zu einer Art Bereinigung, die zwar nicht die Bezeichnung «Säuberung» verdient, wohl aber einer solchen nicht unähnlich ist.
Wer wird der nächste Präsident des Direktoriums der Nationalbank sein? Ein Vorschlag, der Ende Mai 1946 in einer Sitzung des Bankausschusses diskutiert, von den zehn Herren dieses engeren Gremiums bejaht und schliesslich versuchsweise an das Bundeshaus weitergeleitet wird, bevor noch der eigentlich zuständige Bankrat Gelegenheit hat, sich dazu zu äussern, findet nicht die Zustimmung der höchsten politischen Behörde.
Das Veto der Regierung wird mit den Beziehungen begründet, die der vom Bankausschuss als Kandidat vorgesehene Fritz Schnorf mit Emil Puhl unterhalten haben soll. Fritz Schnorf hatte von 1939 bis 1942 der Nationalbankdirektion angehört.[303]

Schliesslich einigt man sich auf die Kandidatur des damals
verhältnismässig jungen, 48jährigen Juristen und Nationalöko-
nomen Professor Paul Keller, der für sein Amt weit mehr als
ungewöhnliche berufliche Qualitäten mitbringt.

Professor Keller hatte 1935 den Krieg kommen sehen und
schon damals die höchsten politischen und militärischen Behörden seines Landes alarmiert. Sein Rat, rechtzeitig kriegswirtschaftliche Vorbereitungen zu treffen, veranlasste die Regierung, ihn nach Bern zu holen. Hier, in einem kleinen Büro,
nur mit Papier und einem Bleistift ausgerüstet, entwarf er den
Organisationsplan, der dann, als es so weit war, verwirklicht
worden ist.

Enttäuschende zweieinhalb Kriegsjahre hatte er mit der schweizerischen Wirtschaftsdelegation in London verbracht, ohne
dass die Härte der britischen Regierungsbehörden seine Sympathien für das Angelsächsische beeinträchtigt hätte. Er zählte
zu jenen, die nicht müde wurden, vor einer Politik der «Anpassung» an die von Hitlerdeutschland geschaffenen Verhältnisse zu warnen.

Noch Jahrzehnte darauf, als Siebzigjähriger, verriet seine im
Gespräch deutlich sichtbare Erregung, wie hoch er jene seiner
Kollegen schätzte, die dem deutschen Gegenspieler Johannes
Hemmen erbitterten Widerstand geleistet hatten.[304]

Seine Ernennung zum Präsidenten der Schweizerischen Nationalbank zeugte von politischer Verantwortung. Sie erfolgte
für den 1. Januar 1947 in der festen Überzeugung, dass er den
Anforderungen einer neuen Zeit gewachsen sein würde.

FRAGEN AM RAND

Es gibt Fragen, die in diesem Kapitel kurz behandelt werden,
obwohl sie nicht eigentlich zusammengehören. Gemeinsam ist
ihnen, dass die Antworten, die sie herbeiführen, unser Wissen
vervollständigen und Ergänzungen liefern, die man entbehren
würde, wenn man auf sie verzichtete.

Mitte Februar 1945, knapp drei Monate vor dem deutschen Zusammenbruch, wurden die Goldreserven der Deutschen Reichsbank aus Berlin evakuiert und in Thüringen in Sicherheit gebracht. Dass man nicht länger damit warten durfte, war jedem klar, der den Vormittag des 3. Februar in einem der Luftschutzkeller unter dem Berliner Hauptgebäude der Reichsbank überlebt hatte.

An jenem Samstagmorgen, zum ersten Mal am hellichten Tag, hatten 950 amerikanische Bomber, «fliegende Festungen» genannt, von 575 Mustang-Jägern flankiert, das Berliner Stadtzentrum angegriffen. Für Berlin war es der erste jener apokalyptischen Grossangriffe, die in die Geschichte eingehen sollten. Ganze Stadtteile wurden in Schutt und Trümmer gelegt. Zweitausend Personen fanden den Tod.

Der Reichsbankpalast, ein Gebäude von der Grösse der alten Reichskanzlei, war von einundzwanzig Volltreffern schwer in Mitleidenschaft gezogen worden. Die unterirdischen Tresorräume und auch die Luftschutzkeller, wo das Bankpersonal und übrigens auch Reichsbankpräsident Funk Zuflucht gefunden hatten, waren aber wie durch ein Wunder unversehrt geblieben. Die Arbeitsräume waren jedoch unbrauchbar geworden. Wenn es überhaupt noch eine Chance gab, die letzten Gold- und Devisenreserven zu retten, dann musste sofort gehandelt werden.

Das Bankpersonal wurde nach Weimar und nach Erfurt evakuiert. Das Gold und die Devisen wurden auf dreizehn Eisenbahn-Flachwagen aus der Stadt herausgeschafft und später, auf zwanzig Lastautos verteilt, nach Merkers in Thüringen verfrachtet, um dort schliesslich in den tiefen, finsteren Stollen eines Salzbergwerkes versteckt zu werden.

Amerikanische Truppen, die das Bergwerk am 4. April 1945 besetzten, entdeckten das Gold in einem der unterirdischen Tiefräume. Eine Bestandsaufnahme ergab, um wieviel es sich handelte: um 8527 Goldbarren im damaligen Wert von rund 481 Millionen Schweizer Franken, ferner um Goldmünzen von ungefähr gleichem Wert.[305] Wo kamen diese Goldbarren und die Goldmünzen her? Des Rätsels Lösung ist ziemlich einfach.

Als mit dem sicheren Sieg der Alliierten gerechnet werden konnte, vollzogen einige Verbündete des Dritten Reiches einen radikalen Frontwechsel: Sie erklärten Deutschland den Krieg. So Italien im September 1943, Rumänien und Bulgarien im August und September 1944. Bis dahin hatten die deutschen Behörden die Goldreserven dieser Länder respektiert. Die Notenbank Rumäniens hatte noch im Dezember 1943 einen Goldbestand von nahezu 1,4 Milliarden Schweizer Franken ausgewiesen.[306] Es gelang den Deutschen nicht, sich in den Stunden des «Verrats» dieser Goldreserven zu bemächtigen. In Rumänien wurde die deutsche Wehrmacht vom Sturz des faschistischen «Führers» Antonescu und vom plötzlichen Frontwechsel rumänischer Truppen überrascht. Ihre eigenen Streitkräfte waren zu schwach, um Bukarest militärisch zu beherrschen und die Goldtresore der rumänischen Notenbank auszuräumen. Ebenso unerwartet kam es in Sofia zum Staatsstreich und Umsturz, als das Gros der deutschen Streitkräfte das Land bereits geräumt hatte.

Wesentlich günstiger waren für sie die Umstände in Italien gewesen. Hier fanden sie Zeit und Gelegenheit, sich einen erheblichen Teil nicht nur des italienischen, sondern zudem auch des albanischen Notenbankgoldes, das sie in den besetzten Gebieten vorfanden, anzueignen und nach Berlin zu schaffen. Laut einer Aufzeichnung, die sich im Archiv der Schweizerischen Nationalbank in Zürich befindet, handelte es sich um Gold im Wert von insgesamt 475,8 Millionen Schweizer Franken.[307] Ist es ein Zufall, dass der Wert dieses «Raubgoldes» fast genau mit dem Wert der Goldbarren übereinstimmt, die die Amerikaner im Salzbergwerk von Merkers gefunden haben? Wahrscheinlich nicht. Denn aus den Papieren der Schweizerischen Nationalbank geht auch hervor, dass die Schweizer Regierung durch eine Verbalnote der italienischen Gesandtschaft in Bern davon in Kenntnis gesetzt wurde, dass und wieviel «Raubgold» aus Italien nach Berlin geschafft worden war.[308] Es ist anzunehmen, dass die italienische Regierung auch Portugal, Schweden und die anderen neutralen Staaten warnend informierte. Und es ist ebenso wahrscheinlich, dass dies dem deutschen Geheimdienst zugetragen worden ist.

Das bedeutete, dass das italienische und albanische Barrengold – es handelte sich immerhin fast um eine halbe Milliarde Schweizer Franken – für die bisherigen Transaktionen so gut wie unbrauchbar geworden war, denn in allen Zentralbanken der Welt wusste man, dass es sich um Raubgold aus Italien und Albanien handelte.

Da dies zu einer Zeit geschah, da die Transportlage die Versorgung der deutschen Rüstungsindustrie mit kriegswichtigen Rohstoffen erschwerte, wurde ein Teil des italienischen Goldes, allerdings fast ausschliesslich Goldmünzen aus den verschiedensten Ländern Europas, einigen hohen Reichsstellen zugewiesen – zur beliebigen Verwendung für ungenannte, mehr oder weniger dunkle Zwecke.

So gelangte zum Beispiel unverdächtiges gemünztes Gold der Banca d'Italia, Gold im Wert von knapp 35 Millionen Schweizer Franken, in den Bunkersafe des Auswärtigen Amtes unter dem Gebäude der Wilhelmstrasse Nr. 75, wo ein persönlicher Goldfonds des Reichsaussenministers Joachim von Ribbentrop aufbewahrt wurde. Von den hier lagernden insgesamt 72 Millionen Schweizer Franken Gold sollen Münzen für rund 17 Millionen Schweizer Franken an die deutschen Botschaften in Ankara, Madrid und Stockholm verteilt worden sein. Angeblich ging auch, wahrscheinlich im März 1945, eine Goldmünzensendung auf dem Kurierwege an die Deutsche Gesandtschaft in Bern.

Man ist, was diesen geheimen Goldfonds betrifft, auf die Aussagen der damals zuständigen Beamten des Auswärtigen Amtes angewiesen, die nach dem Kriege im Zusammenhang mit dem Nürnberger Prozess verhört worden sind. Die Lagerbücher und andere Unterlagen, die über diese Randerscheinungen der Goldtransaktionen hätten Aufschluss geben können, sollen schon Ende 1944 im persönlichen Auftrag des Reichsaussenministers vernichtet worden sein.[309]

Eine andere Frage stellt sich im Zusammenhang mit dem

Prozess des Internationalen Militärtribunals von Nürnberg gegen die Hauptkriegsverbrecher (25. November 1945 bis 1. Oktober 1946): Warum ist hier der Raub des belgischen Goldes nur am Rande erwähnt worden?

Tatsächlich figurierte der Goldraub weder in der Anklage noch im Urteil gegen die Hauptverantwortlichen, Hermann Göring und Walther Funk, obwohl sich Anklagepunkt vier ausdrücklich auch auf «Verbrechen gegen das Eigentum» bezog. Zudem war in diesem Fall auch der Tatbestand einer flagranten Verletzung des Völkerrechts zweifellos erfüllt.

Das ist bemerkenswert, weil dem ehemaligen Reichsbankpräsidenten Funk sowohl in der Anklage als auch in der Urteilsbegründung wohl «die Beschlagnahme der Goldreserven der Tschechoslowakischen Nationalbank» (von nur 107 Millionen Schweizer Franken) und «die Liquidierung der Jugoslawischen Nationalbank» vorgeworfen wurde, nicht aber die Enteignung des weitaus wertvolleren belgischen Goldschatzes.[310] Warum?

Schliesslich muss man sich auch fragen, warum der amerikanische Ankläger, Thomas J. Dodd, mehrmals ausgewichen ist, wenn der Angeklagte, Reichsbankpräsident Walther Funk, auf das belgische Gold zu sprechen kommen wollte.[311]

Was auf den ersten Blick recht geheimnisvoll zu sein scheint, findet eine einfache Erklärung darin, dass Unvorhergesehenes zusammenkam.

Bekanntlich hatte die Banque de France der Belgischen Nationalbank kurz nach der Befreiung von Paris und Brüssel Gold zukommen lassen, dessen Wert dem belgischen Gold entsprach, das ihr im Jahre 1940 anvertraut worden war. Belgien hatte also keinen Grund mehr zu einer gerichtlichen Klage.

Was die Vichy-Regierung betraf, die das belgische Gold unrechtmässig an Deutschland ausgeliefert hatte, war es undenkbar, sie vor das Nürnberger Gericht zu zitieren. Ihre zuständigen Minister hatten sich in Paris vor dem Obersten Gerichtshof zu verantworten.[312]

Andererseits wurden die französischen Ansprüche gerade zur

Zeit des Nürnberger Prozesses in Washington vorgebracht und dort durch die schweizerische «Ersatzleistung» für das belgische Raubgold wenigstens zum Teil befriedigt. Zur Deckung der französischen Restforderungen wurde dann Gold aus den Salzminen von Merkers herangezogen. Auch Paris kam als Ankläger nicht mehr in Frage.

So geschah es, dass der Raub des belgischen Goldes – die abenteuerliche Expedition durch die Wüsten Afrikas, die raffinierten Täuschungsmanöver des deutschen Delegationschefs Johannes Hemmen, die Fälschung der Goldbarren und der Zertifikate und schliesslich die Handelsgeschäfte, die damit getrieben wurden –, dass all das in Nürnberg abgeschrieben und begraben wurde.

Eine andere Frage betrifft die Gewinne und die Kosten der an den Goldgeschäften Hauptbeteiligten. Ist es möglich, sie gegeneinander aufzurechnen?

Die Bilanz ist, soweit es um Deutschland geht, klar. Was aus den grösstenteils illegitimen Goldgeschäften an Vorteilen, Gewinnen und Nutzen gezogen werden konnte, ist von der militärischen Niederlage verschlungen worden. Am Ende ging alles verloren.

Was die Schweiz betrifft, sind die wichtigsten Kostenpunkte schon genannt worden: 250 Millionen Schweizer Franken in Gold als «Entschädigungszahlung» für den Handel mit belgischem Raubgold, abzüglich des Ertrages der Nationalbank aus dem «Verkehr mit Gold und Devisen», der für die Jahre 1940 bis 1944 mit insgesamt knapp 35 Millionen Schweizer Franken ausgewiesen worden ist.[313]

Es kommen die Verluste der Kreditpolitik hinzu. Sie betrugen, wenn man von der Kreditsumme die später von der Bundesrepublik geleistete Rückzahlung von 665 Millionen Schweizer Franken abzieht, fast eine halbe Milliarde.[314]

Dann «Kosten», die sich mit Zahlen nicht ausdrücken lassen: Ein damals erheblicher und fühlbarer Verlust an politischer Vertrauenswürdigkeit und nationalem Prestige in der freien Welt, ferner eine peinliche Einbusse an diplomatischer Bewe-

-185-

gungsfreiheit bei den Nachkriegsverhandlungen über die Herausgabe der damals in der Schweiz befindlichen deutschen Vermögenswerte. Das war nicht wenig.

Andererseits kann der Gewinn, der ein eminent politischer war und, wie wir wissen, für die Schweiz wahrscheinlich zu einer Lebensfrage geworden ist, nicht hoch genug eingeschätzt werden.

Auf einen zusätzlichen Nutzen, den die Schweiz aus den Goldoperationen mit Deutschland gezogen hat, ist übrigens von Professor Philippe Marguerat in einem Vortrag, den er im September 1983 in Neuenburg gehalten hat, aufmerksam gemacht worden. Prof. Marguerat bezog sich auf eine Stellungnahme der Schweizerischen Nationalbank, die darauf hinausläuft, dass ein Verzicht auf das deutsche Gold jede erfolgreiche Einwirkung auf die damalige Konjunkturlage unmöglich gemacht hätte, weil über das in New York blockierte Gold ja nicht verfügt werden konnte.[315]

Was wäre geschehen, wenn...?

So lautet eine beliebte dritte Frage, die gern am Rande gestellt wird, obwohl jedermann weiss, dass sie nicht – oder wiederum nur mit offenen Fragen beantwortet werden kann.

Ja, was wäre geschehen, wenn sich die Schweizerische Nationalbank geweigert hätte, das von der Reichsbank angebotene Raubgold entgegenzunehmen?

Ein Einmarsch der deutschen Wehrmacht in die Schweiz? Ein militärischer Handstreich auf Bern, um die Tresore der Nationalbank auszuräumen? Eine deutsche Invasion Spaniens und Portugals, um die Wolframlager zu besetzen...?[316]

FAZIT

Welches Fazit kann aus der schweizerischen Goldpolitik gezogen werden?

Stellt man diese Frage, dann trifft man auf zwei verschiedene Ansichten. Die eine hält sich – wie Gespräche zeigen, die ich

in der Schweiz geführt habe – an Gesichtspunkte der Zweck-
mässigkeit, die andere an Grundsätze der Moral. Nicht selten
ziehen ältere Personen eine pragmatische, jüngere eine moralische Betrachtungsweise vor. Beide Einstellungen erbringen
für die Frage, welches Fazit zu ziehen sei, brauchbare und gültige Antworten.
Ein Pragmatiker möchte davon ausgehen, was man in Bern
gedacht, gewollt und angestrebt hat.
Kollaboration – im üblichen Sinne des Verrats staatspolitischer
Grundsätze oder nationaler Interessen?
Ich bin der Frage nachgegangen und stelle fest, dass ich in den
Papieren der Schweizerischen Nationalbank nicht den geringsten Hinweis gefunden habe, der auf die Absicht einer politisch motivierten Kollaboration mit dem Dritten Reich hätte
schliessen lassen.
Das ist ein wichtiger Befund. Er trägt allerdings nur dann We-
sentliches zu unserem Verständnis bei, wenn uns auch der innere Zusammenhang mit gewissen Eigenheiten der Generation, der unsere Schlüsselfiguren angehörten, sowie mit der Welt
der Wirtschaft, in der sie lebten und tätig waren, wenigstens
skizzenhaft vor Augen geführt wird.
Die Schweizer, die es in den Jahren des Zweiten Weltkrieges
übernommen hatten, lebenswichtige Entscheidungen für ihr
Land zu treffen, gehörten einer Generation an, die im letzten
Quartal des 19. Jahrhunderts oder spätestens um die Jahrhun-
dertwende geboren worden war. Sie waren in einem aufstre-
benden Europa, im geographischen Zentrum einer soliden Welt
von Kaisern und Königen regierter Grossreiche aufgewachsen
und hatten in der Uniform des Soldaten oder als Zivilist, zu
ihrem Glück aber nur als Zuschauer auf dem «Balkon Europas», das Elend des Ersten Weltkrieges erlebt, dann, wenn auch
aus scheinbar sicherer Ferne, Meutereien, Revolten, Revolu-
tionen, die Abdankung der herrschenden Dynastien, den Zusammenbruch einer fest gefügten Welt – das Ende einer Epo-
che.
Aber selbst in dieser wohlbehüteten, unbeirrbar friedlichen

Schweiz schien auf einmal die Erde unter ihren Füssen zu erbeben, als am 12. November 1918 der Generalstreik ausgerufen wurde und das bis dahin Unvorstellbare geschah, dass der Bundespräsident gegen 250'000 unbewaffnete Arbeiter, die sich dem Generalstreik angeschlossen hatten, 100'000 Armeesoldaten aufbieten liess.[317]

Abbruch der diplomatischen Beziehungen mit der Sowjetunion am gleichen Tag (sie sollten erst nach dem Zweiten Weltkrieg wieder aufgenommen werden), die hastige Aufstellung antirevolutionärer «Bürgerwehren» und die fixe, vor allem das Ausland beunruhigende Idee, die Schweiz habe der Oktoberrevolution dadurch ungewollt Geburtshilfe geleistet, dass sie im April 1917 die Rückkehr von dreissig russischen Emigranten nach Russland – darunter Lenin und seine revolutionäre Gruppe – zugelassen hatte. Auch dass führende Schweizer Sozialdemokraten, wie Robert Grimm und Fritz Platten, Organisatoren des Generalstreiks, enge Beziehungen zu Lenin und seiner Gruppe unterhalten hatten und dass Fritz Platten den «Emigrantentransport» nach Russland durch deutsches Reichsgebiet hindurch als «Reiseleiter» begleitete, wurde damals als eine offensichtlich revolutionäre Bedrohung empfunden... kurz: was da für alle, die etwas zu verlieren hatten, von einem auf den andern Tag möglich geworden war, das prägte sich ihnen, wie man später sehen sollte, als ein schweres Trauma unauslöschlich ins Gedächtnis ein.[318]

Vor allem war dadurch eine politische Empfindsamkeit geweckt worden, die fortan, auf Jahre und Jahrzehnte hinaus, auch dort eine «bolschewistische Gefahr» zu wittern glaubte, wo es in Wahrheit keine gab.

Man bedenke: Die schweizerische Arbeiterbewegung, die allein einen revolutionären Umsturz hätte ermöglichen oder herbeiführen können, stagnierte. In den zwanzig Jahren, die dem Ausbruch des Zweiten Weltkriegs vorangingen, gelang es weder den Gewerkschaften noch den Linksparteien, die Zahl ihrer eingeschriebenen Mitglieder zu erhöhen – trotz alarmierenden Wirtschaftskrisen und massenhafter Arbeitslosigkeit.

Im Vergleich zum Generalstreiksjahr 1918 wurden in dieser Zeit statt 237 im Durchschnitt nur noch 45 Streiks und Aussperrungen pro Jahr gezählt. Im schlimmsten Krisenjahr 1935 waren es nur noch sechzehn.[319]

Dass diese Entwicklung oft übersehen wird und dass damals die Lage auf der Rechten wie auf der Linken von vielen falsch eingeschätzt wurde, hing damit zusammen, dass die Linke, den damaligen Gepflogenheiten der politischen Polemik durchaus gemäss, eine ungemein aggressive und selbstbewusste Sprache führte, die in keinem Verhältnis stand zu ihren Kräften. Und wer in all den Jahren nichts als das Fürchten gelernt hatte, konnte darin, wenn er nur wollte, immer wieder überzeugende Bestätigungen für die an jeder Strassenecke lauernde «bolschewistische Gefahr» erblicken. Das war eine der Folgen.

Das Schlagwort hörte also nicht auf zu wirken. Daran änderte auch der soziale Burgfrieden wenig oder nichts, der im Juli 1937 zustande kam – ein sogenanntes «Friedensabkommen» zwischen den Unternehmern und den Arbeitern der Maschinen- und Metallindustrie. Aber es stellte sich dann schliesslich doch heraus, dass es den Unentwegten, die nicht müde wurden, sich als eine zuverlässige «antimarxistische» Kraft zu empfehlen, nicht gelang, einen nennenswerten Einfluss auf die Geschicke ihres Landes zu gewinnen.

Wollte man dafür Beweise haben, dann würde es genügen, daran zu erinnern, dass Versuche gewisser rechtsradikaler Kreise, mitten im Kriege die organisatorischen Voraussetzungen für eine paramilitärische Bekämpfung revolutionärer Unruhen in der Nachkriegszeit zu schaffen, am Widerstand von einflussreichen Persönlichkeiten aller politischen Richtungen gescheitert sind, die sich ihrerseits inzwischen davon überzeugt hatten, dass in der Schweiz auch die Sozialisten und die Gewerkschaften, wenn es darauf ankam, überzeugte Patrioten waren. Ihr Antifaschismus war ohnehin zu einem Postulat nationaler Selbstbehauptung geworden.

Zwei Ereignisse können dafür als Beispiele genommen werden. Im Sommer 1942, also im dritten Kriegsjahr, wurden General

Henri Guisan, Oberbefehlshaber der Schweizer Armee, und Oberst Roger Masson, Chef des militärischen Nachrichtendienstes, sowie zahlreiche Persönlichkeiten des öffentlichen Lebens mit einem geheimen Plan bekannt gemacht, der das Kennwort ARA trug, eine Abkürzung der eigentlichen Bezeichnung: «Antirevolutionäre Aktion». Der Plan, für dessen Verwirklichung angeblich ausreichende Mittel zur Verfügung standen, sah die Einrichtung von Betriebszellen vor, die die Belegschaften grösserer Industriebetriebe unterwandern sollten, und zwar nach dem bewährten Muster der kommunistischen Zellen, aber mit der gegensätzlichen Aufgabe, im Fall revolutionärer Umsturzversuche bei Kriegsende gegen die Aufständischen eingesetzt zu werden.[320]

Für den gleichen Zweck sollen laut einer gerichtlich bestätigten Aussage eines Armeeleutnants Luftschutzunterstände bestimmt gewesen sein, die auf dem Areal der Militäranlagen Thun gebaut worden waren.[321]

Kehren wir nun zum Triumvirat, zu den drei Generaldirektoren im Elfenbeinturm der Schweizerischen Nationalbank, zurück. Auch sie gehörten der letzten Generation des 19. Jahrhunderts an.

Warum sollte das Trauma, das sie an die Wirren einer epochalen Zeitenwende erinnerte und das sich in der Folge als ein politischer Faktor ersten Ranges erweisen sollte, gerade bei ihnen nicht die geringste Nachwirkung gehabt haben?

Darf man nicht annehmen, dass auch sie bereit waren, den Schutz, den ihnen der deutsche «Kreuzzug gegen den Bolschewismus» zu bieten versprach, wenigstens mit einem gewissen Entgegenkommen zu honorieren? Vieles, auch die betonte Nachsicht, mit der Emil Puhl in Bern behandelt wurde, spricht dafür, dass es so gewesen ist.

Lassen wir diesen Gedanken einmal gelten, dann ergibt es sich von selbst, worin sich diese Haltung von der einer Kollaboration unterschied, die sich dem Nationalsozialismus auslieferte. Es hätte eines grossen Schrittes bedurft, um dahin zu gelangen.

Wenn nicht alles trügt, ist dieser Schritt, der den Goldoperationen einen anderen Sinn gegeben hätte, nicht getan worden. Denkt man darüber nach, warum dieser Schritt unterblieb, dann stösst man bald auf die beweisbare Tatsache, dass die *ökonomischen* Voraussetzungen für eine schweizerische Bevorzugung der einen oder anderen Kriegspartei nicht gegeben waren.

Als der Zweite Weltkrieg ausbrach, war das im Ausland gewinnbringend angelegte Schweizer Kapital pro Kopf der Bevölkerung so gross oder grösser als das englische im britischen Weltreich. Auffallend ist, dass sich die schweizerische Kapitalexpansion nicht auf einen Kontinent beschränkte, sondern sich über die ganze Welt erstreckte.[322]

Die damaligen Schweizer Kapitalanlagen im benachbarten Deutschland sind auf rund 9 Milliarden Schweizer Franken geschätzt worden, allein das in den fernen Vereinigten Staaten investierte Kapital auf mehr als 5 Milliarden Schweizer Franken. Übrigens gingen die Kapitalzinsen im Kriege nicht verloren, weder in Deutschland noch auf der anderen Seite.[323]

Daran gemessen schienen sich die deutschen Kapitalanlagen in der Schweiz in bescheidenem Rahmen zu halten. Sie wurden Anfang 1940 auf 603 Millionen Schweizer Franken geschätzt.[324]

Es darf allerdings nicht ausser acht gelassen werden, dass die deutschen Kapitalanlagen im Ausland, im Gegensatz zu den schweizerischen, politischen Zwecken untergeordnet wurden. Sie hatten strategisch wichtige Aufgaben zu erfüllen, ihre statistische Erfassung würde nur wenig über ihre eigentliche Bedeutung aussagen.

Das geschah nämlich auf dem Wege komplizierter, undurchsichtiger Kapitalverflechtungen, die schon lange vor dem Kriege vorgenommen worden waren, ferner auch über Scheinfirmen, die deutsches Kapital im Ausland zu tarnen wussten und die, wie man heute weiss, in die hunderte gingen.[325]

Was auf diese Weise zu Gunsten der deutschen Kriegführung erreicht worden ist, das ist erst nach dem Kriege aufgedeckt und vom amerikanischen Amt für die Kontrolle ausländischen Kapitals bekanntgemacht worden. Es war zum Beispiel möglich, die amerikanische Produktion kriegswichtiger Rohstoffe gefährlich herabzusetzen. Es gelang sogar, die Herstellung von Dieselmotoren derartig zu drosseln, dass Motoren fehlten, als sie im Jahre 1942 für die Bekämpfung deutscher U-Boote dringend benötigt wurden.[326]

In der Schweiz gab es ähnliches. Bekannt geworden ist der Fall der schweizerischen «Waffenfabrik Solothurn». Die Fabrik gehörte in Wahrheit der deutschen Firma «Rheinmetall-Borsig». Nach dem Krieg kam unter den Akten der Deutschen Gesandtschaft in Bern ein Schreiben folgenden Inhalts zum Vorschein, das die Gesandtschaft im Oktober 1940 an das Wirtschafts-Rüstungsamt des Oberkommandos der deutschen Wehrmacht gerichtet hatte und die schweizerische «Waffenfabrik Solothurn» betraf: «Es kann keine Bestellung angenommen werden, keine Lieferung ausgeführt werden ohne Wissen und Genehmigung des Berliner Aufsichtsrates. Dieser wiederum tut nichts ohne Einverständnis des Waffenamtes... »[327]

Nicht nur im offenen Wettbewerb, auch auf dunklen Wegen gerieten schweizerische und deutsche Kapitalinteressen ständig in Widerstreit. Die Atmosphäre war einer Kollaboration wenig günstig. In der Schweiz hatte man vielmehr gute Gründe, sich über die Gefahren Gedanken zu machen, denen das «unsichtbare Weltreich der schweizerischen Wirtschaft» von deutscher Seite ausgesetzt war.

Bei Ausbruch des Krieges im September 1939 arbeiteten allein in den Tochterfabriken schweizerischer Industriegesellschaften im Ausland mehr als 250'000 Arbeiter, die keine Schweizer waren. Nimmt man die Betriebe mit einer nennenswerten schweizerischen Kapitalbeteiligung hinzu, dann beschäftigte Schweizer Kapital ebensoviel Fabrikarbeiter im Ausland wie in der Schweiz selbst.[328]

Ein anderes Beispiel, das für viele steht: Im süddeutschen Konsularbezirk Mannheim wurden im Jahre 1945 nach Einstellung der Feindseligkeiten 172 schweizerische Fabriken und

Unternehmen gezählt, die sich schon vor dem Kriege in schweizerischem Besitz befunden hatten, darunter 63 Industriewerke und 41 Textilfabriken. Allein in diesen Betrieben waren nach Schätzungen des damaligen Wirtschaftskorrespondenten der «Neuen Zürcher Zeitung» nicht weniger als 1,5 Milliarden Schweizer Franken investiert.[329]

Eine Kollaboration mit dem Dritten Reich, mit der die Schweizerische Nationalbank aus eigenem Antrieb auch einseitige politische Verpflichtungen hätte eingehen müssen, drängte sich nicht auf.

Eher könnte man sagen, dass solide ökonomische Voraussetzungen für eine Politik absoluter Neutralität durchaus vorhanden waren. Weil aber ein Land im allgemeinen nicht länger neutral sein kann, als es sein Nachbar zulässt, war es damit allein nicht getan.

So weit die Erwägungen eines Pragmatikers.

Wer sich nun aber auf den Standpunkt stellt, es sei ebenso wichtig, ein moralisches Fazit zu ziehen, der argumentiert anders. Er findet, bei allem Verständnis für ausweglose Situationen und für die zwingenden Umstände, die für die schweizerische Goldpolitik massgebend waren, könne man sich dennoch des peinlichen Eindrucks nicht erwehren, dass die Goldgeschäfte mit dem Dritten Reich auf einer zweifelhaften Partnerschaft beruhten, auf einer verwerflichen Kumpanei mit einer unmenschlichen Diktatur, auf einer manchmal geradezu konspirativen Zusammenarbeit mit einem Regime, das der schweizerischen Eidgenossenschaft und ihrer Staatsauffassung feindlich gesinnt war. Lege man, was leider in der praktischen Politik äusserst selten geworden ist, die Massstäbe einer Gesinnungsethik an, dann werde man, je länger man sich mit unserem Thema beschäftigt, ein grosses moralisches Unbehagen nicht los.

Daran lässt sich nichts ändern, auch wenn man sich klarmacht, dass die ethische Beurteilung politischen Handelns sich im allgemeinen am Erfolg orientiert oder auch an Situationen und deren Bewältigung. Gesinnungsethik, Erfolgsethik, Situationsethik – es wäre nur ein schwacher Trost, wenn man sich daran halten wollte, dass sich die Urteile überschneiden, dass sie sich gegenseitig aufheben.

Bleiben wir bei dem moralischen Unbehagen, das in der deutschsprachigen Schweiz der Nachkriegsjahre feinfühlig mit der französischen Vokabel «malaise» benannt worden ist. Es ist nicht zu leugnen, dass die neutrale Schweiz es unterlassen hat, dem Rat des weisen Niederländers Hugo Grotius zu folgen, «nichts zu tun, was den stärkt, der im Unrecht ist, und den behindert, der im Recht ist». Daran ist nicht zu rütteln. Wer aber wollte nach allem, was der Leser dieses Buches erfahren hat, behaupten, dass es möglich gewesen wäre, einen solch hohen sittlichen Anspruch zu erfüllen, ohne die Unabhängigkeit der Schweiz, ja die Existenz der schweizerischen Demokratie herausfordernd aufs Spiel zu setzen?

ANHANG

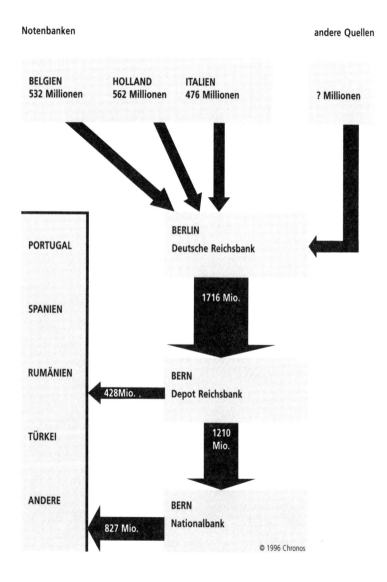

TABELLE 1

Goldeinfuhren aus Deutschland (Absender Deutsche Reichsbank) in Millionen Schweizer Franken

1940	125,9
1941	269,0
1942	458,4
1943	588,9
1944	258,1
1945	15,8
Total	1716,1

Der damalige Wert des «deutschen» Goldes, das in die Schweiz gelangte, darf nicht am heutigen Geldwert gemessen werden. Man bedenke vielmehr, dass die schweizerischen Goldimporte aus Deutschland zum Beispiel mehr als ein Drittel der gesamten Gold-Weltproduktion der Kriegsjahre ausmachten.

Quelle: Statistik der Eidg. Oberzolldirektion über Ein- und Ausfuhr von Gold für Banktransaktionen 1940–1945 (Pos. 869). Diese zuverlässigen offiziellen statistischen Erhebungen erfuhren durch ihre Verarbeitung von seiten der SNB und des EPD die folgenden Abweichungen: Goldimporte 1. 9. 1939 bis 8. 5. 1945 laut SNB (Bericht der SNB über den Goldverkehr mit der DRB v. 16. 5. 1946, S.15) 1638,2 Millionen Schweizer Franken [-77,9 Millionen Schweizer Franken], ferner Goldimporte 4. 3. 1940 bis 6. 2. 1945 laut EPD (Schreiben des EPD an die Schweiz. Gesandtschaft in Washington v. 26. 11. 1945, S.2): 1602, 1 Millionen Schweizer Franken, ein Betrag, dem noch die bis Kriegsende erfolgten Goldimporte von 15,8 Millionen Schweizer Franken hinzuzufügen sind. Im EPD kommt man also auf eine Summe von 1617,9 Millionen Schweizer Franken [-98,2 Millionen Schweizer Franken]. Die Differenzen sind für die vorliegende Studie unbedeutend.

TABELLE II

Goldsendungen der Deutschen Reichsbank an ihr Depot in Bern in Millionen Schweizer Franken

	NL-Gold[1]	B-Gold[2]	Anderes[3]
1940	—	—	125,9
1941	111,6	—	157,4
1942	293,5	—	
1943	71,3		323,2
1944	85,7	531,7	
1945	—	—	15,8
	562,1	531,7	622,3
in %	32,7	31,0	36,3

1   Aktennotiz «Niederländisches Gold», Archiv SNB, Bern.

2   Wie Anm. Nr. 43, S. 722, 729.

3   Total der Goldsendungen der Reichsbank (Tabelle 1) minus Gold nachweislich niederländischer (NL) und belgischer (B) Herkunft.

TABELLE III

Goldverkehr der SNB mit ausländischen Zentralbanken
in 1000 Schweizer Franken 1. 9. 1939 bis 30. 6. 1945

Zentralbank	Käufe	Verkäufe	Saldo
Deutschland	1'229'805	19'459	+1'210'346
Frankreich	189'624	76'668	+1'129'56
Grossbritannien	673'310	93'259	+580'051
Italien	150'108	141	+149'967
Portugal	55'774	507'274	-451'500
Rumänien	9'757	112'093	-102'336
Schweden	74'063	—	+74'063
Spanien	—	185'149	-185'149
Türkei	—	14'845	-14'845
Kanada	65'284	—	+65'284
USA	2'242'916	1'064'760	+1'178'156
Argentinien	32'670	—	32'670
Japan	—	4956	-4956
Total	*4'723'311*	*2'078'604*	*+2'644'707*

Quelle: Bericht der Direktion der SNB über den Goldverkehr mit der
Deutschen Reichsbank während des Weltkrieges 1939/1945 vom 16. Mai
1946, Seite 14.

ABKÜRZUNGEN

AA   Auswärtiges Amt (Berlin)
BAF   Bundesarchiv Freiburg im Breisgau
BAK   Bundesarchiv Koblenz
BIZ   Bank für Internationalen Zahlungsausgleich, Basel
DRB   Deutsche Reichsbank
EFZD   Eidgenössisches Finanz- und Zolldepartement
EMD   Eidgenössisches Militärdepartement
EPD   Eidgenössisches Politisches Departement, heute Eidgenössisches Departement für Auswärtige Angelegenheiten
HWK   Sonderstab Handelskrieg und wirtschaftliche Massnahmen im Oberkommando der Wehrmacht
IMT   Internationales Militärtribunal Nürnberg
KTA   Kriegstechnische Abteilung des Eidgenössischen Militärdepartements
NAW   National Archives of the United States, Microfilm Publications, Washington
NZZ   «Neue Zürcher Zeitung»
OKW   Oberkommando der Wehrmacht
PAB   Politisches Archiv, Bonn
SBA   Schweizerisches Bundesarchiv
SNB   Schweizerische Nationalbank
Wi/Rü   Wirtschafts-Rüstungsamt des OKW

ANMERKUNGEN

Für die Auswertung dieser Anmerkungen wird empfohlen, die ausführliche-
ren Angaben der Bibliographie, das Abkürzungsverzeichnis und die geson-
dert zusammengestellten Tabellen zu beachten.

1 Politisches Archiv des AA, Bonn, Staatssekretär Schweiz, Bd. 3, Ministerialdirektor Clodius, Aufzeichnung über den Stand der Wirtschaftsverhandlungen mit der Schweiz v. 3. 6. 1943, Bl. 4.

2 Der «Handelspolitische Ausschuß», der schon seit den zwanziger
   Jahren bestand, galt nach Boelcke als «das wichtigste Koordinations-
   und Steuerungsorgan der deutschen Aussenwirtschaftspolitik». Ihm
   gehörten höchste Beamte der zuständigen Reichsministerien an. Die
   Beratungen fanden unter Wahrung strengster Geheimhaltung statt.
   Die Sitzungsprotokolle mussten den Vermerk tragen, dass der
   Ausschuss «im Verkehr mit Behörden und Privaten nicht erwähnt
   und auf seine Entscheidungen kein Bezug genommen» werden durfte:
   Boelcke, Zur internationalen Goldpolitik des NS-Staates, S. 304, und
   Die deutsche Wirtschaft, S. 75.

3 Persönliche Mitteilung von Prof. Boelcke an den Verfasser v. 24. 1.
   1984.

4 W. A. Boelcke, Zur internationalen Goldpolitik, S. 309.

5 Unveröffentlichter Bericht der SNB v. 16. 5. 1946, Archiv SNB Zü-
   rich/Bern, sowie Akten «Goldoperationen der Hauptkasse», altes
   Archiv der SNB, C 15. Die Goldpreise der SNB waren 1936–1939
   auf 4639 sFr. und von 1940–1945 auf 4870 sFr. pro Kilo Feingold
   festgesetzt worden. Siehe auch Tabelle 1: Goldeinfuhren aus Deutschland.

6 1940–1945 betrugen die gesamten Warenimporte aus Deutschland
   2 693,4 Millionen sFr., die Goldimporte 1716,1 Millionen sFr., also
   63,7 Prozent der Warenimporte. – Die schweizerischen Gesamt-
   einfuhren aus den sieben genannten Ländern beliefen sich auf 1706,1
   Millionen sFr., sie lagen also um 10 Millionen sFr. unter den Goldimporten (Die Schweizerische Kriegswirtschaft, S. 65). – Die Kosten der schweizerischen Landesverteidigung während der Jahre 1939–
   1945 wurden mit 8,4 Milliarden sFr. berechnet, und zwar rund 7,0
   Milliarden für das Militär und 1,4 Milliarden für die wirtschaftliche Landesverteidigung (Hans Bauer, Schweizerischer Bankverein,
   S. 304, u. SNB 1907–1957, S. 65).

7 Schreiben des EPD an die Schweizer Gesandtschaft in Washington
   v. 26. 11. 1945, Bl. 2, SBA, 2001 (E) 2/560.

8 Der Titel des Referates von Peter Utz lautete: «Die schweizerische
   Goldpolitik im Zweiten Weltkrieg».

9 Der vollständige Titel der unveröffentlichten Denkschrift, die im Archiv der Schweizerischen Nationalbank liegt, lautet: «Bericht der Direktion der Schweizerischen Nationalbank über den Goldverkehr der

Schweizerischen Nationalbank mit der Deutschen Reichsbank während des Weltkrieges 1939/1945. » Sie ist vom 16. Mai 1946 datiert.

10 Siehe das Kapitel «Warnungen».

11 Genaue Daten über den belgischen Goldschatz bei P. Kauch, Le vol de l'or, sowie bei Pierre Arnoult, Les Finances de la France, S. 199, 235 u. 267.

12 Leon Papeleux, La question royale, S. 82.

13 Die Anfrage an die Vichy-Regierung erfolgte über die deutsch-französische Waffenstillstandskommission in Wiesbaden am 19. 7. 1940. Y. Bouthillier, Le drame de Vichy, Bd. II, S. 107.

14 Dritter Tätigkeitsbericht der deutschen Waffenstillstandsdelegation für Wirtschaft, Paris/Wiesbaden, Mikrofilm NAW, T-120, Roll 712, sowie Arnoult, Les Finances de la France, S. 267, und Y. Bouthillier, Le drame de Vichy, Bd. II, S. 137.

15 P. Kauch, Le vol de l'or (1), S. 6–8.

16 Daselbst, S. 7. Hier auch über die Verhandlungen mit der britischen Admiralität.

17 Arnoult, Les Finances de la France, S. 228. Arnoult zitiert hier eine spätere Erklärung Hemmens, in der von einer Verlagerung des Goldes «von den gefährlichen Regionen Afrikas nach dem französischen Mutterland» die Rede ist, «wo sich das Gold dann in Sicherheit befinden wird».

18 Henri Michel, Histoire de la France libre, S. 15.

19 La Délégation française auprès de la Commission allemande de l'Armistice, Bd. 1, S. 366/67, Procès verbal de 1'entretien entre M. Hemmen et M. de Bolsanger, le 20 septembre 1940.

20 Arnoult, Les Finances de la France, S. 227. Der in freier deutscher Übersetzung zitierte französische Text lautet: «En Belgique, c'est nous qui sont les maîtres. Nous avons donc tous les droits de la Banque de Belgique, et c'est à titre de client que je vous demande de mettre notre or en sécurité. Je vous prie de le faire transporter en Belgique, ou tout au moins a Paris, et j'attends de votre part des propositions sur ce point. »

21 SNB 1907–1957, S. 323–327. Über die Organe und Kompetenzen der Bank vgl. insbesondere S. 326 und 333.

22 Wandel, Das deutsche Bankwesen im Dritten Reich, in: Die deutsche Bankengeschichte (Sammelwerk).

23 A. Jaeggi, L'évacuation de l'or, S. 206, 209 u. 213.

24 Rings, Advokaten des Feindes, S. 198, Anm. zu S. 150. Das Bedürfnis, mit dem Völkerrecht ins reine zu kommen, und der daraus folgende Legitimationszwang wirkten sich derart aus, dass selbst dem Sondereinsatzkommando Eichmann in Ungarn noch 1944 ein Beamter des Auswärtigen Amtes bzw. der deutschen Gesandtschaft in Budapest zugeordnet wurde, der dafür verantwortlich war, dass «Juden von neutralen und von Feindstaaten» nicht in die «Endlösung» einbezogen wurden.

25 Bouthillier, Le drame de Vichy. Bd. II, S. 142 u. 145, u. P. Kauch, Le vol de l'or (1), S. 13.

26 P. Kauch, Le vol de l'or (1), S. 9.
27 Die Verhandlungen werden in allen Einzelheiten, auf die hier nicht eingegangen werden kann, bei P. Arnoult, Les Finances de la France, S. 231ff., bei P. Kauch, Le vol de l'or (1), S. 10–17, sowie in La Délégation Française auprès de la Commission allemande d'Armistice, Bd. 1, S. 366ff., geschildert.
28 Ausführliche Darstellungen aus erster Hand bei Sir Winston S. Churchill und Charles de Gaulle in den ersten Bänden ihrer Kriegsmemoiren.
29 Arnoult schreibt in Les Finances de la France, S. 244: «Ein Monat nach dem Treffen [Hitlers mit Marschall Pétain] in Montoire [Ende Oktober 1940] war die politische Atmosphäre der Kollaboration sehr günstig. Vichy war bereit, dafür jeden Preis zu zahlen. Am liebsten mit belgischem Gold.»
30 Arnoult und Kauch behandeln auch diese Aspekte in den oben genannten Schriften.
31 Die Transporte wurden aufgrund der oben genannten Schriften sowie des Tätigkeitsberichtes der Deutschen Waffenstillstands-Delegation, Paris/Wiesbaden, US-Mikrofilm T-120, Roll 712, rekonstruiert.
32 P. Kauch, Le vol de l'or (2), S. 16.
33 Arnoult, Les Finances de la France, p. 260ff. Das zweite deutsche Angebot v. 23 .7. 1943 betraf 198'400 Kilo Gold, für die die Reichsbank 552,4 Millionen RM = 956,2 Millionen sFr. zu bezahlen wünschte. Dass schliesslich der Gegenwert in Berlin in Reichsschatzanweisungen hinterlegt wurde, bestätigte später E. Puhl, Vizepräsident der Reichsbank, dem Direktor der SNB, Alfred Hirs, im Dezember 1944: Archiv der SNB, Zürich, «Verkehr mit der Deutschen Reichsbank 1944–1945», Aktennotiz Direktor Hirs v. 13 .12. 1944.
34 P. Kauch, Le vol de l'or (2), S. ,4. Über die Beschlagnahme des französischen Goldes in New York berichtete als eine der ersten französischen Tageszeitungen «Paris-Soir» in Nr. 231 v. 8. 2. 1941. Die Nachricht bezog sich auf eine provisorische gerichtliche Verfügung, die erst am 25. 4. 1941 definitiv rechtskräftig wurde, nachdem am Vortage die hierfür notwendige gerichtliche Entscheidung getroffen worden war. In der Schweizer Presse wurde die Meldung erst am 6. 6. 1941 von den «Basler Nachrichten» publiziert.
35 W. A. Boelcke, Die deutsche Wirtschaft, S. 295 ff.
36 Schweden exportierte 1940–1943 35 Millionen Tonnen Eisenerze nach Deutschland. M. Fritz, German Steel and Swedish Iron Ore 1939–1945, S. 75.
37 W. A. Boelcke, Zur internationalen Goldpolitik, S. 308.
38 W. A. Boelcke, Die deutsche Wirtschaft, S. 296.
39 Daselbst, S. 280.
40 W. A. Boelcke, Zur internationalen Goldpolitik, S. 306, und Die deutsche Wirtschaft, S. 295.
41 «Financial Times» v. 9. 6. 1943.
42 «Economist» v. 26. 2. 1943.
43 Bundesblatt Nr. 13, Bd. II, v. 20. 6. 1946 (Botschaft des schweizeri-

schen Bundesrates an die Bundesversammlung), S. 719. Die Erklärung des Reichsbankvertreters wurde im Dossier «Protokolle der Direktion der Schweizerischen Nationalbank 1939–1945» unter «Fragenreihe zur Goldpolitik» festgehalten: Archiv SNB, Zürich.

44 So in einem Schreiben der SNB an ihren Delegierten, Direktor Pfenninger, v. 17. 9. 1943, SBA 2001 (E) 1/560.

45 Aktennotiz im Dossier des EPD über eine bundesgerichtliche Untersuchung (Äusserungen der Direktoren der SNB am 14. 6. 1946), SBA 2001(E) 1/294.

46 Auf Schätzungen bis zu 1,8 Milliarden sFr. (angeblich von alliierter Seite) wird in einem Schreiben der SNB an das EPD v. 7. 8. 1944 ausdrücklich hingewiesen: SBA 2001 (E) 2/560. Ein Direktor der BIZ, Thomas H. McKittrick, war unter dem Eindruck deutscher Erklärungen der Meinung, die Reichsbank habe irgendwann im Jahre 1940 (also nach der «Übernahme» fremden Goldes) über Gold im Wert von 1,2 Milliarden RM = mehr als 2 Milliarden sFr. verfügt: Protokoll einer Aussage McKittricks vor einer bundesgerichtlichen Untersuchungskommission am 13. 6. 1946, SBA 2001 (E) 1/294. Solche Angaben regten damals zu rückwirkenden Kalkulationen der wahren Goldbestände bei Kriegsausbruch an.

47 W. A. Boelcke, Zur internationalen Goldpolitik, S. 296, 298, 304.

48 Diese Vermutung ist von verschiedener Seite geäussert und in Bern registriert worden.

49 Archiv SNB Zürich/Bern unter C 14, «Goldoperationen mit ausländischen Notenbanken», und C 15, «Goldoperationen der Hauptkasse».

50 W. Vocke, Memoiren, S. 103–109.

51 W. A. Boelcke, Die deutsche Wirtschaft, S. 219.

52 Zunahme des Notenumlaufs von 3,6 Milliarden RM am 1. 1. 1933 auf 8,2 Milliarden RM am 31. 12. 1938: Denkschrift des Reichsbankdirektoriums v. 7. 1. 1939, 5. Anm. Nr. 50.

53 IMT, PS-699, zitiert nach Boelcke, Die deutsche Wirtschaft, S. 259.

54 Prof. Willi A. Boelcke, bis zu seiner Übersiedlung in die Bundesrepublik im Jahr 1959 Referent beim DDR-Staatsarchiv in Potsdam – der grösste Teil der bei Kriegsende im Berliner Reichsbank-Tieftresor elf Meter unter der Spree aufgefundenen Akten der Reichsbank befindet sich bei der Staatsbank der DDR –, kommt zum gleichen Ergebnis: Die deutsche Wirtschaft, S. 259.

55 Archiv SNB, C 15, «Goldoperationen der Hauptkasse».

56 W. A. Boelcke, Die deutsche Wirtschaft, S. 205, und Zur internationalen Goldpolitik, S. 304.

57 W. A. Boelcke, Zur internationalen Goldpolitik, S. 304.

58 Arnoult, Les Finances de la France, S. 195–197.

59 Daselbst, S. 198, und Y. Bouthillier, Le drame de Vichy, Bd. II, S. 106–110.

60 Einen ausführlichen Bericht über die Tätigkeit der Devisenschutzkommandos, deren rechtliche Lage und praktische Erfolge (mit statistischen Angaben) vermittelt der Bericht der Belgischen Nationalbank

«La situation et les operations de la Banque d'Emission à Bruxelles pendant l'occupation allemande», Bruxelles 1946, S. 145–156.

61 IMT, Bd. XXIII, PS–3947.

62 Daselbst, PS–3944, und G. Hausner, Die Vernichtung der Juden, S. 235 ff.

63 Mikrofilm NAW, T-175, Roll 70, Geheimakte Nr. 250/23, FS-Nr. 2937 v. 16 . 6. 1944 und Vermerk Himmlers für SS-Standartenführer Baumert v. 25. 6. 1944.

64 IMT, Bd. XXIII, PS–3949, Abrechnung der Hauptkasse der Deutschen Reichsbank v. 19. 9. 1944.

65 Daselbst, PS–3945, 3948, 3951, 3956, 3976. Dazu im Widerspruch steht allerdings die Aussage des Reichsbankangestellten Albert Thoms, dass eine gewisse Menge Goldzähne von der Reichsbank an die Preussische Staatsmünze geschickt und dort eingeschmolzen worden sei. Das so gewonnene Feingold sei sodann der Reichsbank zugestellt worden. Diese Aussage wird wiedergegeben in «Das Urteil im Wilhelmstrasse-Prozess», S. 153.

66 Genau für 562,1 Millionen sFr., Notiz Dossier «Niederländisches Gold», Archiv SNB, Bern.

67 Genau für 1093,8 Millionen sFr. Siehe Tabelle II.

68 Von dem in die Schweiz gelangten holländischen Gold im Wert von 562,1 Millionen sFr. erwarb die SNB für 399,9 Millionen, indes der Rest von 162,2 Millionen sFr. an die folgenden vier Grossbanken ging: Basler Handelsbank, Schweizerischer Bankverein, Leu & Co und an die Schweizerische Kreditanstalt. Notiz Dossier «Niederländisches Gold», sowie Aktennotiz der Hauptkasse v. 2. 7. 1948, Archiv SNB, Bern.

69 de Jong, Het Koninkrijk der Nederlanden in de Tweerde Wereldoorlog, Tl. 4, 1. Heft, 's Gravenhage 1972, S. 138, u. Marc Reynebeau, De Grote Goudroof, in «NRC Handelsblad», Amsterdam, v. 7. 4. 1984. Zum ganzen Fragenkomplex der auf den folgenden Seiten des Haupttextes behandelten Besitzergreifung holländischen Goldes durch die deutschen Behörden siehe die Veröffentlichung des Niederländischen Wirtschaftsministeriums Roof, Restitutie Reparatie», herausgegeben von E. van Konijnenburg vom Generalkommissariat für niederländische Wirtschaftsangelegenheiten in Deutschland, 's Gravenhage 1947, S. 171–174. Die Kenntnis dieser Publikation verdankt der Autor dem «Rijkinstituut voor Oorlogsdocumentatie» Amsterdam.

70 W. Rings, Leben mit dem Feind S. 148, 241 u. 445.

71 Protokoll der Direktion der SNB v. 4. 2. 1947, Archiv SNB.

72 «Goldoperationen mit der DRB 16. 5. 1946–1950», Auszug aus dem Protokoll des Bankausschusses, Archiv SNB, Zürich.

73 Jahresbericht der BIZ, Basel 1941, S. 99.

74 «Auszug aus einem Brief von Herrn Präsident Weber an Herrn Direktor Pfenninger v. 17. 9. 1943, «Goldeingänge aus Deutschland», SBA 2001 (E) 2/560.

75 Vertrauliches Schreiben des EPD an die Schweizer Gesandtschaft in Washington v. 31. 5. 1945, SBA 7110/1973/134/3.

76 Schreiben der SNB an den Vorsteher des EPD v. 7. 8. 1944, Bl. 9, SBA 2001 2/560.

77 Protokoll der Aussagen der Direktoren der SNB vor den drei Bundesrichtern Bolla, Rais und Leuch am 14. 6. 1946, SBA, 2001 (E) 1/94.

78 Darauf bezieht sich das schon erwähnte Schreiben der SNB an das EPD v. 7. 8. 1944, Bl. 9, SBA 2001 (E) 2/560.

79 Aktennotiz Hirs über den Besuch des Vizepräsidenten E. Puhl am 18. 9. 1944, Archiv SNB, «Verkehr mit der Deutschen Reichsbank 1944–1949».

80 Aktennotiz Hirs über den Besuch der Herren E. Puhl und Direktor J. Reinel am 13. 12. 1944, Archiv SNB, «Verkehr mit der Deutschen Reichsbank 1944–1949».

81 Präsident Weber anlässlich der bundesgerichtlichen Untersuchung am 14. 6. 1946 (S. Anm. Nr. 77).

82 Wie Anm. Nr. 77.

83 Bonjour, Geschichte der schweizerischen Neutralität, Bd. VI, S. 301, s. Anm. Nr. 18.

84 IMT, Bd. XXIII, S. 181.

85 Der Bericht liegt bei den Akten des EPD im SBA, 2001 (E) 2/560. Der Passus lautet im französischen Original: «Le Portugal n'achète pas directement de l'or de la Reichsbank, en partie pour des raisons politiques, en partie sans doute, pour des raisons de précaution juridique. Mais lorsque cet or passe par nous, ces objections tombent. Il me semble qu'il y a là pour nous matière à réflection.»

86 A. S. Milward, War, Economy and Society, S. 314, 327.

87 Ein Hinweis darauf findet sich z. B. auf Bl. 2 eines Schreibens der SNB an den Vorsteher des EFZD, Bundesrat Wetter, v. 9. 10. 1943, SBA 2001 (E) 2/560.

88 Der Wortlaut der alliierten Erklärung v. 5. 1. 1943 wird in dem unter Anm. Nr. 87 genannten Schreiben wiedergegeben. Zur Goldeinfuhr aus Deutschland: Bericht der Direktion der SNB v. 16. 5. 1946, S. 16, sowie C 15, Dossier «Goldoperationen der Hauptkasse», beides im Archiv SNB. Zu den Importen von niederländischem Gold: Aktennotiz im Dossier «Niederländisches Gold», Archiv SNB, Bern.

89 SBA 2001 (E) 2/560, unter Referenznummer XI-A-II.

90 N. Faith, Safety in Numbers, S. III.

91 Daselbst, S. 112.

92 Statistisches Jahrbuch der Schweiz, 1938, S. 226, und Jöhr, Schweizerische Kreditanstalt 1856–1956.

93 Die allgemeine Bewilligungspflicht für Goldein- und ausfuhren wurde durch Bundesratsbeschluss vom 7. 12. 1942 eingeführt.

94 Schreiben des EPD an die Schweizer Gesandtschaft in Washington, v. 26. 11. 1945, Bl. 2 (Entwurf), SBA 2001 (E) 2/560.

95 Siehe Tabelle I, Goldeinfuhren aus Deutschland.

96 Wie Anm. Nr. 43, S. 722 u. 729.

97 Siehe Tabelle II, Herkunft des in die Schweiz eingeführten Goldes.

98 Gemäss Art. 9 der schweizerischen Bundesverfassung besteht die Hauptaufgabe der SNB darin, «den Geldumlauf des Landes zu re-

geln, den Zahlungsverkehr zu erleichtern und eine dem Gesamtinteresse des Landes dienende Kredit- und Währungspolitik zu führen». Der Ausdruck «Gesamtinteresse des Landes» wird nicht definiert. Über den Goldpreis der SNB s. Anm. Nr. 5.

99 Dossier «Fremde Depots», Archiv SNB, Bern.

100 «Fremde Depots»: Reichsbankdirektion Berlin, Banco de Portugal (vier Konten) und Schwedische Reichsbank, Archiv SNB, Bern.

101 Direkte Goldsendungen aus Berlin waren nur in den seltensten Fällen und in relativ unbedeutenden Mengen an die Berner Depots der Banken direkt adressiert. Zu diesen Ausnahmen zählten die Schwedische Reichsbank, die Notenbank der Slowakei und die BIZ. In Bern erhielten sie auf direktem Wege, alles in allem, nur Gold für 19,6 Millionen sFr. Aus der Anlage zum Bericht der Direktion der SNB v. 16. 5. 1946, Archiv SNB.

102 Anlage zum Bericht der Direktion der SNB v. 16. 5. 1946, Archiv SNB.

103 «Fremde Depots», Reichsbankdirektorium Berlin, Archiv SNB.

104 Aus dem Depot der Reichsbank in Bern wurden folgende Goldzessionen (in Millionen sFr.) vorgenommen: 1209,8 an die SNB, 241,0 an Portugal, 86,3 an Schweden, 49,6 an Rumänien und 31,9 an andere. Über das Berner Depot der Reichsbank wurden also Goldtransaktionen im Wert von 1618,6 Millionen sFr. abgewickelt. Quelle: Goldoperationen der Hauptkasse, Archiv der SNB.

105 Siehe Skizze: Hauptstrassen des Raubgoldes.

106 Wie Anm. Nr. 100.

107 Dossier «Goldverkehr der SNB mit ausländischen Zentralbanken bis 30. 6. 1945» im Bericht des Direktoriums der SNB v. 16. 5. 1946, S. 14.

108 Wie Anm. Nr. 7, Bl. 2.

109 Telegramm des EPD an die Schweizer Gesandtschaft in Washington v. 13. 4. 1942, SBA 2001 (E) 2/560. Der englische Originaltext lautet: «If Germany sells gold it is while she needs Swiss francs to make payments in third countries having got in payment Swiss francs from Germany.»

110 Denkschrift des EPD, S. II, als Beilage zum Schreiben an Prof. P. Keller, den Delegierten für Handelsverträge, Handelsabteilung des EVD, v. 15. 2. 1945, SBA 7110/1973/134/3. Der wichtigste Satz lautet im französischen Original: «Les pays se font verser en Suisse les montants d'or que l'Allemagne cède en contrepartie de leurs livraisons.»

111 Schreiben des schweizerischen Gesandten in Den Haag, Robert Kohli, an das EPD v. 13.7.1946, Bl. 3, SBA 2001 (E) 1/294.

112 Schreiben der SNB an den Vorsteher des EPD v. 7. 8. 1944, Bl. 4, SBA 2001 2/560.

113 Gemeint waren u. a. 6652 Barren der portugiesischen Konten A und B, die aus Escudokäufen der Portugiesischen Zentralbank bei der SNB (5 264 Barren) herrührten. Das von Portugal aus dem Depot der Deutschen Reichsbank übernommene Gold (Konto C) und das von der SNB an das spanische Depot abgegebene Gold (zusammen 6211 Barren) wurde separat behandelt und nach Lissabon und Ma-

-207-

drid geschafft. Archiv SNB, Fremde Depots, Portugal Konten A, B, C und D und Depot der spanischen Zentralbank in Bern.

114 Schreiben des EPD an die Schweizer Gesandtschaft in Washington v. 31. 5. 1944, Bl. 6, SBA 2001 (E) 2/560.

115 Schreiben der SNB an Bundesrat Wetter, Vorsteher des EFZD, v. 9. 10. 1943, Bl. 2, SBA 2001 (E) 2/560. Hier werden die bis dahin erfolgten alliierten Warnungen aufgezählt und zum Teil wörtlich wiedergegeben.

116 Wie Anm. Nr. 115.

117 Wie Anm. Nr. 114.

118 «Financial News» v. 9.7.1943.

119 Wie Anm. Nr. 115, Bl. 3 u. 7.

120 Aktennotiz über die Befragung des SNB-Direktoriums durch eine Kommission von drei Bundesrichtem am 14. 6. 1946, SBA 2001 (E) 1/294.

121 Schreiben der SNB an das EFZD v. 9. 10. 1943, Bl. 4, SBA 2001 (E) 2/560.

122 Schreiben des EPD v. 15. 2. 1945, SBA 7110/1973/134/3, Bl. 2.

123 Bericht über die zweite Finanzsitzung der Currie-Mission in Bern am 16. 2. 1945, SBA 2001 (E) 2/555.

124 Schreiben der Schweizer Gesandtschaft in Washington an das EPD v. 7. 11. 1944, SBA 2001 (E) 2/560.

125 Schreiben der SNB an das EPD v. 5. 9. 1944, Bl. 2, SBA 2001 (E) 2/560.

126 Die sog. Currie-Mission sollte, das war eine ihrer Aufgaben, ein absolutes Verbot schweizerischer Goldankäufe in Achsenländern herbeiführen. Es standen aber auch zahlreiche andere handelspolitischen Fragen auf ihrem Programm. Der alliierten Mission wurde von schweizerischer Seite eine personell gewichtige Kommission entgegengestellt. Ihr gehörten u. a. der Präsident des Direktoriums der SNB an. An die eigentlichen Verhandlungen in Bern wurde der stellvertretende Vizepräsident der SNB, Victor Gautier, delegiert. (Bundesratsbeschluss v. 6. 2. 1945.)

127 Die schweizerische Weigerung bezog sich auf eine Zahlung für 500 Tonnen rumänisches Getreide. So im Protokoll über die zweiten Finanzverhandlungen der Currie-Mission, s. Anm. Nr. 123.

128 Wie Anm. Nr. 121, jedoch Bl. 5.

129 Aktennotiz EPD «Einfuhr von deutschem Gold in die Schweiz» v. 12. 10. 1944, SBA 2001 (E) 2/560.

130 Aktennotiz der SNB, Zürich, für das EPD über das « Rumänisch-deutsche Abkommen v. 9. 2. 1944 und die Abwicklung der Zahlungen über die Schweiz» v. 19. 6. 1944, SBA 2001 (E) 2/560.

131 Schreiben und Gutachten v. Prof. Dr. Dietrich Schindler v. 22. 7. 1944, S. 21ff., SBA 2001 (E) 2/560.

132 Schreiben der SNB an den Vorsteher des EPD v. 7. 8. 1944, Bl. 10, SBA 2001 (E) 2/560.

133 Bonjour, Erinnerungen, S. 230–237.

134 Briefliche Mitteilung von Prof. E. Bonjour an den Verfasser v. 10. 4. 1984.

135 Heinz K. Meier, Friendship under Stress, U.S.-Swiss Relations 1900–
1950.

136 Daniel Bourgeois, Le Troisième Reich et la Suisse, 1933–1941.

137 Der Titel des in französischer Sprache gehaltenen Referats von Prof.
Marguerat lautet: «La neutralité économique». Unter neutralitäts-
politischem Gesichtspunkt behandelte er die schweizerische Goldpolitik der Kriegsjahre sowie deren währungs- und konjunkturpoliti-
sche Implikationen. Organisatoren des fünftägigen Kolloquiums waren
die Historischen Institute der Universitäten Bern und Neuenburg, im
Namen des Comité international d'Histoire de la Deuxième Guerre
mondiale, Paris, sowie der diesem Forschungszentrum angeschlossenen
schweizerischen Kommission für zeitgeschichtliche Forschung. Auf
das Referat Marguerats wird weiter unten noch eingegangen.

138 Exposé des EPD «Die blockierten Guthaben der Schweiz in den Vereinigten Staaten von Amerika» v. 20. 2. 1945, SBA 2001 (E) 2/641.

139 Exposé des EPD «Das amerikanische Freezing» v. 8. 6. 1944, S. 8,
SBA 2001 (E) 2/641.

140 Die schweizerischen Exporte nach den 24 «Dollarländern» erreichten in der Zeit v. 1942 bis 1944 immerhin einen Wert von 662,4 Mil-
lionen sFr. Zu diesen Ländern zählten ausser den USA und Kanada
Bolivien, Brasilien, Chile, Costa Rica, Dominikanische Republik
Ecuador, Französische Antillen, Guatemala, Guyana, Haiti, Hon-
duras, Kolumbien, Kuba, Mexiko, Nicaragua, Panama, Paraguay, Peru,
Puerto Rico, El Salvador, Uruguay und Venezuela. Vgl. Exposé des
Vororts des Schweizerischen Handels- und Industrievereins zu Handen
des EPD v. 20. 2. 1945, «Das Dollarproblem im Warenverkehr»,
S. 13–15, SBA 2001 (E) 2/641.

141 Vorort des Schweizerischen Handels- und Industrievereins, Berichte über Handel und Industrie in der Schweiz 1936–1950, S. 100.

142 Wie Anm. Nr. 139, aber S. 2.

143 Wie Anm. Nr. 142.

144 Wie Anm. Nr. 138, S. 6, und Nr. 134, 5.3.

145 Wie Anm. Nr. 138, S. 9, und Nr. ,34, S. 4.

146 Wie Anm. Nr. 138, S. 11.

147 Diese Dollarkurse beziehen sich auf September 1944. Schreiben des
EPD an die Schweizer Gesandtschaft in Lissabon, 12. 9. 1944, SBA
2001 2/645.

148 Die Schweizerische Nationalbank 1907–1957, S. 366 und Tabelle «Ge-
schäftsentwicklung, Aktiven 1932–1956».

149 Rings, Advokaten des Feindes, S. 20.

150 Beilage zum Memorandum des EPD «Dollarübernahmen durch den
Bund» v. 12. 2. 1945, Bl. 2, sowie statistische Beilage, SBA 2001 (E)
2/641.

151 Aktennotiz EPD v. 29. 7. 1944, SBA 2001 (E) 2/645.

152 Schreiben der SNB an den Direktor des Vororts des Schweizerischen
Handels- und Industrievereins, Dr. H. Homberger, v. 11. 7. 1944, SBA
2001 (E) 2/625, sowie Schreiben des EPD an die Schweizer Gesandtschaft London v. 12. 9. 1944, SBA 2001 (E) 2/645, und Memorandum

des EPD v. 20. 2. 1945, Bl. 5, SBA 2001 (E) 2/641. Der schweizerische Notenumlauf erhöhte sich 1942–1944 um 910,7 Millionen sFr.

153 Wie Anm. Nr. 140, Bl. 2–5.

154 E. Hochuli, Die schweizerische Gold und Dollarpolitik, Diss., S. 114.

155 Sitzungsprotokoll des Bundesrats v. 24. 3. 1944, SBA 1004/1944/540.

156 Der Goldbestand der SNB erhöhte sich in 15 Jahren (1935–1939 und 1945–1954) um insgesamt 2241 Millionen sFr., dagegen in nur 5 Kriegsjahren 1940–1944 um 2381 Millionen sFr., und dies sogar trotz gleichzeitigen Goldabgaben im Wert von 2673 Millionen sFr. Weitere Angaben in: Schweizerische Nationalbank 1907–1957, bes. Tabelle 3, S. 367, «Goldbestand 1932–1957».

157 Botschaft des Bundesrates an die Bundesversammlung v. 14. 6. 1946, im Bundesblatt Nr. 13, S. 720, v. 20. 6. 1946, Bd. II.

158 Es ist durchaus üblich, dass man sich auf diese Angabe aus autoritativer Quelle beruft. So auch z. B. Marco Durrer, Assistent am Genfer Universitätsinstitut für Höhere politische Studien, der seine in Vorbereitung befindliche Dissertation den schweizerisch-amerikanischen Beziehungen widmet. Er übernimmt die Zahl in einer Stellungnahme zu Peter Utz, die unter dem Titel «Schweiz – grösster Goldkäufer – aber nicht der einzige» im Magazin des «Tages-Anzeigers», Zürich, Nr. 30 v. 17. 5. 1980 erschien. Prof. Ph. Marguerat beruft sich seinerseits in seinem Referat (s. Anm. Nr. 137) auf Durrer.

159 Siehe Tabelle III, «Goldverkehr der Schweizerischen Nationalbank mit ausländischen Zentralbanken». Vgl. auch die folgende Anm. Nr. 160.

160 Aus Tabelle III ergibt sich (In 1000 sFr.):

	Käufe	Verkäufe	Saldo
Grossbritannien	673'310	93'259	580'051
Kanada	65'284	–	65'284
USA	2'242'916	1'064'760	1'178'156
	2'981'510	1'158'019	1'823'491

161 Ein Gutes Beispiel liefert die «Übersicht über die Zahlungen zu Lasten der Vereinigten Staaten von Amerika in den Monaten April–Oktober 1944» v. 27. 11. 1944, SBA 2001 (E) 2/645. Daraus geht hervor, dass die Nationalbank in dieser Zeit insgesamt 51,1 Millionen sFr. an 5 Gesandtschaften und Konsulate (USA, Griechenland, Polen, El Salvador und Türkei), an 25 internationale Hilfswerke sowie an 5 schweizerische Handelsbanken und 7 Privatpersonen auszahlte. Was die Exporterlöse und die Frankenzessionen anbetrifft, siehe die folgende Anm. Nr. 162.

162 In Millionen sFr.

	USA	GB + Kanada
Exporterlöse	968,9	429,3
Frankenzessionen	235,3	230,5
	1204,2	659,8
Summe	1864,0	

Dieses Zahlenmaterial wurde dem Schreiben der SNB an das EPD v. 6. 2. 1945, Bl. 2 u. 3, SBA 2001 (E) 2/560, entnommen. Es betrifft die Zeit v. 14. 6. 1941 (Datum der Blockade der schweizerischen Guthaben in den USA) bis zum 31. 1. 1945. Angaben über die Frankenzessionen im einzelnen werden weiter unten folgen. Im Betrag von 230,5 Millionen sFr. (Grossbritannien und Kanada) ist z. B. auch eine Zahlung an die Belgische Nationalbank von 28 Millionen sFr. enthalten. Weitere interessante Unterlagen finden sich z. B. im Schreiben der SNB an den Vorsteher des EFZD v. 17. 4. 1944, Bl. 4, SBA 2001 (E) 2/645, sowie vor allem im Memorandum des EPD v. 20. 2. 1945, Bl. 2–6, und in den drei statistischen Beilagen, SBA 2001 (E) 2/641. Die obigen Zahlen lassen sich übrigens auch an Hand der schweizerischen Aussenhandelsstatistik überprüfen, die bequem in «Die Schweizerische Kriegswirtschaft 1939/1948», S. 65, eingesehen werden kann. Ungeklärt bleibt die Frage, wie die unbedeutende Differenz von knapp 40 Millionen sFr. zwischen der Summe der obigen Aufstellung einerseits und dem Saldo unter Anm. 160 andererseits zu erklären ist.

163 Aktennotiz des EPD «Übersicht über hängige Finanzfragen» v. 25. 7. 1944, Bl. 3, SBA 2001 (E) 2/645.

164 Am 28. 11. 1944 stellt die schweizerische Regierung dem amerikanischen Schatzamt 10 Millionen sFr. «für die Bedürfnisse der amerikanischen Armee» zur Verfügung, wovon 8 Millionen sFr. «für den Ankauf von Baracken in der Schweiz» vorgesehen sind. Memorandum des EPD v. 20. 2. 1945, Bl. 5, SBA 2001 (E) 2/641. Ein ähnliches, aber privates Barackengeschäft, an dem sich übrigens Oberst Henri Guisan, der Sohn des Oberbefehlshabers der schweizerischen Armee, als Mittelsmann beteiligt hatte, war vorher mit Deutschland getätigt worden. Hierüber bei H. R. Kurz, Nachrichtenzentrum Schweiz, S. 67.

165 Schweizerisches Handelsamtsblatt, Bern, 67. Jahrgang, Nr. 3, bringt darüber eine Mitteilung der SNB v. 5. 1. 1949.

166 Die Konferenz findet am 12. 9. 1945 im Bundeshaus statt. An ihr nehmen acht hohe Beamte teil. Das Protokoll (in französischer Sprache) befindet sich bei den Akten des EPD in SBA, 2001 (E) 2/560.

167 Von den Goldimporten aus Deutschland erwarb die SNB 1940: 16,8 %, 1941: 50,5 %, 1942: 89,3 %
Man muss aber auch die folgende Statistik der SNB (Archiv Zürich) über die gesamten Goldeinfuhren in Millionen sFr., nicht nur die Einfuhren aus Deutschland betreffend, in Betracht ziehen:

Banken	Goldeinfuhr I–VII, 1940		Goldeinfuhr I–IX, 1941	
	Millionen	%	Millionen	%
SNB	114,7	53,8	160,9	37,6
Grossbanken	90,0	42,3	129,3	30,2
Andere Banken	8,2	3,9	137,5	32,2

Die 7 Grossbanken: Schweizerische Kreditanstalt, Schweizerischer Bankverein, Schweizerische Bankgesellschaft, Basler Handelsbank, Eidgenössische Bank A. G., Leu-Bank, Schweizer Volksbank.

168 Archiv SNB, Zürich, Fremde Golddepots.

169 Der englische Wirtschaftsjournalist Nicholas Faith zitiert diese amerikanische Aussage in seinem Buch «Safety in Numbers», S. 113.

170 Wie Anm. Nr. 166.

171 Revue de la Banque Nationale de Belgique, Nr. 2, Januar 1956, S. 17.

172 Frei, Das Washingtoner Abkommen, S. 572. Hier wird auch die amerikanische Quelle angegeben: Hearings before a Subcommittee on Military Affairs, US-Senate, Elimination of German Resources for War, Testimony of State Department, Washington 1945, Teil 2, S. 30 u. 32.

173 K. Meier, Friendship under Stress, S. 352–353. Amerikanische Quelle wie unter Anm. Nr. 172, aber Teil 6, «Additional Material Submitted by the War Department», November, 1945, 923–940.

174 Mit dem Currie-Abkommen vom 8. 3. 1945 hatte sich die Schweiz den Alliierten gegenüber insbesondere verpflichtet, keine Goldlieferungen aus Deutschland von mehr als für 15 Millionen sFr. zuzulassen. Bonjour, Die Geschichte der schweizerischen Neutralität, Bd. VI, S. 379.

175 Wie Anm. Nr. 173, S. 354, u. «New York Times» v. 17. u. 19. 11. 1945.

176 Bericht des Bundesrates über seine Geschäftsführung im Jahre 1946, S. 113.

177 Auf die Möglichkeit einer Drosselung oder Einstellung sämtlicher Zufuhren von Kohle und Getreide wird im Verlaufe der Verhandlungen ausdrücklich hingewiesen. D. Frei, Das Washingtoner Abkommen, S. 586 u. 595.

178 P. Utz im «Tages-Anzeiger», Zürich, v. 19. 4. 1980, S. 50.

179 Wie Anm. Nr. 73, S. 360.

180 Schreiben der SNB an das Reichsbankdirektorium Berlin C III v. 5. 4. 1945, SBA 2001 (E) 2/560.

181 Archiv SNB, Fremde Depots, Reichsbankdirektion Berlin. Das Gold wurde am 13. 4. 1945 von der SNB erworben, der Gegenwert in sFr. dem Girokonto 2 der Deutschen Reichsbank in Zürich gutgeschrieben. Nach dem unter Anm. Nr. 182 genannten Schreiben pflegten die deutschen Verbindlichkeiten, die hauptsächlich schweizerische Ansprüche erfüllten, aus diesem Konto bezahlt zu werden.

182 Schreiben des EPD an die Schweizer Gesandtschaften in London, Washington und Paris v. 9. 5. 1945, SBA 2001 (E) 2/560. Hier wird auf die kritischen Reaktionen der Alliierten eingegangen.

183 Vertrauliches Gutachten für die SNB in Sachen Goldoperationen mit der DRB von Prof. Georges Sauser-Hall v. 28. 3. 1946, Archiv SNB, Bern, S. 1–2.

184 Ergänzendes Gutachten von Prof. Sauser-Hall v. 18. 4. 1946, S. 8–9.

185 Wie Anm. Nr. 173, S. 21.

186 Wie Anm. Nr. 158, S. 723.

187 Eidesstattliche Aussage von Emil Puhl am 3. 5. 1946 (IMT, Dok. Nr. 3944-PS), dem Gerichtshof im Beisein E. Puhls und W. Funks vorgelegt am 7. 5. 1946 (IMT, XIII, 191ff.).

188 Persönliche Mitteilung Dr. Kempners an den Verfasser während eines eingehenden Gesprächs in Locarno am 20. 9. 1984.

189 Das Urteil im Wilhelmstrasse-Prozess, S. 152–154.

190 Daselbst, S. 153.
191 Wie Anm. Nr. 188.
192 Wie Anm. Nr. 189, S. 312.
193 Wie Anm. Nr. 189, S. 156.
194 Daselbst, S. 153.
195 Protokoll des Bankausschusses der SNB, Sitzung Nr. 7 v. 23. 5. 1946, S. 157, Archiv der SNB.
196 Auszug aus dem Protokoll des Bankausschusses der SNB, Sitzung Nr. 6 v. 4. 5. 1946, S. 143. Dem Bankausschuss gehören ausser dem Präsidenten und dem Vizepräsidenten des Bankrats (s. u.) acht vom Bankrat aus seinem Kreise bestimmte Mitglieder an. Er übt die nähere Aufsicht und Kontrolle über die Bankleitung aus. Er steht in der Hierarchie der Bank vermittelnd zwischen dem dreiköpfigen Direktorium und dem aus vierzig Mitgliedern bestehenden Bankrat, der den allgemeinen Geschäftsgang und die Geschäftsführung der SNB zu beaufsichtigen hat.
197 Der volle Text des Abkommens ist im Bundesblatt Nr. 13 v. 20. 6. 1946, S. 732–735, veröffentlicht worden.
198 Schweizerische Nationalbank 1907–1957, S. 139–140 und S. 143.
199 Für Details mit Quellenangaben s. weiter unten.
200 Aus einem Schreiben Köchers an von Weizsäcker v. 27. 8. 1942, PAB, B. d. St. Schweiz f. 140'596, zitiert nach Bonjour, Geschichte der schweizerischen Neutralität, Bd. VII, Dokumente, S. 252.
201 A. Speer, Erinnerungen, S. 292–299 u. S. 598, Anm. 18 sowie S. 559, Anm. 21.
202 Hotz, Handelsabteilung und Handelspolitik S. 62 und E. Matter, Eidgenössisches Kriegs Transport-Amt in: Die schweizerische Kriegswirtschaft, S. 110-113, 118-120, 130 u. 133, sowie Bonjour, Geschichte der schweizerischen Neutralität, Bd III, S. 405–420.
203 Ausführliche Darstellung in W. Rings, Schweiz im Krieg.
204 Bonjour, Geschichte der schweizerischen Neutralität Bd. VI, S. 289–302, s. a. H. Homberger, Schweizerische Handelspolitik, S. 30–32.
205 Nach einer Aufstellung der Kriegstechnischen Abteilung (KTA) des EMD v. 27. 3. 1940, Schreiben an das EPD gleichen Datums, SBA 7110/1967/32.380.7, zitiert nach R. U. Vogler, Die Wirtschaftsverhandlungen, S. 51.
206 Auftragbestand am 15. 6. 1940: Bonjour, Geschichte der schweizerischen Neutralität, Bd. VI, S. 313.
207 K. Wittmann, Schwedens Wirtschaftsbeziehungen zum Deutschen Reich, S. 160, und La Ruche, La Neutralité de la Suède, p. 123, n. 15. Die schwedischen Schiffsverluste betrugen bis Ende Dezember 1939 immerhin 43'871 BRT, d.h. fast das Fünffache der gesamten Schiffsverluste unter Schweizer Flagge während des ganzen Krieges.
208 K. Urner, Die schweizerisch-deutschen Wirtschaftsbeziehungen während des Zweiten Weltkrieges, I, «Neue Zürcher Zeitung», Nr. 734 v. 27. 11. 1968, Bl. 3.
209 H. Homberger, Schweizerische Handelspolitik, S. 41.
210 U. Vogler, Wirtschaftsverhandlungen, S. 97.

211 Wie Anm. Nr. 208.

212 PAB Kriegsgerät, «Lieferung von Kriegsgerät durch die Schweiz, mit Anlage» v. 19. 6. 1940, zitiert nach R. U. Vogler, Wirtschaftsverhandlungen, S. 107.

213 R. U. Vogler, wie Anm. Nr. 204, S. 137.

214 K. Urner, wie Anm. Nr. 208, II, «Neue Zürcher Zeitung», Nr. 734 v. 2. 12. 1968, Bl. 3. Bei einem Teil dieser Aufträge handelt es sich um solche, die von Russland in Deutschland placiert und zur Entlastung der deutschen Maschinenindustrie in die Schweiz verlagert worden waren. So erklären sich auch die von der schweizerischen Oberzolldirektion deklarierten Goldeinfuhren aus Russland von rund 160 Millionen sFr. 1940/41 bis zum Beginn der deutsch-russischen Kampfhandlungen im Juni 1941.

215 E. Speiser, Die schweizerisch-deutschen Handelsbeziehungen in: «Schweizer Monatshefte», Nr. 22, März 1946, S. 747.

216 Jakob Ragaz, Die Ausfuhr von Kriegsmaterial aus der Schweiz während des Krieges, in: «Der Aufbau», Zürich, Nr. 14, v. 8. 4. 1949, S. 118ff.

217 Die Auflage der Wochenzeitung wurde 1944 mit 2500 Exemplaren angegeben, Georg Kreis, Zensur und Selbstzensur, S. 456.

218 Als Beilage zu den «Schweizer Monatsheften» publizierte Heinrich Homberger im Januar 1960 eine 26 Druckseiten umfassende Würdigung, «Minister Dr. Hans Sulzer zum Gedächtnis» und führte in diesem Zusammenhang Auszüge aus Briefen an, die Sulzer als Chef der schweizerischen Verhandlungsdelegation 1942 an ihn, Homberger, aus London gerichtet hatte. Meine Zitate sind einem Schreiben Sulzers v. 21. 7. 1942 entnommen (S. 22, 23).

219 K. Urner, wie Anm. Nr. 208, «Neue Zürcher Zeitung», Nr. 734, v. Nr. 745, v. 2. 12. 1968, und Nr. 756, v. 6. 12. 1968. Das von Urner geleitete Archiv für Zeitgeschichte befindet sich an der Eidgenössischen Technischen Hochschule in Zürich.

220 Schweizerische Ausfuhr von Kriegsmaterial nach Deutschland

	Bezeichnung	in Millionen sFr.	Quelle
1941	«Kriegsmaterial»	209	1
1942	«Geleitscheinpflichtige Waren»	353	2
1943	«Kriegsmaterial»	425	3
1944 (Januar-Juni)	«Kriegsmaterial»	88	4

Quellen: 1 D. Bourgeois, Le Troisièmc Reich, p. 179, 376. 2 K. Urner, NZZ, Nr. 756, v. 6. 12. 1968. 3 Bonjour, Bd. VI, S. 266. 4 Laut den vertraglichen Vereinbarungen vom 1. 10. 1943 u. 29. 6. 1944. Offen bleibt die Frage, ob es sich bei den obigen statistischen Angaben jeweils nur um kreditierte Kriegsmaterial-Lieferungen handelte oder ob auch Lieferungen, die ausserhalb des Clearings erfolgten, darin enthalten sind. – Was unter «Kriegsmaterial», «strategisch wichtige» oder «Geleitscheinpflichtige Waren» zu verstehen war, ist von der schweizerischen Regierung Ende 1944 genau definiert worden (D. Bourgeois, Le Troisième Reich, S. 365, Anm. 14), nämlich:

Waffen- und Waffenteile	Maschinengewehre, Flab- und andere Geschütze, Kleinkaliberwaffen und Flugzeugbordwaffen.
Flugzeugbestandteile	bes. Flugzeugmotoren, optische Instrumente usw.
Sprengstoff und Munition	bes. 20-mm-Munition und Uhrwerkzünder für Flabraketen
Kugellager	bes. Miniaturkugellager
Werkzeugmaschinen	bes. Präzisionsinstrumente, Ladelehren usw.

Telefon- und Telegrafenapparate und Teile davon sowie Radioapparate für militärische Zwecke. –
Nach den militärischen Erfolgen der Alliierten wurde die Ausfuhr dieser Waren nach Deutschland von der schweizerischen Regierung am 29. 9. 1944 untersagt. Bourgeois gibt dafür als Quelle an: Hotz an Schnurre, 29. 9. 1944, Handelspolitische Abteilung, Verträge, Schweiz, Texte des Briefwechsels, PAB.
Eine wesentlich ausführlichere Aufstellung findet sich im sog. «Memorandum Gäfgen» der Deutschen Industriekommission in Bern v. 1. 4. 1944, BAF, OKW/WiRü, Bl. 1–3.

221 Wirtschafts-Rüstungsamt des OKW, WI IF/12, BAF wie bei D. Bourgeois, Le Troisième Reich, S. 367, Anm. 134. Die schweizerischen Eisengiessereien sowie die optische Industrie waren ebenfalls zu etwa 50 Prozent mit deutschen Aufträgen belegt.

222 Georg Kreis, Die Schweiz im Zweiten Weltkrieg, Bilanz und bibliographischer Überblick nach dreissig Jahren, Referat auf dem Convegno in Villa Monstaero, Varenna, September 1975, publiziert in den «Atti del Convegno».

223 Hans Sulzer drückte sich gleichermassen in seinem Bericht an Homberger v. 21. 7. 1942 aus, s. Anm. 218.

224 R. U. Vogler, Die Wirtschaftsverhandlungen, S. 97 und 119.

225 Pilet-Golaz gab diese Erklärung am 21. 6. 1940 auf einer Sitzung der bundesrätlichen Finanzdelegation mit Mitgliedern der Verhandlungsdelegation ab. Wörtlich erklärte er: «L'Allemagne a besoin de devises… elle ne se gêne pas de s'imposer à nous.» Ausführliche Wiedergabe des Textes im französischen Original bei R. U. Vogler, S. 112.

226 Bundesratsprotokoll v. 2. 7. 1940.

227 Bonjour, Geschichte der Neutralität, Bd. VI, S. 224, und Bd. VIII, Dokumente, S. 165. Wie schwer der Regierung dieser Entschluss gefallen sein mag, ist zu ermessen, wenn man sich vor Augen hält, dass ein Konsortium schweizerischer Grossbanken eine früher gegebene Zusage, die erforderlichen Mittel für einen 100-Millionen-Kredit für die Finanzierung *alliierter* Waffenkäufe, kurz zuvor zurückgezogen hatte, und zwar mit der Begründung, dass einseitige Kreditgewährung mit der schweizerischen Neutralität unvereinbar wäre. Bonjour, Bd. VI, S. 301.

-215-

228 Das Deutsche Reich schuldete Ende April 1944 an Clearing-Kredi-
ten (in Millionen sFr.):
Schweiz   1090,1
Spanien   183,2
Portugal   31,3
Schweden   30,0
Türkei   5,7
(Quelle: Statistik der Verrechnungskasse des Reichswirtschafts-
ministeriums, Mikrofilm T-77, Roll 522 NAW, und D. Bourgeois,
Le Troisième Reich p ,79 mit Bezug auf T-120 Roll 715 NAW.)

229 Hotz, S. 82, u. Homberger Schweizerische Handelspolitik 5 48ff.
u. 128.

230 Zum Beispiel NAW Mikrofilme T 120, Roll 2507 oder T 77, Roll 522.

231 D. Bourgeois, der sich mit dieser Frage beschäftigt hat (in: Le Troisième
Reich, S. 373, Nr. 101), weist darauf hin, dass zwar die «unsichtba-
ren Exporte» nicht geopfert wurden, aufgrund der deutschen Dokumente jedoch angenommen werden muss, dass die Kredite «im
wesentlichen der Finanzierung schweizerischer Exporte von strategisch wichtigen Waren dienten, die in den Jahren 1940–1942 zu 90
Prozent aus Waffen bestanden».

232 Schreiben des Chefs des Sonderstabes HWK im OKW an den Chef
OKW, gez. Groos, v. 2. 6. 1943 unter Bezugnahme auf eine Mitteilung
von Ministerialdirektor Clodius über den Stand der Wirtschaftsverhandlungen mit Bern am 1.6. 1943, Mikrofilm NAW T-77, Roll 902.

233 Die Zitate stammen in der im Text gewählten Reihenfolge von Minister Jean Hotz, damals Direktor der Eidgenössischen Handelspolitik; von Minister Hans Sulzer, ständigem Regierungsberater für den
Kriegs-Aussenhandel; und von Heinrich Homberger, einem prominenten Mitglied der Ständigen schweizerischen Verhandlungsdelegation. Quellen: Hotz, Schweizerische Kriegswirtschaft, S. 63,
Hans Sulzer, s. Anm. Nr. 218, u. H. Homberger, Schweizerische Handelspolitik, S. 48.

234 Wie Anm. Nr. 218, S. 13.

235 Wehrwirtschafts- und Rüstungsamt des OKW, Berichte des Verbindungsoffiziers zur Reichsbank, Oberst Drews, z. H. von General
Georg Thomas v. 25. 1. 1943 (Mikrofilm NAW T-77, Roll 522, Dok.
1'692'514) sowie v. 4. 5. 1943 (Mikrofilm NAW, Roll T-77, Dok.
1'692'450). Im ersten der beiden Papiere vermittelt Oberst Drews
einen Bericht des Reichsbankrats Hinz über die «ergebnislos abge-
brochenen Verhandlungen mit der Schweiz»: über die wichtigste Frage,
nämlich die Rüstungsaufträge, sei keine Einigung erzielbar gewesen. Die Schweizer lehnten es ab, für deutsche Rüstungsaufträge weiterhin «im bisherigen Rahmen» Kredite zu geben. Die 850-Millio-
nen-Kredite seien nur bis 700 Millionen in Anspruch genommen
worden. Jedoch «schweben» Rüstungsaufträge über rund 400 Millionen sFr. mit einer Lieferzeit bis Juni und teilweise sogar September 1943. Diese Aufträge, so wird hier festgestellt, «gehen damit bereits
über die bisherige Kreditgrenze hinaus». Ferner heisst es: «Die Ver-

handlungen scheiterten an der unnachgiebigen Haltung der Schweiz.»
Das zweite Dokument enthält die im Text dieses Buches vermittelten Angaben, die Oberst Drews von Reichsbankdirektor Rex und Reichsbankrat Hinz erhalten hatte.

236 Die Schweizerische Kriegswirtschaft, S. 74.

237 Das Deutsche Reich war eine solche Verpflichtung mit dem schweizerisch-deutschen, bis Ende 1942 gültigen Zusatzabkommen vom 18. 7. 1941 eingegangen. (R. U. Vogler, Die Wirtschaftsverhandlungen, S. 213.)

238 So wurde es zum Beispiel dem Deutschen Reich durch die sukzessive Herabsetzung der Zinssätze für sog. Stillhaltekredite ermöglicht, Devisen einzusparen und sie für kriegswirtschaftliche Zwecke freizustellen. Es handelte sich in diesem Fall um kurzfristige Kredite, die deutschen Firmen und Banken schon im Jahre 1931 gestundet worden waren und deren Zinssätze von ursprünglich 7,6 auf 4 Prozent für Barkredite, 3,75 Prozent für Akzeptkredite und 3,0 bis 3,5 Prozent für Kredite an Bankschuldner herabgedrückt wurden, was im ganzen Zinsreduktionen von ursprünglich rund 900 Millionen sFr. auf rund 200 Millionen sFr. ausmachte. Nur ein Teil dieser Reduktionen, die im Verlaufe von zwölf Jahren vorgenommen wurden, ist dem Deutschen Reich im Mai 1943 gewährt worden. Immerhin qualifizierte ihn Reichsbankdirektor von Wedel in einem Bericht an Oberst Drews (s. Anm. Nr. 235) als «eine bedeutende Devisenersparnis». (Mikrofilm NAW T-77, Roll 522, Dok. 1'692'434, Bericht betr. Stillhalteabkommen v. 22. 5. 1943, sowie H. Homberger, Schweizerische Handelspolitik, S. 49.)

239 Es handelt sich um das provisorische Wirtschaftsprotokoll vom 23. 6. 1943 (Die schweizerische Kriegswirtschaft, S. 75).

240 Siehe das folgende Kapitel: «Falscher Alarm».

241 Siehe Tabelle I: Goldeinfuhren aus Deutschland.

242 Siehe Tabelle II: Herkunft des in die Schweiz eingeführten Goldes.

243 Die Käufe «deutschen» Goldes der SNB beliefen sich in den Jahren 1942/43 auf genau 424,0 + 368,4 = 792,4 Millionen sFr. Quelle: Bericht der Direktion der SNB v. 16. 5. 1946, Archiv der SNB, Bern.

244 Schweizerische Goldimporte, Kredite und SNB-Goldkäufe in je zwei Jahren, (in Millionen sFr):

	Goldimporte	Kredite	SNB-Goldkäufe
1940/41	394,9	850,0	207,8
1942/43	1047,3	290,0	792,8
1944/45	273,9		209,8
Total	1716,1	1210,0	1140,0

1940/41: Kredite => zweimal Wert der Goldimporte
1942/43: Gold => dreimal Schweizer Clearingkredite
1944/45: Keine Kredite, aber Goldimporte für 273,9 Millionen sFr. und SNB-Goldkäufe für 209,8 Millionen sFr.
Quellen: Statistik der Eidgenössischen Oberzolldirektion über die Ein- und Ausfuhr von Gold für Banktransaktionen 1940–1945 (Pos. 869), Clearingkredite: Die schweizerische Kriegswirtschaft, S. 70–79.

245 Laut Telegramm der deutschen Delegation in Bern an das AA, Berlin, v. 14. 6. 1944, zitiert bei P. Utz, Manuskript, Beilage «Deutsche Quellen zur Gold- und Devisenfrage», Bl. 6.

246 Bonjour, Geschichte der schweizerischen Neutralität, Bd. VIII, Dokumente, S. 218.

247 Sitzungsprotokoll der schweizerischen Wirtschaftsdelegation v. 30. 9. 1940, Nachlass Homberger.

248 R. U. Vogler, Die Wirtschaftsverhandlungen, S. 157.

249 Wie Anm. Nr. 247.

250 H. R. Kurz, Nachrichtenzentrum Schweiz, S. 69.

251 R. Bollmus, Das Amt Rosenberg und seine Gegner, S. 236.

252 M. Broszat, Der Staat Hitlers, behandelt die «Anarchie der Kompetenzen» im Dritten Reich sehr eingehend.

253 W. Hasenclever berichtet in «Ihr werdet Deutschland nicht wiedererkennen» über seine Unterredungen mit höchsten politischen und militärischen Führern des Dritten Reiches. Er schreibt, Aussenminister von Ribbentrop habe sich bei ihm beschwert, dass es im Dritten Reich» «eine ganze Anzahl von Stellen» gegeben habe, die mehr oder weniger auf eigene Faust Aussenpolitik betrieben hätten. Er zählte u. a. das Propagandaministerium Goebbels', das Reichssicherheitshauptamt Himmlers, das Aussenpolitische Amt Rosenbergs auf. Diese Stellen hätten bei den offiziellen diplomatischen Vertretungen Informationen gestohlen oder ihnen ihre eigenen Informationen vorenthalten. Es sei oft auf dilettantische Art und Weise Spionage betrieben worden, wodurch die deutsche Aussenpolitik nicht selten diskreditiert worden sei. Er sei deswegen auch bei Hitler vorstellig geworden, jedoch ohne jeden Erfolg (S. 176).

254 Alphons Matt, Zwischen allen Fronten, S. 194. Zutreffendes auch bei Karl Lüönd, Spionage und Landesverrat in der Schweiz, Bd. 2, S. 68–73. Das im SBA deponierte private Archiv Hausamann enthält eine Dokumentensammlung zu dieser Frage.

255 H. R. Fuhrer, Spionage gegen die Schweiz, S. 86, u. H. R. Kurz, Die militärischen Bedrohungen der Schweiz, S. 173ff.

256 H. R. Kurz, Die Schweiz in der Planung der kriegführenden Mächte, S. 48.

257 E. S. Kordt, Wahn und Wirklichkeit, S. 250ff. Ernst von Weizsäcker, 1933–1937 deutscher Gesandter in der Schweiz und bis 1943 Staatssekretär im Auswärtigen Amt in Berlin, schreibt in seinen Erinnerungen über die angeblichen Marschbefehle Hitlers gegen die Schweiz, dass sie in Wahrheit nicht bestanden haben. Er betont: «Meine nachträglich angestellten Nachforschungen besagen, dass es sich um Schreckschüsse, aber nicht Realitäten gehandelt hat» (S. 302).

258 Wie Anm. Nr. 256.

259 J.-C. Favez, La Suisse au tournant de la Seconde Guerre Mondiale, S. 170–172.

260 Aus Sicherheitsgründen nicht registrierte Geheime Kommandosache Ausld. VI d, Notiz für «Herrn Chef Ausland» vom 29. 3. 1941 betr. «Sonderstab HWK» [= «Handelskrieg und wirtschaftliche

Massnahmen im OKW»], bei den Akten OKW Ausland Abwehr, Mikrofilm NAW T-77, Roll 902, Dok. 656'345, betr. Veto gegen den Plan der Ermordung des britischen Gesandten in der Schweiz, Auftrag an die Geheime Staatspolizei.

261 Notiz von Minister Emil Wiehl für Aussenminister von Ribbentrop v. 5. 3. 1943, J.-C. Favez, La Suisse au tournant, S. 171.

262 Deutschlands Rüstung im Zweiten Weltkrieg, Hitlers Konferenzen mit Albert Speer 1942–1945, Protokolle, unter «6. März 1943».

263 Aufzeichnung von Minister Wiehl v. 11. 3. 1943, Quelle: Bonjour, Geschichte der schweizerischen Neutralität, Bd. VIII, Dokumente, S. 192.

264 Wie Anm. Nr. 259.

265 H. R. Fuhrer, Spionage gegen die Schweiz, S. 95.

266 Wie Anm. Nr. 1.

267 K. Urner, wie Anm. Nr. 214.

268 Speer, Erinnerungen, S. 293 u. 556.

269 Der Transitverkehr durch die schweizerischen Alpentunnels, der sich im Vergleich mit den Vorkriegsjahren verdoppelt hatte, bewältigte in den Kriegsjahren 34,8 Millionen Tonnen Frachtgut, das in mehr als vier Millionen Waggons transportiert wurde. Mehr als die Hälfte dieser Transporte betraf nicht eigentliches Kriegsmaterial, sondern Waren, die, wie Kohlen, Treibstoffe, Eisen und Stahl, auch für militärische Zwecke verwendet werden konnten. Diese Transporte wurden von der «Feldtransportabteilung des Chefs des Transportwesens des Generalstabs des Heeres» angeordnet und kontrolliert. Siehe z. B. Mikrofilm NAW, T-77, Roll 778, Dok. 5'504'932.

270 Siehe Tabelle I.

271 Gutachten v. 26. 10. 1943 aufgrund von Schätzungen des deutschen Gesandten in der Schweiz, Otto Karl Köcher, und des deutschen Militärattachés in Bern, Iwan von Ilsemann. D. Bourgeois, Le Troisième Reich, S. 401, Anm. 173. Das hier schon genannte Memorandum Gäfgen, s. Anm. Nr. 220, letzter Absatz) veranschlagt auf S. 7 das «Durchhaltevermögen der Schweiz» ebenfalls auf anderthalb bis zwei Jahre.

272 Aufzeichnung Ausland/Abwehr für den Chef des OKW v. 10. 1. 1944 unter dem Titel «Die Schweizer Armee 1943», ausführlich bei D. Bourgeois, Le Troisième Reich, S. 244 u. 402, S. 175.

273 Genaueres bei H. Homberger, Schweizerische Handelspolitik, S. 90.

274 H. R. Fuhrer, Spionage gegen die Schweiz, S. 41. Quelle: OKW an Militärattaché von Ilsemann in Bern, v. 25. 9. 1943, BAF, RW 5/v 25.

275 Wie schon erwähnt, gelangte das Deutsche Reich in den Genuss bedeutender Zinsreduktionen (s. Anm. Nr. 238). Ferner wurde ihm ein sog. «Kohlenkredit» zugestanden, der mit Hilfe eines Bankenkonsortiums aufgebracht (Die schweizerische Kriegswirtschaft, S. 75). Schliesslich wurden die erforderlichen Mittel für die Finanzierung schweizerischer Kriegsmaterialexporte auch noch auf anderem Wege beschafft, so z. B. durch die Ausdehnung von Wartefristen für Schweizer Exporteure, d.h. über die befristete Stundung deutscher Zahlungsverpflichtungen.

(Deutsche Stellungnahme zu diesen Fragen s. Mikrofilm NAW T-77, Roll 522, Dok. 1692450.)

276 Importe «deutschen» Goldes 1943:1. Halbjahr für 333,7 Millionen, 2. Halbjahr für 255,2 Millionen sFr. Käufe der SNB ab Berner Depot der Reichsbank 1943: 1. Halbjahr 198,8 Millionen, 2. Halbjahr 170,6 Millionen sFr. Das ganze Jahr 1943: Importe für 588,9 Millionen, Käufe für 368,4 Millionen = 62,6%. Quellen: Statistik der Eidgenössischen Zolldirektion und Bericht der Direktion der SNB v. 16. 5. 1946, Bern.

277 Laut Statistiken der Eidgenössischen Oberzolldirektion beliefen sich die Goldeinfuhren aus Deutschland im 1. Halbjahr 1944 auf 221,8 Millionen sFr.

278 Juli 1944: Genau 29,7 Millionen sFr.

279 Archiv der SNB, Bern, Fremde Depots, Portugal Konten A bis D, und Spanien, Konto Instituto Espanol de Moneda Extranjera, Madrid.

280 Schreiben der SNB an die DRB v. 5. 4. 1945 u. Aktennotiz im EPD Dossier 2001 (E) 2/560 v. 9. 5. 1945.

281 Siehe Anm. Nr. 140, 160 u. 162.

282 Verwendung der Schweizer Franken: Über die Ausgaben der Regierungen der USA und Grossbritanniens legen in den unten genannten Staatspapieren die vier folgenden statistischen Positionen Rechenschaft ab (in Millionen sFr.):

1. Diplomatische Dienste: Ausgaben für Kosten der alliierten diplomatischen und konsularischen Dienste in Schweiz sowie für die diplomatische Vertretung alliierter Interessen in den von den Achsenmächten besetzten Gebieten, insofern die Schweiz damit beauftragt ist.   20,3

2. Hilfswerke u. a.: Ausgaben für rund zwei Dutzend internationale Hilfswerke in der Schweiz (Internationales Komitee vom Roten Kreuz, Weltbund der Christlichen Vereine Junger Männer, American Jomt Distribution Committee, Cité du Vatican u. a.), für die Subventionierung von Pressediensten, wissenschaftlichen und kulturellen Instituten, sowie Ausgaben für die Unterstützung von Privatpersonen in der Schweiz   68,5

3. «Amerikanische Regierungsbedürfnisse»: ohne nähere Angaben   146,5

4. «Britische Regierungsbedürfnisse»: ohne nähere Angaben   230,5

477,1

Geschätzter Nutzen für die Kriegsführung

Pos 1. u. 2: 20% v. 100,1   20,0

Pos 3. u. 4: 100% v. 377,0   377,0

397,0

Quellen: SBA: Übersicht über die Auszahlungen zu Lasten des den Vereinigten Staaten von Amerika gewährten Plafonds v. 27. 11. 1944, 2001 (E) 2/645. Schreiben der SNB an das EPD v. 6. 2. 1945, Bl. 2 u. 3, 2001 (E) 2/560. Memorandum des EPD v. 20. 2. 1945: Dollarübernahme durch den Bund, mit drei statistischen Beilagen, 2001 (E) 2/641. Quellen: SBA: Übersicht über die Auszahlungen zu Lasten des den Vereinigten Staaten von Amerika gewährten Plafonds v. 27. 11. 1944, 2001 (E) 2/645. Schreiben der SNB an das EPD v. 6. 2. 1945, Bl. 2 u. 3, 2001 (E) 2/560. Memorandum des EPD v. 20. 2. 1945: Dollarübernahme durch den Bund, mit drei statistischen Beilagen, 2001 (E) 2/641.

283 Siehe Tabelle II.

284 H. Kehrl, Kriegswirtschaft und Rüstungsindustrie, S. 275, und G. Thomas, Geschichte der deutschen Wehr- und Rüstungswirtschaft, S. 298.

285 Die deutschen Clearingguthaben reichten ohnehin nicht aus, um die Warenimporte aus der Schweiz zu finanzieren. Die fehlenden Mittel mussten auf dem Wege über schweizerische Kredite sowie auch über Goldzessionen an die SNB aufgebracht werden. Der hier schon des öfteren genannte Bericht der SNB vom 16. 5. 1946 gibt auf Seite 17 zu erkennen, dass man sich in Bern darüber im klaren war. Hier ist z. B. auf den Seiten 38/39 von «nicht unerheblichen Warenquantitäten» die Rede, die von Deutschland mit den aus den Goldtransaktionen gewonnenen Schweizer Franken bezahlt worden sind. Der schweizerische Historiker Marco Durrer schätzt sie auf mindestens 600 Millionen sFr., «eher mehr». (Kolloquium Neuenburg/Bern, Diskussion am 5. 9. 1983.)

286 Dazu gehörten die ständig beanspruchbaren sog. «Offenen Linien», ferner die Möglichkeiten der Registermarkverwendung, schliesslich schweizerische Zinsreduktionen, die ebenfalls bedeutende Mittel abwarfen (siehe Anm. Nr. 238). Ein Teil dieser Mittel ist übrigens, wie den Akten des deutschen Wehrwirtschafts- und Rüstungsamtes zu entnehmen ist, auch für sog. «Tarnkonstruktionen» (Scheinfirmen) zum Schutz «deutscher Auslandswerte» verwendet worden. (Mikrofilm NAW, T-77, Roll 522, Dok. 1692434.)

287 Prof. Boelcke beziffert die deutschen Kriegskosten aufgrund seiner Studien mit rund 1200 Milliarden sFr. (700 Milliarden DM). Briefliche Mitteilung an den Verfasser v. 24. 1. 1984.

288 Briefliche Mitteilung wie unter Anm. Nr. 287.

289 N. Faith, Safety in Numbers, S. 109/10.

290 H. R. Kurz, Bewaffnete Neutralität, S. 47–50. Das Zitat ist einem Kreisschreiben des EPD v. 10. 10. 1939 entnommen, im vollen Wortlaut bei Bonjour, Geschichte der schweizerischen Neutralität Bd. VII, Dokumente, S. 28. Siehe aber auch K: Urner Neutralité en politique commerciale, Revue d'Histoire de la Deuxième Guerre mondiale S. 35–39.

291 D. Bourgeois, Le Troisième Reich et la Suisse, S. 172. Hierzu auch Ph. Marguerat, La Svizzera e la neutralità economica 1940–1944 in «Italia Contemporanea» Nr. 155, Juni 1984, S. 71–80.

292 Hugo Grotius in seinem Hauptwerk «de jure belli ac pacis» (1625) Buch III, Kap. XVII.

293 A. Boelcke zitiert diesen Satz in «Die deutsche Wirtschaft», S. 147.

294 «Aktennotiz über eine Besprechung betreffend die Zurverfügung-
stellung von Franken gegen freies Gold an das amerikanische Treasury
Department vom 22. März 1944», Äusserung von Generaldirektor
Hirs, Bl. 2 u. 6, SBA 2001 (A) 2/645.

295 Wie Anm. Nr. 294, Bl. 8 u. 11, sowie Schreiben von Minister R. Kohli
an das EPD v. 13. 7. 1946, SBA 2001 (E) 1/294.

296 Schreiben der SNB an das Direktorium der DRB v. 5. 3. 1940 und
an den Gouverneur der Schwedischen Reichsbank gleichen Datums,
Archiv SNB, Dossier «Goldoperationen mit ausländischen Notenbanken».

297 Protokoll des Bankausschusses Nr. 9 v. 22./23. 7. 1943, Archiv der
SNB.

298 «Notice pour Monsieur Kohli, Conseiller de Légation, Reprises d'or
de la Banque Nationale», gez. Junod, v. 19. 7. 1945, SNB, Dossier
des EFZD, 6100 (A) 25/2326.

299 Wie Anm. Nr. 298.

300 Schreiben des Bundesrates an den Präsidenten des Schweizerischen
Bundesgerichts v. 20. 5. 1946, Archiv SNB, «Washingtoner Abkommen von 1946», Dossier 1945–1947.

301 Ein Gutachten v. 4. 6. 1946 ohne Anschrift und Unterschrift. Aus
dem Text geht jedoch hervor, dass der Verfasser des Berichtes der
schweizerischen Verhandlungsdelegation in Washington angehörte.
Siehe auch ähnlich kritische Bemerkungen im Schreiben des Chefs
des EFZD, Ernst Nobs, an den Bundesrat v. 14. 8. 1946 und im Schreiben seines Vorgängers (bis 1943), Ernst Wetter, an ihn v. 10. 5. 1946.
Die drei genannten Dokumente befinden sich im SBA, Akten des
EFZD, 6100 (A) 25/2326.

302 W. Rings, Kollaboration und Widerstand (Leben mit dem Feind),
S. 470.

303 Protokoll des Bankausschusses der SNB, Sitzung Nr. 12 vom 25./
26. 7. 1946, Archiv der SNB.

304 Eine Beobachtung des Verfassers während eines Gesprächs mit Prof.
Paul Keller in Zollikon am 24. 5. 1967.

305 I. Sayer u. D. Botting, Nazi Gold, S. 12.

306 60,2 Milliarden Lei laut W. A. Boelcke, Zur internationalen Goldpolitik, S. 306.

307 Archiv SNB, Zürich, Protokoll des Direktoriums v. 5. 10. 1944.

308 Wie Anm. Nr. 307.

309 Wörtliche Protokolle von Aussagen des Chefs der Etatabteilung
des AA, Josef Schwagers, und des Personal- und Verwaltungschefs
des AA, Ministerialdirektor Hans Schröders, vor dem stellvertre-
tenden Hauptankläger des Internationalen Militärgerichtshofs in
Nürnberg, Robert W. Kempner, von ihm mitgeteilt in seinem Buch
«Das Dritte Reich im Kreuzverhör», S. 279–292. Hierzu auch wertvolle
Hinweise bei Klaus Urner, Der Schweizer Hitler-Attentäter,
S. 29–61.

310 Anklageschrift gegen W. Funk (IMT, I, 79) und Urteil (IMT, XXII,
628). Über den Wert des tschechoslowakischen Goldes: Erklärung

des sowjetrussischen Staatsjustizrats M. Y. Raginsky am 7. 5. 1946
in Nürnberg (IMT, XIII, 213).

311 Zum Beispiel am 6. 5. 1946 (IMT, XIII, 181).

312 Erklärung des französischen Anklägers Charles Gerthoffer am 22. 1.
1946 (IMT, VI, 42).

313 Die Schweizerische Nationalbank 1907–1957, Geschäftsergebnisse,
S. 389.

314 Deutsche Rückzahlung aufgrund des mit der Bundesrepublik abge-
schlossenen Liquidationsabkommens v. 26. 8. 1952.

315 Siehe Anm. Nr. 137.

316 W. A. Boelcke stellt in Die deutsche Wirtschaft, S. 296, ähnliche Fragen.

317 P. Schmid-Ammann, Die Wahrheit über den Generalstreik, S. 294 u.
302.

318 W. Gautschi, Lenin als Emigrant in der Schweiz, S. 256–286, und
W. Rings, Schweiz im Krieg, Die Wende, S. 115–121.

319 Statistisches Jahrbuch der Schweiz und Schweizerische Arbeiterbewegung, Statistischer Anhang, S. 396–403.

320 Privatarchiv Hans Hausamann, Briefwechsel mit Bundesrat Karl
Kobelt und Gerhart Schürch, Bern, Nov./Dez. 1942.

321 P. Noll, Landesverräter, S. 96.

322 W. Rings, Das Weltreich der schweizerischen Wirtschaft, S. 18.

323 A. Feldmann, ABC der Wirtschaft (Eine schweizerische Einführung),
S. 141, u. H. K. Meier, Friendship under Stress, S. 246. Nach amerikanischen Angaben beliefen sich die 1941 in den USA gesperrten
Guthaben der Schweiz auf 6,3 Milliarden sFr. Memorandum des EPD
v. 20.2.1945, Die blockierten Guthaben der Schweiz in den Vereinigten Staaten von Amerika, SNB 2001 (E) 2/641.

324 D. Bourgeois, Milieux d'affaires et politique étrangère suisse, S. 188.

325 W. Brockdorf spricht von 800 deutschen Scheinfirmen in Spanien,
Portugal, Schweden, der Schweiz und in Südamerika (Flucht vor Nürn-
berg, S. 267), das amerikanische Schatzamt kommt für die gleichen
Länder und die Türkei auf 750. (Statement of Orvis A. Schmidt,
Director of Foreign Funds Control before the Kilgore Committee
v. 2. 7. 1945, S. 3, SBA 6100, [A] 25/2326.)

326 Statement of Orvis A. Schmidt wie unter Anm. Nr. 325.

327 R. U. Vogler, Die Wirtschaftsverhandlungen, S. 164.

328 A. Feldmann, ABC der Wirtschaft, S. 140.

329 Wie Anm. Nr. 322.

Quellen- und Literaturverzeichnis

Für wertvolle Beratung und Hilfe bei der Beschaffung unveröffentlichter Akten ist der Verfasser Herrn Dr. Daniel Bourgeois, Wissenschaftlicher Adjunkt am Schweizerischen Bundesarchiv in Bern, Herrn Dr. Robert Urs Vogler, Archivar der Schweizerischen Nationalbank bis September 1984, und Herrn Valentin Zumwald, Hauptkassier der Schweizerischen Nationalbank in Bern, zu besonderem Dank verpflichtet.

I. Unveröffentlichte Quellen

A. SCHWEIZERISCHES BUNDESARCHIV BERN

1. Akten des Eidgenössischen Politischen Departements (heute Departement für Auswärtige Angelegenheiten)
   Schachteln Nr.2001(E) 1/294; Nr. 2001(E) 2/555; Nr.2001(E) 2/560; Nr. 2001(E) 2/625; Nr.2001(E) 2/627; Nr.2001(E) 2/641; Nr. 2001(E) 2/645

2. Akten des Eidgenössischen Volkswirtschaftsdepartements, Handelsabteilung
   Faszikel Nr. 7001/1973/134/3

3. Akten des Eidgenössischen Finanz- und Zolldepartements
   Schachteln Nr. 6001 (A) 25/2324-2326; Nr. 6001 (A) 26/2470-2482

4. Akten der Eidgenössischen Oberzolldirektion Unveröffentlichte Statistik über die Ein- und Ausfuhr von Gold für Banktransaktionen und von gemünztem Silber (Pos. 869 u. 869e), 1940–1945 (für die vorliegende Studie dem Bundesarchiv zugestellt).

B. SCHWEIZERISCHE NATIONALBANK

1. Protokolle
Bankrat: 1939–1945
Bankausschuss: 1939–1945
Direktorium: 1939–1945

2. Altes Archiv Bern
Ohne Bezeichnung: Belgisches Gold
C 13: Goldoperationen mit Schweizer Firmen und Goldhandel
C 14: Goldoperationen mit ausländischen Notenbanken
C 15: Goldoperationen der Hauptkasse
H 90: Goldoperationen mit der Deutschen Reichsbank 1943–1950

3. Altes GS-Archiv
412202: Ein- und Ausfuhrgesuche für Gold, 1942
452008: Achsengold und Washingtoner Abkommen, 1940–1954
52050: Geschäfte der Nationalbank: Goldverkehr, allgemein, 1908–1970
53124: Dollarbewirtschaftung: Achsengold; Zertifizierung: Washingtoner Abkommen, 1940–1951

4. Alte Direktionsakten III. Departement (Zürich)
G 1/Schachtel A: Gold 1930–1947
Schachtel Nr. 8: Länderdossiers, darin Kohlenkredit an Deutschland, allgemeine Akten 1940–1947 und Verkehr mit der Deutschen Reichsbank 1944–1949

C. THE NATIONAL ARCHIVES OF THE UNITED STATES, WASHINGTON

Mikrofilme deutscher Dokumente
Film T-77, Roll 522, OKW, Wirtschafts-Rüstungsamt
Film T-77, Roll 778, OKW, Wehrmacht Führungsstab
Film T-120, Roll 712, Büro Unterstaatssekretär, Delegation Hemmen IV, Tätigkeitsberichte der deutschen Waffenstillstandsdelegation für Wirtschaft, Paris/Wiesbaden
Film T-120, Roll 186, Clodius, Karl, Aufzeichnung über den Stand der Wirtschaftsverhandlungen mit der Schweiz, Akte Staatssekretär Schweiz, Bd. 3, v. 3. 6. 1943 (Stempelnummer 145585–145590).
Film T-120, R. 2507 Deutsche Industriekommission in der Schweiz
Film T-125, Roll 70 OKW Ausland

D. PRIVATE QUELLEN

Archiv Hausamann (Duplikate im Besitz des Verfassers)
Manuskript des Referats von Peter Utz: Die schweizerische Goldpolitik
im Zweiten Weltkrieg, 1978

II. Amtliche Veröffentlichungen

Banque nationale de Belgique, La situation et les questions de la Banque
d'Emission à Bruxelles pendant l'occupation allemande, Exécution
des ordonnances allemandes concernant l'or et les devises par la
Banque d'Emission.
Bericht des Bundesrates über seine Geschäftsführung 1945–1947
Bericht des eidgenössischen Volkswirtschaftsdepartementes, Die schwei-
zerische Kriegswirtschaft 1939/1948, Bern 1950
Bericht des niederländischen Wirtschaftsministeriums, Roof, Restitutie,
Reparatie, 's Gravenhage 1947
Botschaft des Bundesrates an die Bundesversammlung, «Bundesblatt»,
98. Jahrgang, Nr. 13 v. 20. 6. 1946, u. 99. Jahrgang, Nr. 8 v. 27. 2. 1947
Eidgenössische Oberzolldirektion, Jahresstatistik des auswärtigen Han-
dels, 1939–1950 (5 Bände)
Internationaler Militärgerichtshof Nürnberg, Prozess gegen die Haupt-
kriegsverbrecher Bd. I, VI, XIII, XXII, XXIII Wilhelmstrasse-
Prozess, Das Urteil (s. Kempner)
La délégation française auprès de la Commission allemande d'armistice,
Recueil de documents publiès par le gouvemement français, Bd. I,
1947, Bd. II, 1950, Bd. III, 1952
Die Schweizerische Kriegswirtschaft 1939/1948, Bericht des Eidgenös-
sischen
Volkswirtschaftsdepartements, Bern 1950
Statistisches Jahrbuch der Schweiz

III. Berichte

Deutsche Industriekommission in Bern, Memorandum Gäfgen v. 1. 4.
1944, OKW, Wirtschafts-Rüstungsamt, publiziert von Daniel Bourgeois in der, «Schweizerischen Zeitschrift für Geschichte», Nr. 32,
1982
Jahresbericht der Bank für Internationalen Zahlungsausgleich, Basel
1938–1945

Schweizerische Bankgesellschaft, Die wirtschaftliche Lage der Schweiz
1939–1945
Schweizerischer Bankverein 1872–1972, Basel 1972
Schweizerisches Institut für Aussenwirtschaft und Marktforschung an
der Handelshochschule St. Gallen, Die Schweiz als Kleinstaat in der
Weltwirtschaft, St. Gallen 1945
Schweizerische Kreditanstalt 1856–1956
Schweizerische Nationalbank 1907–1957
Schweizerische Rückversicherungsgesellschaft 1863–1963
Vorort des Schweizerischen Handels- und Industrievereins, Berichte über
Handel und Industrie in der Schweiz 1936–1950

IV. FORSCHUNGSARBEITEN, MEMOIREN, SEKUNDÄRLITERATUR

ARNOULT, Pierre, Les Finances de la France et l'Occupation allemande
(1940–1944), Paris 1951
BAER, Hans, The Banking System of Switzerland, Zürich 1973
BAUER, Hans, Schweizerischer Bankverein 1872–1972, Basel 1972
BODMER, Daniel, L'intervention de la Confédération dans l'économie
suisse bancaire, Genève 1948
BOELCKE, Willi A., Zur Internationalen Goldpolitik des NS-Staates,
Ein Beitrag zur deutschen Währungs- und Aussenwirtschaftspolitik
1933–1945, in Funke, Manfred Hg.),Hitler, Deutschland und die
Mächte, Materialien zur Aussenpolitik des Dritten Reiches, Bonner
Schriften zur Politik und Zeitgeschichte, Düsseldorf 1977
– Die deutsche Wirtschaft 1930–1945, Interna des Reichswirtschafts-
ministeriums, Düsseldorf 1983
– (Hg.) Deutschlands Rüstung im Zweiten Weltkrieg, Hitlers Konfe-
renzen mit Albert Speer, Frankfurt am Main
BOLLMUS, R., Das Amt Rosenberg und seine Gegner. Studien zum
Machtkampf im nationalsozialistischen Herrschaftssystem, Stuttgart
1970
BONJOUR, Edgar, Geschichte der schweizerischen Neutralität, Bd. IV
bis VI (Basel 1967–1970) und Dokumentenbände VII-IX (Basel 1974–
1976)
– Erinnerungen, Basel 1984
BÖSCHENSTEIN, Hermann, Vor unseren Augen, Aufzeichnungen
über das Jahrzehnt 1935–1945, Bern 1978
BOURGEOIS, Daniel, Le Troisième Reich et la Suisse 1933–1941,
Neuchâtel 1974

– Les relations économiques germano-suisses, in «Revue d'Histoire de la Deuxième Guerre mondiale», Nr. 121, Paris 1981
– Milieux d'affaires et politique étrangère suisse à l'époque des fascismes, in «Relations Internationales», Nr. 1, Mai 1974
– Publications récentes sur la politique commerciale de la Suisse pendant la Deuxième Guerre mondiale, in «Relations Internationales», Nr. 1, Mai 1974
– Documents sur la subversion nazie en Suisse pendant l'été et l'automne 1940, in «Relations Internationales», Nr. 3, Mai 1975
BOUTHILLIER, Yves, Le Drame de Vichy. Bd. I: Face à l'Ennemi, face à l'Allié, Paris 1950, Bd. II: Finances sous la contrainte, Paris 1951
BROCKDORF, Werner, Flucht vor Nürnberg, München 1969
DURRER, Marco, Entgegnung auf Peter UTZ, Tagesanzeiger-Magazin, Zürich, Nr. 20 v. 17.5.1980
– Les négociations économiques entre Alliés et Suisses à la veille de la défaite du Troisième Reich, apropos du point de vue anglo-américain, «Relations Internationales», Nr. 30, 1982
– (Nach Abschluss des vorliegenden Buches erschienen:) Die schweizerisch-amerikanischen Finanzbeziehungen im Zweiten Weltkrieg, Schriftenreihe „Bankwirtschaftliche Forschung", Bd. 89, Bern 1984
FAITH, Nicholas, Safety in Numbers, The Mysterious World of Swiss Banking,
London 1982
FAVEZ, Jean-Claude, La Suisse au tournant de la Seconde Guerre mondiale, in «Cahiers Vilfredo Pareto», Nr. 22-23, 1970
FELDMANN, Alfred, ABC der Wirtschaft, Eine schweizerische Einführung in die Grundfragen moderner Wirtschaft, Bern 1940
FREI, Daniel, Das Washingtoner Abkommen von 1946. Ein Beitrag zur Geschichte der schweizerischen Aussenpolitik zwischen dem Zweiten Weltkrieg und dem Kalten Krieg, in «Schweizerische Zeitschrift für Geschichte», Nr. 19, 1969
FRITZ, Martin, German Steel and Swedish Ore 1939–1945, Göteborg 1974
FUHRER, Hans Rudolf, Spionage gegen die Schweiz, Die geheimen deutschen Nachrichtendienste gegen die Schweiz im Zweiten Weltkrieg 1939–1945, Schriftenreihe der «Allgemeinen Schweizerischen Militärzeitschrift», Frauenfeld 1982
FUNKE, Manfred, (Hg.) Hitler, Deutschland und die Mächte, Materialien zur Aussenpolitik des Dritten Reiches, Düsseldorf 1978
GAUTSCHI, Willi, Lenin als Emigrant in der Schweiz, Zürich 1973
GÖLDI, Hans, Der Export der schweizerischen Hauptindustrien 1930–1945, Diss., Zürich 1949

GUTT, Camille, La Belgique au carrefour 1940–1944, Paris 1971

HASENCLEVER,Walter, Ihr werdet Deutschland nicht wiedererkennen, Köln 1975

HAUSNER, Gideon, Die Vernichtung der Juden, München 1979

HITLERS Konferenz mit Albert Speer 1942–1945, Protokolle, s. Boelcke, Willi A. (Hg.), Deutschlands Rüstung im Zweiten Weltkrieg

HOCHULI, Emil, Die Schweizerische Gold- und Dollarpolitik vom Beginn des Zweiten Weltkrieges im Herbst 1939 bis zur Pfundabwertung im Herbst 1949, Diss., Basel/Stuttgart 1967

HOMBERGER, Heinrich, Schweizerische Handelspolitik im Zweiten Weltkrieg, Erlenbach/Zürich 1970

– Die Schweiz im Wirtschaftskampf, Spezialbericht der Schweizerischen Handelszentrale, Lausanne 1972

– Minister Dr. Hans Sulzer zum Gedächtnis, Eine Episode aus der schweizerischen Handelspolitik im Kriege, Beilage zu den «Schweizer Monatsheften», Januar 1960

HOTZ, Jean, Die treibenden Kräfte in der schweizerischen Handelspolitik, «Schweizerische Zeitschrift für Volkswirtschaft und Statistik», Bd. 83, 1947

- Handelsabteilung und Handelspolitik in der Kriegszeit, in Schweizerische K.riegswirtschaft, Bericht des Eidgenössischen Volkswirtschaftsdepartementes, Bern 1950

JÄCKEL, Eberhard, Hitlers Weltanschauung, Stuttgart 1981

JAEGGI, André, L'évacuation de l'or de la Banque Nationale Suisse vers les Etats Unis à la veille de la Seconde Guerre mondiale, Le rôle de la France, in «Aspects des rapports entre la France et la Suisse de 1843 à 1939», Actes du Colloque de Neuchâtel, 1982

JÖHR, Adolf, Schweizerische Kreditanstalt 1856–1956, Zürich 1956

JONG, Louis de, Het Koningkrijk der Nederlanden in de Twerde Wereldoorlog, Tl. 4, l. Heft, s' Gravenhage 1972

JONGHE, Albert de, Hitler en het politieke lot van België, I. Koningskwestie van de Kapitulatie tot Berchtesgaden (28 Mai – 19. November 1940), Kapellen 1972

KAUCH, P., Le vol de l'or de la Banque Nationale par les nazies (1940–1943), «Revue de la Banque Nationale de Belgique», Bruxelles Januar u. Februar 1956

KEHRL, Hans, Kriegswirtschaft und Rüstungsindustrie in «Bilanz im Zweiten Weltkrieg», Oldenburg 1953

KEMPNER, Robert M. W., und HAENSEL, Carl, (Hg.) Das Urteil im Wilhelmstrasse-Prozess, Schwäbisch-Gmünd 1950

– Das Dritte Reich im Kreuzverhör, Aus den unveröffentlichten Vernehmungsprotokollen des Anklägers, München 1969

KORDT, Erich, Nicht aus den Akten der Wilhelmstrasse in Frieden und
Krieg, Stuttgart 1950

KREIS, Georg, Zensur und Selbstzensur, Die schweizerische Pressepolitik im Zweiten Weltkrieg, Frauenfeld 1973

– Die Schweiz im Zweiten Weltkrieg, Bilanz und bibliographischer Überblick nach dreissig Jahren, Atti del Convegno Villa Monstaero, Ravenna 1975

KURZ, Hans Rudolf, Nachrichtenzentrum Schweiz, Die Schweiz im
Nachrichtendienst des Zweiten Weltkriegs, Frauenfeld 1972

– Die Schweiz in der Planung der kriegführenden Mächte während des
Zweiten Weltkrieges, SUOV Biel, 1957

– Bewaffnete Neutralität, Frauenfeld 1967

– Nochmals: Die militärische Bedrohung der Schweiz im Zweiten Weltkrieg, «Allgemeine Schweizerische Militärzeitschrift», Juli 1961

LA RUCHE, Francis, La Neutralité de la Suède, dix années d'une
politique: 1939–1949, Paris 1953

LÜÖND, Karl, Spionage gegen die Schweiz, 2 Bde., Zürich 1977

MARGUERAT, Philippe, La Svizzera e la neutralità economica 1940–
1944, in «Italia Contemporanea», Nr. 155, Juni 1984

MATT, Alphons, Zwischen allen Fronten, Der Zweite Weltkrieg aus der
Sicht des Büros Ha, Frauenfeld 1969

MATTER, E., und BAILINARI, E., Eidgenössisches Kriegstransport-
Amt, in Die Schweizerische Kriegswirtschaft 1939/1948, Bern 1950

MEIER, Heinz K., Friendship under Stress, U. S.-Swiss Reiations 1900–
1950, Bern 1970

MICHEL, Henri, Histoire de la France libre, Paris 1972

MILWARD, Alan S., War, Economy and Society 1939–1945, London
1977

– The New Order and the French Economy, London 1970

NOLL, Peter, Landesverrat, Frauenfeld 1980

PAPELEUX, Léon, La question royale (Rezension) in «Revue d'Histoire
de la Deuxième Guerre mondiale», Nr. 90, April 1973

PLISNIER, O., L'or livré aux Allemands en 1940, in „Revue Générale
Belge", Nr. 52, Februar 1950

RAGAZ, Jakob, Die Ausfuhr von Kriegsmaterial aus der Schweiz während des Zweiten Weltkriegs, in «Der Aufbau», Zürich, April 1949

REYNEBEAU, Marc, De Grote Goudroof in NRC Handelsblad, Amsterdam, 7. 4. 1984

RINGS, Werner, Advokaten des Feindes, Das Abenteuer der politischen
Neutralität, Wien/Düsseldorf 1966

– Schweiz im Krieg, Ein Bericht, Zürich 1974

– Europa im Krieg 1939–1945, Kollaboration und Widerstand, Zürich

1979. Titel der bundesdeutschen Ausgabe: Leben mit dem Feind, Anpassung und Widerstand in Hitlers Europa, München 1977
– Das Weltreich der schweizerischen Wirtschaft, «Schweizer Illustrierte Zeitung», Zürich 28. 1. 1948
RITZMANN, Franz, Die schweizerischen Banken, Geschichte, Theorie, Statistik, Bern 1973
RÜDIGER, Walter, Die Beziehungen der Schweiz zu Deutschland während des Zweiten Weltkriegs in SEIDLER, Franz W., Studien der Heeresoffiziersschule München, Bd. I, München 1969
SAYER, Ian, und BOTTING, Douglas, Nazi Gold, London 1984
SCHMID, Beat, Die Unabhängigkeit der Schweizerischen Nationalbank und ihre rechtliche Stellung, Bern 1979
SCHMID-AMMANN, Paul, Die Wahrheit über den Generalstreik von 1918, Zürich 1968
SCHMUTZ, Heinz, Die Kreditoperationen der schweizerischen Eidgenossenschaft im Zweiten Weltkrieg, Fluntern 1951
SCHNEIDER, Ernst, Die schweizerischen Grossbanken im Zweiten Weltkrieg, Zürich 1951
SCHWEIZERISCHE ARBEITERBEWEGUNG, Dokumente zu Lage, Organisation und Kämpfen der Arbeiter von der Frühindustrialisierung bis zur Gegenwart (Statistischer Anhang), Zürich 1975
SCHWERIN-KROSICK, Lutz Graf, Wie wurde der Zweite Weltkrieg finanziert?, in «Bilanz des Zweiten Weltkriegs», Oldenburg 1953
SPAAK, Paul Henri, Memoiren eines Europäers, Heidelberg 1969
SPEER, Albert, Erinnerungen, Frankfurt am Main 1969
SPEISER, Ernst, Die schweizerisch-deutschen Handelsbeziehungen während des Krieges, in «Schweizer Monatshefte», März 1946
THOMAS, Georg, Geschichte der deutschen Wehr- und Rüstungswirtschaft (Birkenfeld, Wolfgang, Hg.) in Schriften des Bundesarchivs, Boppard 1966
URNER, Klaus, Die schweizerisch-deutschen Wirtschaftsbeziehungen während des Zweiten Weltkriegs, in «Neue Zürcher Zeitung» Nr. 734 v. 27. 11. 1968, Nr. 745 v. 2.12.1968 und Nr. 756 v. 6.12.1968
– Economie et Neutralité, in «Revue d'Histoire de la Deuxième Guerre mondiale», Nr. 121, Januar 1981
– Der Schweizer Hitlerattentäter, Drei Studien zum Widerstand und seinen Grenzbereichen, Frauenfeld 1980
UTZ, Peter, Goldfingers merkwürdige Machenschaften, in «Tages-Anzeiger-Magazin», Nr. 16 v. 19. 4. 1980
VOCKE, Wilhelm, Memoiren, Stuttgart 1973
VOGLER, Robert Urs, Die Wirtschaftsverhandlungen zwischen der Schweiz und Deutschland 1940 und 1941, Zürich 1983

WANDEL, E., Das deutsche Bankwesen im Dritten Reich in «Die deutsche Bankgeschichte»

WEHRLI, Bernhard, Aus der Geschichte des schweizerischen Handels- und Industrievereins, Erlenbach 1970

– WEIZSÄCKER, Ernst von, Erinnerungen 1933–1937, München 1950

WITTMANN, Klaus, Schwedens Wirtschaftsbeziehungen zum Dritten Reich 1933–1945, München 1978

WOERNLE, Gunther, The Private Bankers of Switzerland, Genf 1978

ZEHNDER, Alfred, Politique etérieure et politique de commerce extérieur, Publications del' Institut Universitaire des Hautes Etudes lntemationales, Nr. 27, Genève 1957

ZIMMERMANN, Horst, Die Schweiz und Grossdeutschland. Das Verhältnis zwischen der Eidgenossenschaft, Österreich und Deutschland 1933–1945, München 1980

– Die Nebenfrage Schweiz in der Aussenpolitik des Dritten Reiches in Funke, Manfred (Hg.), Deutschland und die Mächte, Düsseldorf 1976

V. Zeitungen und Zeitschriften

Allgemeine Schweizerische Militärzeitschrift
Barron's Magazine
Basler Nachrichten
Cahiers Vilfredo Pareto, Genève
Der Aufbau, Zürich
Economist
Financial News
Financial Times
Italia Contemporanea
Neue Zürcher Zeitung
New York Times
NRC Handelsblad, Amsterdam
Paris-Soir
Prawda
Relations Internationales
Revue d'Histoire de la Deuxième Guerre mondiale
Revue de la Banque Nationale de Belgique
Revue Generale Beige
Schweizerisches Handelsamtsblatt
Schweizer Illustrierte Zeitung
Schweizer Monatshefte
Schweizerische Zeitschrift für Geschichte
Schweizerische Zeitschrift für Volkswirtschaft und Statistik
Studien und Quellen (Schweizerisches Bundesarchiv)
Tages-Anzeiger, Zürich
Vierteljahreshefte für Zeitgeschichte

PERSONENREGISTER

Antonescu, Ion 182
Arnoult, Pierre 16
Bachmann, Gottlieb 175
Baudewyns, A. 21, 29
Baumert, SS-Standartenführer 40
Becker, Kommissar von 22, 25
Blessing, Karl 35, 36
Boelcke, Willi A. 7, 8, 32, 84
Bonjour, Edgar 82, 83, 135
Bourgeois, Daniel 83, 135
Bova Scoppa, Renato 56
Bréart de Boisanger, Yves 16,
    22, 23, 74, 75
Cabral Pessoa, Albin 52
Carriz, Vila 52
Chamberlain, Neville 127
Clodius, Karl 155–157, 159– 161
Currie, Laughlin 78
Dodd, Thomas J. 184
Dreyse, Friedrich Wilhelm 35
Ehrhardt, Reichsbankdirektor 35
Favez, Jean-Claude 152
Franco, Francisco 31
Frölicher, Hans 155
Funk, Walther 7, 37, 51, 106,
    114, 116, 159, 181, 184
Gaulle, Charles de 15, 24
Göring, Hermann 28, 184
Grimm, Robert 188
Grotius, Hugo 173, 194
Guisan, Henri 190
Hemmen, Johannes 16, 22–24,
    26, 105, 126, 133, 146, 147,
    180, 185
Himmler, Heinrich 40, 44
Hirs, Alfred 48, 49, 178
Hitler, Adolf 49, 54, 123, 124,
    127–129, 150–154, 159, 164,
    170
Hofer, Walther 9
Homberger, Heinrich 141,149,150
Hülse, Ernst 35

Janssen, Georges 21, 22
Jeaucourt, Marquis 177
Keitel, Wilhelm 162
Keller, Paul 180
Kelly, David 152
Kempner, Robert M. W. 114
Kilgore, Harvey 101, 113
Köcher, Otto Carl 124
Kohli, Robert 70, 174
Kordt, Erich 152
Kreis, Georg 135
Kretschmann, Reichsbankdirektor 35
Laval, Pierre 25, 120
Lenin (Uljanow), Wladimir
    Iljitsch 188
Leopold III., König von Belgien
    11, 12
Marguerat, Philippe 85, 186
Masson, Roger 151, 190
Michalski, Direktor der Polni-
    schen Nationalbank 13
Mussert, Anton A. 43
Pétain, Henri Philippe 12–14, 25
Pfenninger, R. 73
Pilet-Golaz, Marcel 50, 72, 137
Platten, Fritz 188
Pohl, Oswald 114
Powers, Leon W. 115, 116
Puhl, Emil 116–118, 164, 165,
    179, 190
Ragaz, Jakob 134
Ribbentrop, Joachim von 183
Rommel, Erwin 26
Roosevelt, Franklin D. 78, 89
Rooth, Gouverneur der Schwedi-
    schen Reichsbank 115
Rossy, Paul 49, 52–54, 70, 75, 101,
    131, 150, 171–173, 194
Sauser-Hall, Georges 111, 112
Schacht, Hjalmar 35, 173
Schellenberg, Walter 151
Schindler, Dietrich 79, 80, 111, 113

Schnorf, Fritz 179
Schölcher, Victor 13
Speer, Albert 124, 153, 157
Speiser, Ernst 134
Stucki, Walter 103, 110
Sulzer, Hans 134, 140, 141
Tonningen, Rost van 43, 45
Trip, Leonardus J. A. 43
Urner, Klaus 135
Utz, Peter 9, 84, 109
Vocke, Wilhelm 35
Vogler, Robert U. 135, 149
Voltaire (Arouet), François-M.177
Weber, Ernst 48, 49, 74, 75, 101
Weizsäcker, Ernst von 124
Wiehl, Ernst 153, 155
Wolff, Karl 40

NACHWORT

von Mario König

Die Diskussion um die schweizerischen Wirtschafts- und Finanzbeziehungen während des Zweiten Weltkriegs will nicht zur Ruhe kommen. Was lange verdrängt und begraben schien: die überaus grosse, teils aus aussenwirtschaftlichen Zwängen, teils aus dem regen Erwerbssinn und der politischen Wendigkeit ökonomischer Eliten erwachsene schweizerische Verstrikkung in die nationalsozialistische Raubwirtschaft enthüllt sich Schritt für Schritt einer Öffentlichkeit, die mittlerweile nicht mehr so leicht zu erschüttern ist. Der Mythos wehrhafter Selbstbehauptung in stolzer Unabhängigkeit und «immerwährender Neutralität», die Grundlage festgefügter innen- und aussenpolitischer Gewissheiten in Nachkriegszeit und Kaltem Krieg, zerbröckelt. Während die schwerste Wirtschaftskrise seit den dreissiger Jahren Beunruhigung verbreitet, stellt das Ende des Kalten Krieges das Selbstverständnis und die vertrauten Aussenorientierungen des Landes – die eigentümliche Kombination von hoher Weltmarktintegration und politischem Isolationismus – nachhaltig in Frage.

Berichte über die Schweiz als Finanzplatz und Drehscheibe im Goldhandel für Nazi-Deutschland gingen im September 1996 durch die internationalen Medien, die sich genussvoll an die erneute Demontage des schweizerischen Tugendbolds machten. Die zwanghafte Produktion von «Neuigkeiten» gehorcht allerdings eigenen Gesetzen; das vermeintlich Neue entpuppt sich bisweilen als längst zugängliche, aber wenig beachtete oder schon wieder vergessene Nachricht von gestern.

Sogar das britische Aussenministerium prellte mit konfusen Fakten und Zahlen in eine verblüffte Öffentlichkeit. Der Griff nach einem vor über zehn Jahren erschienenen Buch wäre da hilfreich gewesen. Werner Rings' spannende Darstellung einer unglaublichen Geschichte bietet nach wie vor die beste Orientierung in einer komplizierten Angelegenheit: der Rolle der Schweiz als Drehscheibe im Goldhandel während des Krieges, eine Dienstleistung von höchstem Wert für die deutsche Kriegswirtschaft. Rückblickend mag man staunen, dass dieses zentrale Element in den aussenwirtschaftlichen Beziehungen des Landes während des Krieges erst 1985 eine Würdigung fand. Immerhin hatte die Schweiz im Washingtoner Abkommen vom Mai 1946 die Zahlung von 250 Millionen Franken an die Alliierten zugesichert; eine Entschädigung namentlich für das geraubte belgische Gold, das die Nationalbank bereitwillig von den Deutschen übernommen hatte. Die Angelegenheit fand damals in der Schweiz grösste Beachtung und Echo bis in die letzte Provinzzeitung, geriet dann aber in vollständige Vergessenheit. Mit Recht verweist Werner Rings auf das «Schneckentempo der zeitgeschichtlichen Forschung» in der Schweiz. (80) Wo Historiker lange zögerten und wenig zu sagen hatten, gingen Journalisten in den sechziger Jahren voran und erschlossen als erste bis dahin vernachlässigte Themen. Zu erinnern wäre an die bekannte Untersuchung von Alfred A. Häsler (Das Boot ist voll) von 1967, ein Meilenstein in der immer noch andauernden Debatte um die Flüchtlingspolitik der Schweiz. Und dann die Arbeiten von Werner Rings: Seit Mitte der sechziger Jahre setzte er sich beharrlich mit der Thematik auseinander, führte Interviews mit mittlerweile längst verstorbenen Zeitzeugen, produzierte die viel beachtete Fernsehserie «Schweiz im Krieg» (1973) und verfasste mehrere Bücher, die immer wieder neue Fragen aufwarfen.

Wirtschaftliches stand dabei zunächst nicht im Vordergrund. Vielmehr ging es um die Behauptung der Neutralität in prekärer Lage, es ging um Diplomatie und Pressepolitik, um Druck und Einschüchterung von seiten des übermächtigen Nachbarn, der seine innenpolitischen Fürsprecher in der Schweiz fand, die es abzuwehren galt. Die leitenden Fragen entsprachen den zunächst dominierenden Interessen der Zeitgeschichtsschreibung, prägnant und einflussreich angeführt von Edgar Bonjour in seinen ab 1970 erschienenen Bänden zur Geschichte der schweizerischen Neutralität 1939–1945. «Anpassung oder Widerstand» lautete eine oft zitierte Kurzformel, welche die dominierende Sichtweise auf den Punkt brachte. Da die grösste Bedrohung von Nazi-Deutschland ausging, wandte sich der Blick in diese Richtung. Dabei entstand das Bild einer Schweiz, die sich zwar bisweilen dem übergrossen Druck beugte, stets aber in zähem Feilschen die eigenen Ansprüche zu wahren suchte.

Erst in den achtziger Jahren verschob sich der Blickwinkel allmählich. Zum einen rückten in der Folge der allgemeinen Entwicklung der Geschichtswissenschaft sozial- und wirtschaftsgeschichtliche Fragen in den Vordergrund; zum anderen wandte sich das Interesse nun vermehrt den zunächst vergleichsweise unproblematisch erschienenen Beziehungen der Schweiz zu den westlichen Alliierten zu. «Raubgold aus Deutschland» steht in diesem Zusammenhang: des Interesses an den aussenwirtschaftlichen Verflechtungen, sowie – ansatzweise auch schon – der Frage nach den keineswegs so einfachen Beziehungen zu den westlichen Alliierten und der ab 1943 notwendig werdenden Neuorientierung angesichts einer veränderten Weltlage.

So beeindruckend es Rings gelingt, die Rolle der Goldtransaktionen begreifbar zu machen, so zahlreich sind die Anschlussfragen, zu denen sein Buch die Tür aufgestossen hat. Die Schweizerische Nationalbank sah sich durch seine Forschungen zu einer Untersuchung in eigener Sache veranlasst (Vogler), die freilich – wie sich erst kürzlich herausstellte – nicht unzensiert blieb. Jene Abschnitte wurden weggelassen, die deutlich machten, wie sich die Verantwortlichen der Bank nach dem Krieg gegenseitig den schwarzen Peter zuschoben und mit Vorwürfen nicht sparten, der Kollege habe sehr wohl vom Raubgutcharakter des entgegengenommenen Goldes gewusst. Zensur fällt bisweilen auf ihre Urheber zurück. Die Bank machte eine schlechte Figur, als sie auf die jüngsten Angriffe hin die selbst produzierten Verharmlosungen wieder aus der Schublade zog: «unpolitisch» und «mit beträchtlicher Gutgläubigkeit» habe man sich seinerzeit verhalten –, was auch die *Neue Zürcher Zeitung* «leicht selbstgerecht» fand. (NZZ, 14./15. 9. 1996)

Die Darstellung von Rings stellt die Gutgläubigkeit in Frage. Und mehrere Untersuchungen, die seither hinzu kamen, deuten in dieselbe Richtung. Klaus Urner wies darauf hin, dass schon im August 1942 in der *Neuen Zürcher Zeitung* ein Artikel von Salomon Wolff darüber informiert hatte, dass die Goldbestände der deutschen Reichsbank durch Raubgut aufgestockt worden waren. (NZZ, 23. 7. 1985) Wichtige Ergänzungen zur Rolle der Schweiz als Golddrehscheibe stammen von Gian Trepp, der nicht nur bestätigt, dass die Ahnungslosigkeit der Nationalbankleitung vorgetäuscht war. Er zeigt zudem in seiner Untersuchung über die in Basel niedergelassene *Bank für Internationalen Zahlungsausgleich* (BIZ) deren Bedeutung als vermittelndes Glied im Goldhandel. Bei ihm erhält man detailliert Bescheid über die eigenartigen Umstände des letzten Goldtransfers, vollzogen noch im Moment der deutschen Niederlage Anfang April 1945. Werner Rings weist bereits darauf hin.

Allein vier umfangreiche Bücher (Durrer, Inglin, Castelmur, Schiemann) sowie ein grösserer Artikel (Perrenoud) haben seit 1984 die Fragen des Wirtschaftskrieges und der Beziehungen zu den westlichen Alliierten aufgegriffen. Die von Rings knapp skizzierten Verhandlungen in Washington 1946, ihre Vor- und Nachgeschichte sowie die Rolle, welche die Raubgoldfrage dabei spielte, haben namentlich Durrer und Castelmur ausführlich nachgezeichnet. Die Nationalbankleitung geriet in einige Verlegenheit, als die Alliierten nach der deutschen Niederlage in den Besitz von Reichsbankdokumenten gerieten, die das enge Zusammenspiel mit den Schweizern belegten. «Ignoranz, Unschuldsbeteuerungen und schulmeisterliche Hinweise»: so umschreibt Castelmur die Versuche der Bank, sich aus der Affäre zu ziehen. (61) Auch diese neueren Untersuchungen erfüllen im übrigen längst nicht alle Wünsche. Zur Methode seiner Arbeit bemerkt Castelmur selbst, sie sei «entschieden nicht modern». (16) Ein so bemerkenswertes Phänomen wie zum Beispiel den unübersehbaren Antisemitismus von Alfred Hirs, Hauptpartner für den deutschen Reichsbankvertreter Emil Puhl, übergeht er ebenso achtlos wie Marco Durrer; Belege tauchen beiläufig in den Anmerkungen auf. Interessen und Hintergründe kommen zu kurz über der Schilderung der diplomatischen Abläufe.

Entgegen dem gewohnten Bild einer gegen deutsche Zumutungen Widerstand leistenden Schweiz zeichnen jüngere Arbeiten nunmehr das Bild eines nicht weniger renitenten Verhaltens gegenüber den Befreiern Europas. Die damit verbundenen moralischen Irritationen hat Peter Kamber bisher am schärfsten benannt, ohne Rücksicht auf die glättenden Konventionen und Sprachregelungen, denen die VerfasserInnen von Dissertationen vielfach folgen. Sehr deutlich machten diese neueren Untersuchungen, wie gestört das Verhältnis der Schweiz zu den Siegermächten bei Kriegsende war. Ein 1992 erschienener Band der «Documents diplomatiques suisses» enthält umfangreiches Material zu den Wirtschafts- und Finanzbeziehungen; der für 1997 zu erwartende Folgeband wird dies bis 1947 weiterführen. Manfred Linke bietet einen Überblick und eine handliche Zusammenfassung voluminöser Spezialuntersuchungen, ohne diesen neues hinzuzufügen; ein soeben erschienener Band von «Itinera» greift speziell die Aussenbeziehungen der Schweiz in den ersten Nachkriegsjahren auf. Die innenpolitische Entwicklung jener Jahre, im Schatten der eben überlebten Weltkatastrophe, gibt erst recht viele Fragen auf. Wo 1945/46 noch heftige Debatten um die jüngste Vergangenheit stattfanden, setzte sich mit dem einsetzenden Kalten Krieg bald einmal die offizielle Selbstgefälligkeit durch (van Dongen), die den Verantwortlichen der betriebenen Kollaboration den besten Schutzschirm bot.

Werner Rings wirft die wichtige Frage nach den treibenden Kräften hinter den wirtschaftlichen Transaktionen auf. «War diese Entwicklung gewollt? Ist sie durch eine politische Entscheidung herbeigeführt worden? Entsprach sie, was die Schweiz betrifft, einer klar konzipierten Aussenhandelspolitik?» (145) Und er antwortet mit grosser Klarheit, dass «keine politische Leitlinie» zu erkennen sei, wiewohl die Dinge einer «eigenen inneren Logik» zu gehorchen schienen. Diese «innere Logik» würde – so scheint mir – eine vertiefte Betrachtung verdienen. Zur Klärung des spannungsvollen Zusammenwirkens innen- und aussenpolitischer, militärischer, finanz- und sozialpolitischer Faktoren im innerschweizerischen Kräftespiel hat Jakob Tanner mittlerweile entscheidende Anstösse gegeben. Die Resultate seiner schwer zugänglichen Analyse von 1986, die er seither in zahlreichen Artikeln und Vorträgen näher ausführte, wurden 1989 von Markus Heiniger zum Teil eines Argumentariums gemacht, das die äussere Bedrohung nun definitiv in den Hintergrund schiebt und der bereitwilligen Einfügung der Schweiz in den 1940–1944 deutsch beherrschten europäischen Wirtschaftsraum eine zentrale Rolle zur Klärung der Frage beimisst, weshalb das Land vom Krieg verschont blieb. Der von Rings beschriebenen «Golddrehscheibe» zur Beschaffung wertvoller Devisen für Nazi-Deutschland kommt dabei eine wichtige Funktion zu.

Was sich auch heute noch weitgehend der Kenntnis entzieht, sind die Beziehungen und Aktivitäten der schweizerischen Exportwirtschaft, die sich über die öffentlichen Archive nur zum Teil erschliessen lassen. In der privaten Aneignung der erzielbaren Profite und dem mächtigen politischen Einfluss der Privatwirtschaft und ihrer Verbände dürfte nicht zuletzt ein wesentlicher Grund für die überaus späte Ablösung von der engen Anlehnung an den deutschen Wirtschaftspartner zu suchen sein. Das unglaubliche Goldgeschäft vom April 1945 und manche andere Transaktionen der letzten Minute mit dem «Dritten Reich» stehen in diesem Zusammenhang. Wie unklar auch nach der Aufdeckung des Goldhandels der Nationalbank die Tätigkeit der privaten Grossbanken bleibt, darauf weist Werner Rings hin. «Wieviel Gold lag in ihren Panzerschränken, wieviel kauften und verkauften sie? Es ist auch heute noch nicht möglich, auf diese Frage eine brauchbare Antwort zu bekommen.» (57) Die Feststellung von 1985 ist unverändert gültig. Ein Artikel von Marc Perrenoud befasste sich bereits mit den Beziehungen zwischen Staatsmacht und Finanzplatz; der äussere Druck, ausgelöst durch den Streit um den skandalösen Umgang mit den hinterlassenen Besitztümern von Holocaust-Opfern wird nun einen neuen Anstoss geben. Wenn die angekündigten Kommissionen ihr Werk getan haben, dürften wir mehr wissen.

LITERATUR

Castelmur Linus von, Schweizerisch-alliierte Finanzbeziehungen im Übergang vom Zweiten Weltkrieg zum kalten Krieg. Die deutschen Guthaben in der Schweiz zwischen Zwangsliquidierung und Freigabe (1945–1952), Zürich 1992

Dongen Luc van, La Suisse face à la Seconde Guerre mondiale, 1945–1948. Gestion et digestion d'un passé récent, Genf 1996

Documents diplomatiques suisses, vol. 15 (1943-1945), Bern 1992

Durrer Marco, Die schweizerisch-amerikanischen Finanzbeziehungen im Zweiten Weltkrieg. Von der Blockierung der schweizerischen Guthaben in den USA über die «Safehaven»-Politik zum Washingtoner Abkommen (1941– 1946), Bern 1984

Heiniger Markus, Dreizehn Gründe. Warum die Schweiz im Zweiten Weltkrieg nicht erobert wurde, Zürich 1989

Inglin Oswald, Der stille Krieg. Der Wirtschaftskrieg zwischen Grossbritannien und der Schweiz im Zweiten Weltkrieg, Zürich 1991

Kamber Peter, Schüsse auf die Befreier. Die «Luftguerilla» der Schweiz gegen die Alliierten 1943-1945, Zürich 1993

Linke Manfred, Schweizerische Aussenpolitik der Nachkriegszeit, Chur 1995

Perrenoud Marc, Banques et diplomatie suisse à la fin de la Deuxième Guerre mondiale. Politique de neutralité et relations financières internationales, in: Studien und Quellen, Band 13/14, Schweizerisches Bundesarchiv, Bern 1988, S. 6-128

Schiemann Catherine, Neutralität in Krieg und Frieden. Die Aussenpolitik der Vereinigten Staaten gegenüber der Schweiz 1941–1949, Chur 1991

Schweizerische Aussenpolitik 1943–1950, *Itinera*, Band 18, Basel 1996

Tanner Jakob, Bundeshaushalt, Währung und Kriegswirtschaft: eine finanzsoziologische Analyse der Schweiz zwischen 1938 und 1953, Zürich 1986

Trepp Gian, Bankgeschäfte mit dem Feind. Die Bank für Internationalen Zahlungsausgleich im Zweiten Weltkrieg. Von Hitlers Europabank zum Instrument des Marshallplans, Zürich 1993

Vogler Robert, Der Goldverkehr der Schweizerischen Nationalbank mit der Deutschen Reichsbank 1939–1945, in: Gold, Währung und Konjunktur, Quartalsheft Schweizerische Nationalbank, 1/1985, S. 70–78